城市经济学讲义

LECTURES ON
URBAN
ECONOMICS

【美】 简·布鲁克纳
（Jan K. Brueckner） / 著

徐航天 / 译

经济管理出版社
ECONOMY & MANAGEMENT PUBLISHING HOUSE

北京市版权局著作权合同登记：图字：01-2023-1348

Lectures on Urban Economics 1st Edition by Jan K. Brueckner
ISBN 978-0-262-01636-0

Copyright @ 2011 Massachusetts Institute of Technology
First Published in English by the MIT Press.
All Rights Reserved.

图书在版编目（CIP）数据

城市经济学讲义／（美）简·布鲁克纳（Jan K. Brueckner）著；徐航天译.—北京：经济管理出版社，（2023.11重印）

ISBN 978-7-5096-8890-8

Ⅰ.①城… Ⅱ.①简…②徐… Ⅲ.①城市经济学 Ⅳ.①F290

中国国家版本馆 CIP 数据核字（2023）第 002472 号

责任编辑：胡　茜
助理编辑：康国华
责任印制：许　艳
责任校对：王淑卿

出版发行：经济管理出版社
　　　　　（北京市海淀区北蜂窝 8 号中雅大厦 A 座 11 层　100038）
网　　址：www. E-mp. com. cn
电　　话：(010) 51915602
印　　刷：北京厚诚则铭印刷科技有限公司
经　　销：新华书店
开　　本：720mm×1000mm/16
印　　张：15.25
字　　数：257 千字
版　　次：2023 年 4 月第 1 版　　2023 年 11 月第 2 次印刷
书　　号：ISBN 978-7-5096-8890-8
定　　价：78.00 元

译　者　序

　　本书由简·布鲁克纳教授基于自身数十年对城市经济学各个主题的研究和教学积累所著。英文原版由麻省理工学院出版社于 2011 年首次出版，现广泛用于北美主要高校的本科生和研究生的城市经济学课程授课。本书在一定程度上涵盖了城市经济学的重要主题和基础模型，其特点在于相关分析均源自作者的科研工作，且以尽可能简单的数学工具对重要的基础理论进行了系统讲解，结构清晰、逻辑严密、可读性强、学术品位高。这一风格与布鲁克纳教授的学术研究是一贯的，正如伦敦政治经济学院弗农·亨德森（Vernon Henderson）教授（国际权威城市经济学家）针对本书（英文原版）的书评中提到，"布鲁克纳教授擅长将复杂的经济学想法和模型置于易于解析的框架中，并能精准捕捉到问题的本质"。

　　全书共十一章，包括城市为何存在、城市空间结构的基本理论、城市模型的拓展、城市蔓延与用地管制、道路拥堵、住房需求与租购选择、住房政策、地方公共产品和服务、污染、犯罪、城市生活质量的测度等主题。每一章都以图解的形式呈现了一个与主题相关的分析模型，各章结尾对模型的结果和政策影响进行了讨论，并有配套的习题。正如作者在引言中提到的，由于其本人研究较少涉及新经济地理（New Economic Geography），因此，尽管新经济地理对城市经济学的发展非常重要，但未在书中展开介绍。另外，当前城市经济学实证研究对大数据（尤其是空间数据）的应用非常广泛，对学科发展已产生深远影响，在一定程度上推动了基础理论的创新与拓展。但由于本书侧重于概念与理论研究，对各个主题的实证进展均进行了简要介绍，感兴趣的读者可以结合阅读其他相关文献与书籍。

　　城市经济学一直是十分活跃的经济学研究领域，与公共经济学、国际贸易学、产业组织等领域有着密切的联系，数十年来相互促进、共同发展；同时，众所周知，城市经济学溯源于传统土地区位理论，与地理学、城市规划等学科有着天然的交叉融合。因此，本书适用于高等院校经济学、地理学、城市规划、公共管理、交通工程等相关学科的本科生、研究生和研究人员。另外，由于本书致力于分析城市和产业发展、土地利用和住房供给、公共财政和公共服务等重要现实问题，还可供政府决策人员、城市建设与管理工作者、企业管理人员等参考。

在本书的翻译和校对过程中，湖南大学经济与贸易学院城市和区域经济领域的青年教师华岳副教授、何淑华博士和李萌博士提供了诸多帮助与建议，博士研究生李思萱、杨富强和硕士研究生宾钰、胡敏杰、江小妹、马姝娴、闵奕、史岚清、向雪梅、肖宇雄、谢曼伦、杨思雨、尹志莹、章文芹在图表制作、格式统一、文字校对等方面做了辅助工作，在此表示感谢。本书的顺利翻译出版得到了经济管理出版社总编辑助理胡茜女士和博鼎分社社长杨国强先生、作者简·布鲁克纳教授，以及厦门大学傅十和教授、新加坡国立大学符育明副教授、日本东北大学曾道智教授、哈尔滨工业大学周义明副教授的建议与鼓励，在此深表谢意。

本书系国家自然科学基金面上项目（项目编号：72173038）和教育部人文社会科学研究青年项目（项目编号：21YJC790133）的研究成果。

由于本人学识水平有限，书中难免有翻译不准确之处，恳请读者批评指正。

徐航天

2022 年 8 月于湖南大学

前　言

　　本书对城市经济学的主要研究内容进行了严密但非技术性的论述。本书有以下几个潜在用途：第一，可作为本科或硕士阶段学生城市经济学课程的主要教材或参考书；第二，可作为博士阶段学生阅读技术性期刊论文的背景读物；第三，可作为其他领域的经济学家或学者了解城市经济学的阅读材料。

　　为便于读者理解，本书的分析主要以图表的方式展开，只有少部分章节使用了一些简单的方程和代数，几乎不涉及微积分。虽然对城市相关话题的分析方式是非技术性的，但其中的经济推导过程在逻辑上已经尽量保证严谨性。本书以概念（Conceptual）为导向，因此每一章节都会介绍和分析与本章话题相关的经济模型。与本科教材中常见的简单理论推导不同，为了更好地揭示经济推理的逻辑并同时教授城市经济学的知识，本书在各章节都对相关模型进行了全面而详尽的推导。同时，由于本书以概念为导向，书中不包含教科书中常见的纯粹的描述型或案例型材料，因此，若存在相关的教学需求，可以使用其他阅读材料作为本书的补充。另外，本书不包含城市贫困等一些模型定义不清晰的话题。

　　练习题位于本书的最后一部分，以便作为本科生教材使用。课后习题是根据各章介绍的模型设计的数值型例题，对应习题在各章的脚注部分均有标注。

　　鉴于本书的特点，参考文献涉猎不太广泛。本书并未详尽引用每个话题的相关文献，仅在探讨城市经济学家普遍认可的观点时，引用了一两个具有代表性的参考文献。同时，也会适当引用某些特定作者提出的具体观点。虽然本书的参考文献不太详尽，但如果读者对某个议题感兴趣，也能够在本书的参考文献中找到其他相关文献。

　　由于本书是基于我自身对城市经济学各类话题的研究写成的，参考文献不可避免地包含了大量我的论文。因此，本书中文献的引用次数并不代表对相关学者在该领域相对贡献的判断。同样地，因为本书体现了我自身对城市经济学的研究兴趣，书中关于新经济地理（20世纪90年代初以来城市经济学的一个研究热点）的讨论相对较少，仅限于第一章。

至于本书是否适合作为城市经济学本科课程或其他此类课程的教材，取决于相应课程的长度。加州大学尔湾分校城市经济学的本科课程已涵盖所有章节的内容，该课程为期2个学季，每学季10周。如果是15周的单学期课程，则必须删减一些章节；1个学季仅能涵盖本教材的一半内容。

本书是我30年来为本科生和博士生讲授城市经济学课程的经验成果，感谢所有的学生给予我这样一个机会来完善对该领域一些问题的看法。特别感谢我在加州大学尔湾分校指导的博士生尼洛帕·沙阿（Nilopa Shah），她在图表方面提供了专业支持。最后，感谢各位审稿人从各个方面为本书提供的建设性意见。

简·布鲁克纳

目　录

第一章　城市为何存在 ……………………………………………… 1

    第一节　引言 ………………………………………………… 1

    第二节　规模经济 …………………………………………… 2

    第三节　集聚经济 …………………………………………… 4

    第四节　运输成本和企业选址 ……………………………… 8

    第五节　城市形成过程中规模经济与运输成本的相互作用 …… 13

    第六节　零售集聚与购物中心经济学 ……………………… 15

    第七节　小结 ………………………………………………… 17

第二章　城市空间结构的基础理论 ……………………………… 18

    第一节　引言 ………………………………………………… 18

    第二节　基本假设 …………………………………………… 19

    第三节　通勤成本 …………………………………………… 21

    第四节　消费者分析 ………………………………………… 22

    第五节　住房的供给分析 …………………………………… 27

    第六节　人口密度 …………………………………………… 32

    第七节　延伸至城市间的预测 ……………………………… 34

    第八节　小结 ………………………………………………… 41

第三章　城市模型的拓展 ………………………………………… 42

    第一节　引言 ………………………………………………… 42

第二节　城市存在两种收入群体 ····················· 42

第三节　高速公路通勤 ····························· 46

第四节　增加 CBD 以外地区的就业 ················· 47

第五节　住房作为一种耐用品 ····················· 50

第六节　发展中国家的城市 ······················· 54

第七节　小结 ··································· 56

第四章　城市蔓延与用地管制 ························ 57

第一节　引言 ··································· 57

第二节　与城市空间规模相关的实证结果 ············· 58

第三节　市场失灵与城市蔓延 ····················· 60

第四节　城市蔓延对居民行为的影响 ················· 65

第五节　通过用地管制抑制城市蔓延 ················· 66

第六节　用地管制的其他类型 ····················· 69

第七节　小结 ··································· 73

第五章　道路拥堵 ································· 74

第一节　引言 ··································· 74

第二节　拥堵成本 ······························· 75

第三节　高速公路的使用需求 ····················· 78

第四节　交通资源的配置：均衡与社会最优 ··········· 81

第五节　拥堵费 ································· 86

第六节　道路承载能力的选择 ····················· 91

第七节　在机场拥堵问题上的应用 ················· 93

第八节　小结 ··································· 94

第六章　住房需求与租购选择 ························ 95

第一节　引言 ··································· 95

第二节　住房需求：传统方法和特征价格法 ··········· 96

第三节　住房的用户成本 ························· 98

第四节　租购选择 ······························· 102

第五节　首付、租购选择与贷款违约 106

第六节　房屋滥用与租购选择 109

第七节　小结 111

第七章　住房政策 112

第一节　引言 112

第二节　租金管控 112

第三节　住房补贴计划 119

第四节　无家可归者及其治理对策 125

第五节　小结 128

第八章　地方公共产品和服务 130

第一节　引言 130

第二节　公共产品的社会最优供给水平 132

第三节　多数投票和用脚投票 134

第四节　公共产品拥挤和辖区规模 142

第五节　资本化和财产价值最大化 147

第六节　税收竞争与福利竞争 150

第七节　小结 152

第九章　污染 153

第一节　引言 153

第二节　单一工厂的污染及其公共治理 154

第三节　通过谈判实现社会最优：科斯定理 161

第四节　总量管制与排污权交易 164

第五节　关于空气污染和房产价值的证据 168

第六节　小结 169

第十章　犯罪 170

第一节　引言 170

第二节　犯罪的经济理论 171

第三节 犯罪理论的其他方面 …………………………………………… 177

第四节 如何在贫民区与富人区之间分配警力 ………………………… 181

第五节 小结 ……………………………………………………………… 188

第十一章 城市生活质量的测度 ……………………………………… 189

第一节 引言 ……………………………………………………………… 189

第二节 Roback 模型 ……………………………………………………… 190

第三节 测度城市生活质量 ……………………………………………… 197

第四节 其他问题 ………………………………………………………… 200

第五节 小结 ……………………………………………………………… 201

习 题 ……………………………………………………………………… 202

参考文献 ………………………………………………………………… 224

第一章　城市为何存在

第一节　引言

大多数国家的人口分布在空间上高度集中。例如，美国城市面积仅占其国土面积的2%左右，其余地区要么无人居住，要么人口密度极低。即使在国土面积不如美国广阔的国家，人口的空间集聚度也可能相当高，即大部分土地是空置的。本章讨论引起人口空间集聚的若干因素，这些因素有助于解释城市为何会存在。

不同研究领域的社会科学家对城市的存在做出了不同的解释。例如，军事历史学家可能会认为，只有将人口集中在城市（可能还要筑高城墙）里，才能防御外来攻击。社会学家认为，人们喜欢社交互动，因此他们在空间上集中于城市。相比之下，经济学则侧重于从工作和就业地点的视角来解释城市的存在。经济学家认为，某些经济力量促进了就业的空间集聚。由于人们一般住在工作地附近，就业的集聚促进了居住的集聚，从而形成了城市。

经济学家认为，引起就业空间集聚的两个主要因素是规模经济和集聚经济。规模经济，也称为"规模报酬递增"，指与小规模经营相比，企业在大规模经营时效率更高，即每单位投入的产出更高。因此，规模经济有助于大企业的形成。由于规模经济适用于单一业务的公司（如工厂），因此这有利于大工厂的形成，也有利于就业的空间集聚①。

---

① 当"经济"一词与"规模"或"集聚"一起使用时，"经济"意味着"节约"或是"收益"。

规模经济源于企业内部，与外部环境无关，而集聚经济则源于企业外部。集聚经济指当一个企业选址在其他企业附近时所获得的收益，其中包括潜在的投入成本缩减（当周边有很多企业时，投入成本往往会更低）以及生产率的提高。生产率效应的产生是因为当一家企业位于其他企业附近而不是孤立存在时，生产要素（尤其是劳动力）的生产率可能更高。本章将解释这些效应的作用机制。

运输成本也会影响企业的选址，从而促进或强化就业的空间集聚。本章介绍了运输成本影响城市形成的几种不同方式，最后一节探讨了一种能够促进零售企业集群化并形成购物中心的特殊集聚力。

第二节　规模经济

规模经济在城市形成过程中扮演的角色可以用一个简单的例子来说明。假设有一个岛屿，其仅生产一种产品（编织篮），并卖给岛外的买家。编织篮的投入品为劳动力和芦苇。由于芦苇在岛上无处不在，编织篮工厂选址在任何地方都能很容易地获取原材料。

编织篮的生产过程存在规模经济。当编织篮工厂工人越多时，人均产量就越高，其原因在于规模经济中的劳动分工。当工厂有很多工人时，每个工人都可以高效专注于生产过程的某一项任务，而不是独自完成生产过程的所有步骤。例如，一个工人收集芦苇，一个工人编织篮子，还有一个工人准备成品以便运输。

编织篮的生产函数如图 1-1 所示。纵轴表示工厂的产量 Q，横轴表示工人的数量 L。因为芦苇在岛上随处可得，所以不需要在图中单独表示。图 1-1 中的曲线表明，随着工人数量 L 的增加，编织篮的产量以不断增加的速率增加，因此编织篮生产存在规模经济。这可以通过分析工人的人均产出来证实。人均产出可用连接原点和生产函数上某一点的直线斜率来衡量。例如，图中下方线段（A 段）的斜率为 Q_A/L_A，即产量（Q_A）除以工人数量（L_A）。上方线段（B 段）则指拥有更多工人（L_B）的工厂，其对应的斜率为 Q_B/L_B，即更大工厂的人均产量。由于 B 线比 A 线陡峭，因此工厂越大，人均产量越高，其源自更合理的劳动分工。

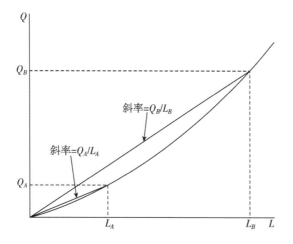

图 1-1 规模经济

基于上述信息，我们可分析岛上编织篮的生产该如何组织。如果岛上共有100名工人，那问题便是如何将这些工人分配到工厂里。考虑以下两种可能：拥有100名工人的大工厂和100个单人工厂（即作坊式的生产，"Backyard" production）。组织形式的最终决定取决于总产量，即产量最高的组织形式占优。答案是显而易见的：大工厂的工人效率更高，拥有100名工人的大工厂的产量将比100个家庭作坊的总产量更高。

接下来用一种更系统的方式验证上述结论。假设 α 为单人工厂（$L_A=1$）的人均产量，等于图 1-1 中 A 线的斜率。假设 β 为拥有100名工人的大工厂（$L_B=100$）的人均产量，等于图 1-1 中 B 线的斜率。显然，由图可得：$\beta>\alpha$。现在分析表 1-1 的情况。

岛上编织篮的总产量＝工厂数量×每个工厂的工人数量×每个工人的产量。表1-1 中数据表明，大工厂的总产量是最高的。因为 $\beta>\alpha$，所以大工厂的总产量 100β 大于100个家庭作坊的总产量 100α。

表 1-1 经济中的编织篮产量

生产组织	工厂数（a）	每个工厂的工人数（b）	每个工人的产出（c）	每个工厂的产出（b×c）	总产出（a×b×c）
多个家庭作坊	100	1	α	1α	$100\times1\alpha=100\alpha$
一个大工厂	1	100	β	100β	$1\times100\beta=100\beta$

由于建造单个大型编织厂的总产量更高，市场的力量或中央的计划（如果是计划经济）均会促使经济体朝着这样的组织方式发展。一旦形成了一个大工厂，生产编织篮的工人都会住在工厂附近，这推动了城市的形成。

上述编织篮的例子虽然不具有一般性，但它能够解释规模经济和城市形成之间的基本联系。这种联系在更复杂、更现实的背景下也同样适用。但这个案例有一些缺陷。它可以解释"公司城镇"（Company Town）的形成原因，却不能解释现实生活中大型城市群是如何形成的。

接下来考虑一个更符合现实的例子：汽车装配过程。汽车装配体现了明显的规模经济，因为汽车装配厂往往规模很大，通常雇用 2000 多名甚至更多工人。因此，汽车装配厂促进了就业的空间集聚。与此同时，工厂的工人（和他们的家庭）将吸引能够满足他们日常需求的产业或设施，如杂货店、加油站、诊所等，其结果将是一个以汽车装配厂为中心的"公司城镇"。这个城镇会有多大呢？在没有其他大雇主的情况下，城市规模较为有限，可能只有 2.5 万人。也就是说，尽管规模经济能够促进一个城市的形成，但这样的城市不会像芝加哥或休斯敦那么大。要形成这种大都市，许多公司必须在地理上集聚在一起，而这必须依托于集聚经济。

第三节　集聚经济

集聚经济分为成本集聚经济（Pecuniary Agglomeration Economies）[①] 和技术集聚经济（Technological Agglomeration Economies）。成本集聚经济是指在不影响生产效率的前提下，企业投入成本的降低。技术集聚经济是指在不影响企业成本的前提下，企业生产效率的提升。简单地说，成本集聚经济使大城市的生产要素相比小城市更便宜，技术集聚经济则使大城市的要素生产效率相比小城市更高。

一、成本集聚经济

劳动力市场提供了成本集聚经济的案例。假设有一个拥有大型劳动力市场的

---

① 译者注：此处英文本意应为金钱集聚经济，为便于理解，将其译为成本集聚经济。

城市，其聚集了大量具备相关技能的劳动人口。若某企业计划招聘一名具备某种稀缺才能的工人，只有极少数工人掌握这种技能。在大城市中可能会有少量此类工人，因此在这样一个大型劳动力市场中，企业投入适中的广告费用和招聘成本后将可能聘用到需要的工人。但是，在小城市的劳动力市场中可能没有此类工人，企业将不得不花费更多成本在其他城市寻找合适的人选，并让其远道而来参加面试。在本已高昂的招聘成本之外，企业可能还要付给雇员搬迁费。因此，选址在大城市可以帮助企业降低特定劳动力的招聘成本。当企业为了降低招聘成本而选址在大城市时，大城市将在原有的就业集聚上进一步创造出更多工作岗位。也就是说，由于成本集聚效应，大城市变得更大了。

选址在大城市还能够降低由其他企业提供的生产要素成本（相对于来自个体劳动者的劳动力投入）。例如，大城市商业安保服务的市场规模能够支撑众多安保服务供应商开展业务。供应商之间相互竞争、压低价格，从而降低了用于办公楼及工厂安保服务的成本。大城市的竞争效应也可以降低法律咨询、广告服务、卫生清洁和场地维护等其他商业服务的价格。当地提供的物质生产要素存在同样的效应，如企业生产过程中用到的滚珠轴承、餐厅的食物原材料，都能在大城市供应商的相互竞争中得以降低投入成本。正如招聘成本案例的分析，劳动力集聚在大城市具有自我强化效应：为了利用劳动力集聚带来的低成本优势，一旦形成了就业集聚，就会有越来越多的企业想要选址在大城市。

有时候，选址在小城市可能意味着完全无法获得某些特定的商业服务，如上文提到的稀缺才能工人。例如，某企业可能需要特殊的法律服务（如协助解决反垄断方面的问题），然而本地没有该领域的律师事务所。在这种情况下，企业只能支付高价请大城市的律师到其所在的小城市，或者在企业内部以高昂的成本培训所需的专业人员。在这个案例中，投入成本高昂的原因在于小城市完全无法提供企业所需的服务，而不是本地供应商之间的竞争程度太低。

企业还需要购买运输服务，将生产要素与产品分别运送到生产地点和销售市场。企业可以通过选址在市场周边以降低产品的运输成本，也可以选址在供应商附近以降低生产要素的运输成本。一个包含大量家庭的大城市既可能是产品的市场，也可能是容纳了众多生产要素的供应商。在这种情况下，选址在大城市可以使企业同时最小化产品和生产要素的运输成本。需要注意的是，此处的成本集聚效益与上文略有不同。选址在大城市的企业并没有获得更低的运输服务单价，而是因为邻近市场与供应商，从而减少了运输需求①。

上述情形具有一定的欺骗性，很容易让人草率地认为选址在大城市总能降低运输成本。假设市场仍然在大城市，但生产要素的供应商在其他地方。此时，选址在大城市能够节约产品的运输成本，但生产要素不得不从远处运来。在这种情况下使总运输成本最小的位置可能不在大城市，因此与运输相关的集聚经济在大城市不再适用。这种情形将在本章后文展开讨论。

二、技术集聚经济

当企业选址在大城市时，大量工人的集聚使投入要素的生产效率比在小城市更高，形成了技术集聚经济。为了理解这种效应的产生过程，假设一个高新技术企业投入大量经费用于研发，并因此获得了新技术与新产品。企业为其注册专利，获得授权收入。为了简化分析，本部分使用每年获得的专利数来衡量企业产出，使用工程师人数来衡量企业的生产要素投入。

生产函数见图1-2，纵轴表示企业的产出（专利）Q，横轴表示企业投入的要素（工程师）L。从图1-2中可以看出，研发工作具有规模经济，尽管这不是该案例的重点。该图展示了两个适用于不同情形的生产函数。较低的曲线表示企业选址于高新技术企业较少的小城市，较高的曲线表示企业选址于高新技术企业较多的大城市。曲线更高表明对于任意给定的工程师数量，企业选址在大城市时将产生更多的专利。因此，工程师在大城市更高产，能够产生更多可申请专利的创意。

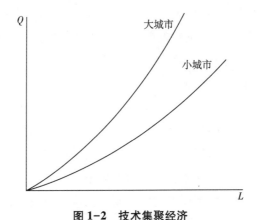

图1-2 技术集聚经济

---

① 支付高价给大城市的律师，请他们到企业所在的小城市提供服务，就符合这一情形。通过选址在大城市，企业无须支付"运输"法律的费用。

这是高科技企业"知识溢出"的结果，是一种正外部性。当企业内部的工程师为了实现某个可申请专利的创意而密切合作时，不同企业工程师间相互交流产生的溢出也能促进创意的实现。例如，来自不同高新技术企业的工程师可能共同参与社交活动，享受周末的快乐时光。尽管工程师无意泄露各自公司的机密内容，但社交活动中可能涉及一些一般性的想法，有助于开拓工程师们的思路。新的一周上班后，上述讨论也许就会开启一个新专利的研发生产过程，这就是面对面交流的特有优势。因此，大型高新技术企业集群使工程师能够和其他企业从事相似工作的同行进行交流，从而变得更具生产力。

尽管大城市相对更有可能有较多的高新技术企业，从而形成知识溢出，但也有一些大城市只有少数高新技术企业。因此，大城市和小城市在知识溢出方面的差异可能小于在成本集聚经济方面的差异。相反，可能更重要的是城市在产生知识溢出行业中的就业集中程度。如果一个小型或中等规模的城市恰好集中了某个行业的大量就业岗位，尽管其城市规模有限，也能为该行业的企业带来明显的技术集聚经济。

不同产业之间是否存在某种知识溢出，从而使拥有多个不同产业的城市具备形成技术集聚经济的能力？例如，是否存在医疗设备制造业和计算机软件开发业之间的知识溢出？这类联系是可能存在的，一个城市的整体就业水平（而不是企业所在行业的就业）可能是技术集聚经济的来源。如同在成本集聚经济中所体现的，城市规模可以反映不同产业间技术集聚经济的程度。

关于集聚效应的部分实证研究发现，工人生产率和总就业量（城市规模）之间存在联系，这种联系称为"城市化经济"（Urbanization Economies）。关于生产率和所处行业就业量之间联系的实证证据相对更明确，这种联系被称为"地方化经济"（Localization Economies）。因此，技术集聚经济在行业内比在行业间发挥的作用更大。

除了知识溢出之外，还有产生这种集聚效应的其他渠道。当城市中某个行业的就业量巨大时，大量劳动力储备（Labor Pool）使工人的更替变得相对容易，企业可以在不影响正常生产的情况下解雇生产率较低的工人，因为对应的岗位空缺可以快速填补。意识到这种态势后，相比偷懒也不容易被解雇的就业环境，工人将会努力工作以实现更高的生产率。

大量劳动力储备使用人单位在招聘中拥有更多选择，而行业中的求职者寻找第一份工作可能会更加困难。因此，求职者转而通过其他教育和培训提升资历，带来更高的生产率。大量劳动力储备一方面提高了求职者的生产率，另一方面也提高了担心失去工作的工人的生产率。

技术集聚经济产生的其他渠道被称之为"向邻居看齐"（Keeping up with the Joneses)①的现象。如果城市中某个特定行业拥有大量的就业岗位，那么如上文提到的，工人将更有可能和行业中其他企业的员工交流。除了和本企业的雇员竞争外，工人们还可与其他企业的朋友对比个人成绩，形成竞争。由于工人总是试图在更广泛的社会群体中得到认可，这种对比可能会激励他们更加努力工作。因此，除了知识溢出外，与技术集聚经济相关的高生产率主要来自以上几个渠道。

大量实证研究检验了集聚经济的存在性。Rosenthal 和 Strange（2004）做了一个相关的综述。早期研究分析了工人生产率和城市中不同行业就业量及总就业量之间的关系（Henderson，1986；Henderson，2003）。如前文所述，这类研究通常在容易产生溢出效应的知识密集型行业中发现工人生产率和就业量间的显著关联，而没有发现工人生产率和城市总就业量之间的相关性。另一类文献将工人生产率和就业密度联系起来（Ciccone and Hall，1996）。也有文献将新企业的诞生和所处行业的就业联系起来，认为新企业更有可能创建于存在集聚经济的区域（Rosenthal and Strange，2003）。一项类似的研究将就业增长与所处行业的就业及其他集聚因素联系起来（Glaeser et al.，1992）。其他研究通过分析相关专利活动直接聚焦知识溢出。一项专利的申请要引用更早的相关专利，有研究表明，被引用的专利往往与专利申请者在相同的城市，这证实了本地的知识溢出现象（Jaffe，Trajtenberg and Henderson，2003）。另外的研究将专利活动水平与城市就业密度联系起来（Carlino，Chatterjee and Hunt，2007）。这些文献提供了大量证据证实集聚经济，尤其是技术集聚经济的存在。

第四节　运输成本和企业选址

如上文所述，运输成本的节约可以视为一种成本集聚效应，它将吸引企业布

---

① 译者注：这是一个典型的美式习语，表示"和你的富裕邻居保持同等的生活方式或质量"，带有一定的讽刺意味，暗指和左邻右舍比排场，比阔气。

局在同时集中了市场和供应商的大城市。然而，当市场和供应商之间的距离较远时，企业的选址决策就不那么明确了。为了分析这种情况，假设企业只能在单一市场（城市）销售产品，并且只能从距离城市较远的地方获得生产要素。暂且将生产要素看成是一种原材料，来源地称为矿山。此外，假设矿山和市场之间由公路相连（见图1-3），企业的工厂可以选址于公路沿线的任意位置，包括两端的市场和矿山。矿山和市场之间的距离为 D 英里。

市场　　　　　　　　　公路　　　　　　　　　矿山

图1-3　矿山与市场分布情况

运输成本表现为距离经济（Economies of Distance），即原材料运送的成本随着运输距离的增加而下降。图1-4的纵轴代表每吨的运输成本，横轴代表运输距离（用 k 表示）。运输成本包括两部分，第一部分是场站成本（Terminal Cost），无论运输距离远近都会存在。它是将货物搬运到卡车或火车上的成本，由纵轴的截距表示。第二部分是可变成本，等于每英里固定增量成本（Fixed Incremental Cost per Mile）（即直线的斜率）与运输距离的乘积，是斜线在其截距上方的高度。距离经济可以通过原点和斜线上任意一点的连线来表示。这条线的斜率等于每英里的成本（类似图1-1中的人均产出）。随着运输距离的增加，这条线逐渐变得平缓，代表每英里运输成本下降。成本下降的原因是随着运输距离的增加，

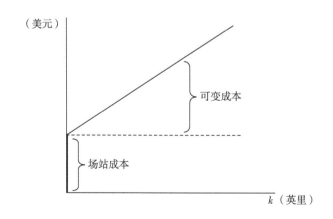

（美元）

可变成本

场站成本

k（英里）

图1-4　运输成本

场站成本被更多里程所平摊①。

　　基于当前分析，为了简化说明，可以假定运输成本曲线的场站成本为零，且具有距离经济的特征。图 1-5 展示了两条这样的曲线，曲线呈现凹形特征（反映了不断下降的可变成本），表明了距离经济的特征。较低的曲线代表不同距离下运输每吨产品的成本。假设生产过程需要对原材料进行精炼，产品精炼后需要丢弃一部分投入要素。生产 1 吨产品，精炼工厂需要超过 1 吨的要素投入。因此，较高的曲线代表了不同距离下运输这些投入要素（大于 1 吨）的成本。换句话说，较高的曲线代表着为了生产 1 吨产品而运输所需生产要素的成本。

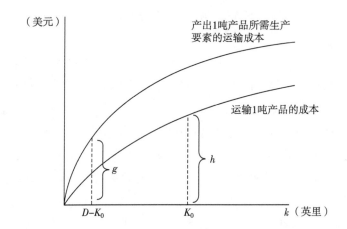

图 1-5　生产要素和产品的运输

　　由于生产要素和产品在性质上相似，这意味着在给定的距离下，运输每吨生产要素或产品的成本相同，从而确保图 1-5 中的生产要素运输曲线更高（生产要素大于 1 吨）。

　　如果生产要素和产品在性质上有差异，那么分析过程会变得更复杂。例如，在制作面包的过程中，投入的面粉密度较高，但最终的产品却非常蓬松，所以每吨产品的运输成本比投入要素更高。图 1-5 需要经过修改才能适用这种情况。

---

① 类似图 1-4 的图形可以用于描述在卡车和火车之间运输方式的选择。相比火车，卡车的场站成本较低（它们可以直接行驶到一个装卸点），而可变成本较高，运送每吨货物需要更多的燃料和劳动力。在类似图 1-4 的图形中，卡车运输曲线的起点低于火车，但最终会上升超过火车（因斜率更大）。因此，在短距离运输时人们倾向于选择卡车，而在长距离运输时人们倾向于选择火车。

图 1-5 的分析方法可用于确定工厂的最优位置。如果工厂需要交付固定数量的产品到市场，其目标是最小化每吨产品的总运输成本。总运输成本包括运输产品和运输要素的成本，后者指运输足够要素以生产所需产品。

假设工厂选址在距离市场 K_0 英里的位置。此时，产品需要运输 K_0 英里，投入要素需要运输（$D-K_0$）英里（D 是矿山和市场之间的距离）。图 1-5 中产品运输成本（每吨）为 h，要素运输成本（生产每吨产品所需）为 g，因此在 K_0 处每吨产品的总运输成本为 $h+g$。为了确定最优位置，需要计算 K_0 位于 0 和 D 之间任意位置时的总成本，总成本最低时即为最优位置。由于分析步骤较为烦琐，企业的最优位置暂且不明确。

但若将图 1-5 变形为图 1-6，结论会变得更加直观。图 1-6 有两个原点，一个位于 0 处，另一个位于距离 D 处。要素运输成本曲线需反方向绘制，从 D 处开始。K_0 处的总运输成本（每吨产品）等于该点产品运输曲线的高度加上该点要素运输曲线的高度［等于将要素运输至（$D-K_0$）英里的成本］。所以，任意一点的总运输成本等于两条曲线的纵向数值之和，得到的曲线是图 1-6 上部的驼峰形曲线。易知总运输成本最低的位置在 D 处，即工厂设在矿山所在地。选址于市场所在地域处于矿山和市场之间的其他位置，都将使总运输成本更高。

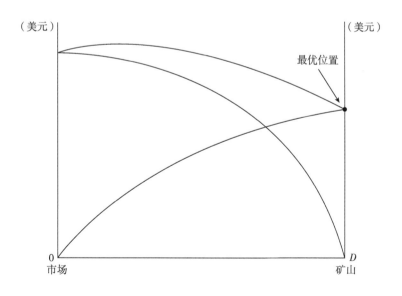

图 1-6　运输成本最小化的区位

由于生产是一个重量减少（Weight-Losing）的过程，所以矿山处成为工厂选址的最优位置。换句话说，生产1吨的产品需要超过1吨的生产要素。由于一些生产要素将在精炼过程中被舍弃，在这种情况下运送全部的生产要素没有意义，只运送产品会更有效率。

上述简易分析在一定程度上掩盖了确定最优位置的完整逻辑。这个逻辑存在两个要素。由于距离经济的存在，同时运送要素和产品是不经济的。这将会形成两个中等距离的运输过程，导致无法利用长距离运输的低成本优势。因此，企业要么将产品从矿山运到市场（D英里），要么将生产要素运送这一完整距离。另外，基于一个重量减少型生产过程，运送产品的总运输成本更低，因此这是最优选择。上述观点表明，距离经济是确定工厂最优位置的重要因素①。

假设生产变成了一个重量增加（Weight-Gaining）的过程，如可口可乐由糖浆（在亚特兰大总部附近的秘密条件下生产）和水混合灌装形成最终产品。在这个重量增加的生产过程中，图1-5和图1-6的要素和产品运输曲线将反转。图1-6中的驼峰曲线将在市场位置时达到最低点，从而市场所在地成为灌装厂的最优位置。由于生产可口可乐的主要原材料（水）随处可得，运输成品可口可乐的意义不大，因此这样的结果处于情理之中②。

现实中，饮料灌装的确是一个市场导向的生产过程，美国许多城市都有灌装厂。理论表明，所有重量增加型生产过程都具有这种特征，同时所有重量减少型生产过程都应面向矿山（生产要素）布局。但是上述简易模型忽略了很多现实的因素，包括存在多个市场、多个要素来源，要素和产品存在性质差异等，这些都将使分析过程更加复杂③。尽管如此，这个模型仍表明了运输成本将影响企业选址，进而影响城市的形成。

运输成本对城市形成的影响已在上述案例分析中进行了刻画。由于企业寻求最小化运输成本，市场（一般为大城市）将吸引重量增加型生产过程的工厂。

---

① 如果运输成本表现为距离不经济（Diseconomies of Distance）（曲线呈现出凸形特征），中等距离运输将是更优的选择，最优位置将处于矿山和市场之间。将图1-6重新绘制为距离不经济的情形，可以看到重量减少的生产过程不再足以让矿山成为最优的选址位置。

② 由于某些原因导致运输物品必须被卸载并重新装载时，有时工厂的最优位置位于矿山和市场之间的交通中转点。习题1-1考虑了这种情况，假设一条没有架桥的河流切断了矿山和市场之间的道路，需要卸货、转移到驳船，并重新装载。

③ 在存在多个市场和矿山的情况下，最优位置通常是一些中间点，市场和矿山所在地不再是最优位置。

因此，在这种与运输成本相关的集聚作用下，城市现有的就业与人口集聚将进一步吸引重量增加型产业的就业。另外，重量减少型产业将会避开城市而选址在原材料产地。因此，大城市市场的存在可能会使遥远的原材料产地形成单独的就业集聚，那里是建造服务市场工厂的最优位置。这种模式表明，由于运输成本相关的机制，一个地方的就业集聚可能会促进远处其他地方的就业集聚。

第五节　城市形成过程中规模经济与
运输成本的相互作用

工厂在运输成本最小化的驱使下在特定地点选址，运输成本在整个生产过程中起着重要作用。特别是，运输成本有助于决定生产过程应集中在一个大型工厂还是分散在一些小工厂。本章第二节的分析表明，在单一的大型工厂生产是最佳选择，但上述分析并未将运输成本考虑在内。

为了说明规模经济与运输成本之间的相互作用，以及这种相互作用如何影响城市的形成，接下来本节将分析一个改编自 Krugman（1991）的简化模型。假设某经济体包含五个地区，这些地区用图 1-7 中的正方形表示；该经济体总人口为 N，每个地区有 $N/5$ 人居住。假设每人消费一单位制成品，且制成品生产存在规模经济。在这种情况下，规模经济可通过成本函数 $C(Q)$ 体现，其中 $C(Q)$ 表示生产 Q 单位制成品的总成本。规模经济意味着每单位产出的成本随着 Q 的上升而下降，即随着产出水平的提升，工厂将变得更有效率。因此，$C(Q)/Q$ 随着 Q 的上升而下降。

经济体必须生产 N 单位制成品以满足当地居民的需求。可能会有以下两种生产方式：分散生产和集中生产。如果是分散生产，经济体的五个地区将分别设立一个产出为 $N/5$ 单位的小型工厂（用图 1-7 中的小圆圈表示），每个小型工厂的单位生产成本为 $C(N/5)/(N/5) \equiv \lambda$。如果是集中生产，一个大型工厂（用图 1-7 中的大圆圈表示）将选址于中心区域，并生产 N 单位制成品，此时大型工厂的单位生产成本为 $C(N)/N \equiv \theta$。在规模经济的情况下，大型工厂的单位生产成本低于小型工厂，即 $\theta<\lambda$。由上述分析可知，为生产 N 单位产品，集中生产与分散生产该产品的总成本分别为 θN 和 λN。由于 $\theta<\lambda$，因此集中生产的总成

本相对较低。

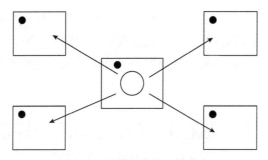

图1-7　规模经济与运输成本

　　上述分析表明，对于编织篮经济体（产品仅供出口）而言，一个大型工厂比众多小工厂更具优势。接下来我们进一步分析将运输成本考虑在内的情形。由于制成品在经济体内部消费，采用集中生产意味着产品需从大型工厂运往那些没有工厂的地区。运输过程用图1-7的箭头表示。在分散生产的情况下，由于每个地区都有小工厂，运输需求不复存在。假设 T 为大工厂将一单位产品运往其他地区的运输成本。由于其余四个地区没有工厂，大工厂产出（N 单位的制成品）的 $4N/5$ 单位的制成品需运送到其他地区，运输成本共为 $4TN/5$。值得注意的是，由于 $N/5$ 单位的制成品在大工厂选址区域内部消费，因此不需要运输。

　　集中生产和分散生产均包含生产成本和运输成本。分散生产的运输成本为0，总成本为 λN，而集中生产的总成本为 $\theta N+4TN/5$。因此，当 $\lambda N>$（<）$\theta N+4TN/5$ 时，集中（分散）生产的总成本更低。也就是说，当 $\lambda-\theta>$（<）$4T/5$ 时，集中（分散）生产是更优选择。$\lambda-\theta$ 表示产出水平较低（$Q=N/5$）与产出水平较高（$Q=N$）时的单位生产成本之差。由于生产过程中存在规模经济，因此 $\lambda-\theta>0$。如果规模经济效应较强，则大工厂效率较高，即 $\lambda-\theta$ 的值将变得更大。当 T 为固定值时，不等式 $\lambda N>\theta N+4TN/5$ 可能成立。相反，如果 $\lambda-\theta$ 为固定值，则只有 T 较小时，上述不等式才可能成立。因此，当规模经济效应较强，运输成本较低时，集中生产更受青睐。因为较强的规模经济效应为集中生产带来了巨大的生产成本优势，而较低的运输成本意味着生产成本优势不会被运输成本完全抵消[①]。

────────────

　　①　基于该模型，习题1-2提供了一个数值型案例。

尽管这个案例再次验证了前文编织篮案例的研究结论，但如果运输成本高于规模经济效应下所节省的生产成本，分散生产将是最佳选择。在这种情况下，不等式 $\lambda N < \theta N + 4TN/5$ 成立。这种情况一般出现在交通系统较差且未能充分利用潜在规模经济的不发达经济体中。随着经济的发展，当交通系统大幅度改善时（T 随之降低），生产方式将转为高效的集中生产。

集中生产可能会促进制造业工人的就业集聚（到目前为止，我们还未将制造业工人纳入分析），就业集聚推动了中心地区大型城市的形成。在分散生产的情况下，制造业工人将分散在各个地区，不会产生明显的就业集聚。如果将制造业工人纳入分析，则需要对上述模型进行少许修改，但"规模经济与运输成本在企业选址过程中相互作用，从而推动城市的形成"这一结论仍保持不变[1]。

第六节　零售集聚与购物中心经济学

另一种集聚现象是零售集聚，即零售店的空间集聚。长久以来，城市内存在各类商店集聚的购物区域。然而这并不是各商店互相协调选址形成的购物区（如今这些购物区已逐渐演变为购物中心），而是购物中心的所有者"精心安排"的零售集聚的全过程。

零售集聚产生的原因有以下两点：第一，消费者希望降低购物过程中的总成本，包括时间成本和货币成本（Out-of-Pocket Costs）（如与汽车相关的汽油费用）。当消费者需要去多个商店购买不同种类的商品时，商店之间距离较近能够降低其购物成本。因此，需要在多家商店购买商品的消费者更愿意在购物区或购物中心采购，而不是在不同地区的商店分别采购。也就是说，空间上集聚的商店可能会吸引更多客流量，从而促进零售集聚。

第二，消费者能够从货比三家中获益。比较同类型商品能够使消费者做出更好的购买决策，进而提高其购物过程中的收益。当商店在空间上较为分散时，货比三家的购物模式的成本较高，因此只有在购物区或购物中心货比三家才是经济

---

① 大量理论文献采用一种比上述分析更精准、更复杂的方法为规模经济与运输成本之间的相互作用建模。关于这些理论模型的综述，可参见 Fujita 和 Thisse（2002）。

的。也就是说，货比三家的购物模式更易在购物区或购物中心进行。因此，在空间上集聚的商店能够为消费者提供更多收益，为商家带来更多客流量，进而再次促进零售集聚。

当商店在空间上集聚时，销售同类型产品的商店之间的价格竞争可能会更加激烈。价格竞争降低了产品价格，虽然这有利于消费者，但给商店造成了利润下降的压力。由此导致的损失往往会降低商店空间集聚的吸引力，并抵消商家在上述分析中所获得的部分收益。然而现实生活中商家似乎更愿意选址于购物区或购物中心，这说明集聚为其带来的收益高于价格竞争导致的损失。

零售集聚带来的收益源于商店间的外部性。例如，消费者光顾购物中心的鞋店，同时也可能光顾服装店，反之亦然。因此，每类商店都将因其他类型商店的存在而获益。然而不同类型商店之间的外部性相对较弱。例如，光顾服装店或鞋店的消费者也许没有理由光顾玩具店，烟草、烟斗店等，反之亦然。图1-8描述了商店之间的外部性，其中箭头的宽度表示商店间正外部性的强度。

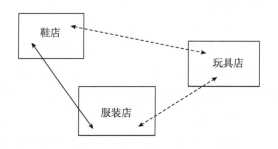

图1-8 商店间的外部性

购物中心所有者在"精心安排"零售集聚时，也会将零售集聚外部性的强度与类型（正/负外部性）考虑在内。商店利润越高，商场所有者越容易收取更高的租金。由于商店的利润还取决于商店间的外部性，因此商场所有者会提前将外部性考虑在内，进而选择商场内的商店组合及其规模。商场所有者把商场的固定面积分配给各商店，并以恰当的方式最大化其正外部性，从而获取更多租金和利润[1]。

---

[1] 习题1-3提供了一个购物中心所有者最优化选择问题的典型数值型案例。关于该类问题的经典分析可参见Brueckner（1993）的研究。

第七节 小结

　　本章探讨了城市存在的相关经济原因。规模经济有利于大型企业的形成，进而形成一个以大型工厂为中心的中等规模的公司城镇（Company Town）。集聚经济促进了企业空间上的集聚，但大量工作岗位的集聚才有利于大城市的形成。技术集聚经济源于邻近相似企业间的知识溢出，可以提升员工的生产效率。相反，成本集聚经济是指在不影响生产效率的前提下，企业投入成本的降低。当企业位于同时包含市场与生产要素供应商的城市时，成本集聚经济有助于企业节省运输成本。但是当供应商处于偏远地区时，为最小化运输成本，公司将选址于偏远地区。也就是说，工作岗位将集聚于远离市场的区域。运输成本也有可能推翻规模经济的就业集聚效应。当产品需要运送给不同地区的消费者时，放弃规模经济带来的效益，并在这些地区建立小型工厂才是最佳选择。此外，商店间的正外部性促进了零售集聚，即商店因空间集聚而获益。

第二章　城市空间结构的基础理论

第一节　引言

当飞机降落在纽约或芝加哥时，乘客看向窗外会发现城市空间结构的特征极其引人注目。这两个城市的高层建筑集中于市中心，并且随着距市中心距离的增加，建筑高度逐渐下降。两座城市的最高建筑都是办公楼和其他商业建筑，市中心也有许多高层住宅楼。与办公楼类似，住宅楼的高度也会随着与市中心之间距离的增加而下降，甚至会下降到三层或两层。单层住宅在远郊也很普遍。

虽然从飞机上看不太明显，但另外一个相当重要的城市空间特征是住宅（包括公寓和独栋住宅）的大小。就面积而言，靠近市中心的高层住宅楼内部的住宅面积往往相对较小，而郊区的住宅面积则宽敞得多。因此，虽然建筑物的高度随着与市中心之间距离的增加而下降，住宅面积却随着与市中心之间距离的增加而增加。

在芝加哥或纽约市中心的居民区散步时，我们会注意到另外一个无法从飞机上观察到的差异。相较于郊区，市中心社区的街道上会有更多的人步行去餐馆或工作场所等，这是因为市中心住宅区的人口密度较高。随着与市中心之间距离的增加，人口密度不断下降，并在郊区达到较低水平。

我们无法从飞机或街道上观察到城市空间结构中的其他规律。例如，房地产价格，了解相关规律需要具备房地产交易经验，或者熟悉城市相关数据。市民通常以满意的价格购买郊区的空地，而靠近市中心的空地（如果有的话）则贵得多。上述规律同样也适用于住宅的价格：靠近市中心的房子单位面积的住宅租金或售价比郊区贵得多。消费者往往不关注单位房价，而关注住宅的月租或总售价，但房地产中介都知道单位面积的房价会随着与市中心之间距离的增加而下降。

其他规律还包括城市间的差异，而不是城市内中心地区与郊区的差异。为了理解城市间差异，本节假设有一位来自内布拉斯加州（美国中西部的一个州）奥马哈的旅行者。当飞机在回程着陆奥马哈时，他（她）会发现尽管奥马哈市中心的建筑比郊区高，却比他（她）刚去过的大城市市中心的建筑低得多。此外，如果这位旅行者了解当地房价，他（她）会发现奥马哈中心地区的空地比纽约中心地区的空地便宜。

经济学家建立了一个试图涵盖城市空间结构所有规律的数学模型。本章将采用易于理解的图解法（而不是数学方法）对该模型进行阐述。城市模型成功预测了上述分析的相关规律。由于能够准确地描绘出城市面貌，因此该模型可以在相关政策背景下进行可靠预测。例如，当大幅提高汽油税导致驾驶成本提高时，该模型能够准确预测城市空间结构将发生的变化。它还可以用来分析其他政策影响城市空间结构的途径。

本章介绍的城市模型源于 Alonso（1964）、Muth（1969）和 Mills（1967）的研究。该模型的系统性推导首先由 Wheaton（1974）完成，之后由 Brueckner（1987）补充完善。本章对城市模型的阐述主要基于 Brueckner（1987）的图解法[①]。

第二节　基本假设

和其他经济模型一样，为简化分析，城市模型在紧扣城市基本特征的前提下忽略了一些不太重要的细节，建立模型并推导出主要结论后，随即加入一些更具体的现实因素，主要结论几乎不会受到影响。

[①]　更多关于城市土地利用经济学分析的讨论请参见 Fujita（1989）。该领域更详尽的研究可参见 Papageorgiou 和 Pines（1998）。Glaeser（2008）也撰写了与城市土地利用相关的文献。至于相关综述类文章，请参见 Anas、Arnott 和 Small（1994）。

假设一：城市的所有工作都集中在被称为"中央商务区"（Central Business District，CBD）的中心区域。事实上，许多工作地点都位于城市中心之外，或分散在不同的地方，或集中在偏远的就业次中心。虽然就业分散化（不再完全集中于 CBD）是现代城市的标志，但最初设计模型时忽略了这一点。因此，假设一更适用于 20 世纪早期到 20 世纪中期的城市，因为那段时期的工作岗位比现在更为集中。在后续分析中，城市模型可以加入就业次中心等更加符合现实的因素，以使最终得到的结论不会受到太大的影响。

由于本章主要分析住宅用地（而不是商业用地），因此 CBD 被视为市中心的一个点。也就是说，假设 CBD 不占用城市的任何空间，即 CBD 所占用的城市面积为 0。我们也可以对模型做出少许修改，从而使 CBD 所占用的土地面积为正值。在这种情况下，我们不仅要关注 CBD 区域外的住宅用地，还要重点关注 CBD 区域内商业区土地的使用性质。

假设二：城市中存在一个由许多径向道路组成的密集型交通网络。如图 2-1 所示，居住区与 CBD 有一定距离的居民可以沿着径向道路直线抵达市中心工作。然而，现实生活中高速公路纵横交错于城市内部，居民往往综合使用高速公路与市区街道进入 CBD，导致许多居民的汽车通勤路径是非径向的。根据下文分析可知，我们可以将高速公路作为变量加入模型而不改变其基本结论。

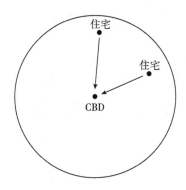

图 2-1　径向通勤模式

假设三：城市中的家庭完全相同。每个家庭对消费品的偏好以及在 CBD 工作赚取的收入均完全相同。为简化分析，我们将家庭规模标准化为 1，即每个家庭只有一名家庭成员。下文的分析将放宽假设三，即允许城市存在富人和穷人两类收入群体。

假设四：城市居民只消费两种商品，分别为住宅和住宅以外所有商品组成的复合商品。由于该模型的研究对象为城市，关注点自然聚焦于住宅。为简化分析，本章统一将复合商品称为"面包"。

第三节　通勤成本

设 x 表示从消费者居住地到 CBD 的径向距离。x 越大，在 CBD 上班的通勤成本就越高。通勤成本通常是货币成本和时间成本的总和。对于使用汽车的消费者来说，货币成本包括汽油、汽车保险，以及汽车折旧等车辆运行成本。对于使用公共交通的消费者来说，货币成本就是交通费。时间成本为通勤时间的"机会成本"，因为大部分通勤时间无法用于其他生产或娱乐活动。考虑时间成本将使模型分析变得更为复杂，因此基本模型忽略了通勤的时间成本，仅分析货币成本。然而，分析包含不同收入群体的城市需要将时间成本考虑在内，因此后文将加入时间成本进一步分析。

参数 t 表示每英里通勤成本。假设居民的住所与 CBD 相距 x 英里，则单程总通勤成本为 tx，等于每英里通勤成本乘以居住地与 CBD 之间的距离。汽车通勤者每英里通勤成本 t 的计算方法如下：美国国税局认定的汽车运行总费用减去非通勤性质活动（如购物等商业活动）的汽车运行费用。本节假设驾驶汽车的通勤成本为每英里 0.45 美元。因此，从与 CBD 相距 x 英里的居住地到 CBD 的单程费用为 $0.45x$，往返费用为 $0.90x$。一位每年工作 50 周的居民需往返 250 次。用上述表达式（$0.90x$）乘以 250 得到 $225x$，即居住地与 CBD 相距 x 英里的居民每年的通勤成本。因此，在上述假设下，t 等于 225[①]。

所有居民的通勤成本完全相同也可以反映出该模型的另一个隐含假设：所有居民均采用相同的交通方式去上班。尽管目前已建立了包括不同类型交通方式的城市模型，但其复杂度也大大提升了。

---

① 值得注意的是，该模型主要关注通勤成本，忽略了其他活动（如购物）的交通成本。本节假设可以在离家近的地方完成除通勤以外的其他活动，也就是说，与通勤成本相比，其他成本可以忽略不计。或者假设消费者在下班回家的路上购物，如此便不产生额外的费用。

假设每个居民每个时期在 CBD 获取的收入均为 y。与 CBD 相距 x 英里的居民可支配收入等于总收入减去通勤成本，即 $y-tx$。上述表达式表明，当 x 增加时，更长的通勤距离和更高的通勤成本使可支配收入减少，这对城市空间结构的预测至关重要。

第四节　消费者分析

综上所述，城市居民消费两种商品：住宅和面包。面包消费用 c 表示，由于每单位面包的价格被标准化为 1 美元，因此 c 表示消费面包（除住宅外的所有商品）的总金额。住宅消费用 q 表示，但需要选择与 q 相对应的度量单位。问题在于，住宅是一种具有多种特征的复杂商品。住宅特征包括住宅的建筑面积、庭院大小、建筑质量、房龄以及周边设施等。尽管采用一系列住宅特征来描述房屋会更为精准，但本节需用数字来衡量住宅消费。由于消费者最关注的特征为住宅面积，本章用 q 表示住宅建筑面积（用平方英尺衡量）。

选用上述测量方式后，每单位住宅价格便为每平方英尺住宅的价格，用 p 来表示。为简化分析，模型假设城市中每个人都是租户，p 指每平方英尺的租金①。值得注意的是，租金或每一时期的租金总金额与 p 不完全相同。事实上，租金等于每平方英尺的住宅价格乘以住宅面积，即 pq。在理解上述模型时，要将每平方英尺租金和更常见的租金概念（指租金总金额）区分开。

消费者预算约束为 $c+pq=y-tx$，该式表明面包支出（面包消费 c）加上住宅支出（租金 pq）等于扣除通勤成本后的可支配收入。消费者的效用函数用 $u(c, q)$ 来表示，表示消费者在特定消费束 (c, q) 下实现的效用。消费者通常选择消费 c 单位面包和 q 单位住宅，从而在预算约束下实现效用最大化。最优消费束位于无差异曲线和预算线之间的切点上，这将在下文进一步分析。

如前文所述，城市空间结构的规律之一是每平方英尺的住宅价格随着与 CBD 之间距离的增加而变小，即 p 将随着 x 的增加而变小。模型分析的第一步是证明该模型确实预测了上述规律。本节主要采用简单直观的论证方法来证明上述规律

———————————

① 可以重新设定模型：假设每个人都是住宅所有者（而不是租户）。

的真实性，然后再通过图表分析加强论证。

该论证建立在消费者区位均衡条件的基础上。区位均衡条件是指消费者无论住在城市的哪个地方，都能获得相同的效用。如果上述不满足区位均衡条件，那么住在低效用地区的消费者可以通过迁移至高效用地区获益。上述迁移行为表明，城市还未达到区位均衡。只有当消费者的效用（即效用函数 u (c, q) 的值）在任何地方都相同时，才不会出现迁移行为，即达到区位均衡。

只有当单位住宅价格随着与 CBD 之间距离的增加而下降时，消费者效用才能在空间上保持一致。较高的通勤成本意味着可支配收入随着 x 的增加而下降，因此必须存在一些抵消效益（Offsetting Benefit）以防止效用下降。抵消效益具体是指距市中心越远，单位住宅价格就越低。也就是说，向市中心靠近所导致的通勤成本和住宅成本的变化可以相互抵消。虽然距市中心较远的消费者（支付较高的通勤费用之后）的可支配收入低于距市中心较近的消费者，但能以更低的租金 p 租到住宅，这使他们与距市中心较近的消费者同样"富裕"。因此，较低的 p 弥补了远距离较高的通勤成本。

较低的 p 在较远的郊区区位上作为一种补偿差异，使郊区居民能够适应更长时间和更高价格的通勤。补偿差异也出现在其他经济背景下。例如，在岗位技能要求相同的条件下，与那些更有吸引力的工作相比，雇主往往对危险或令人不满意的工作岗位支付更高的工资，否则没有人会做那些不受欢迎的工作。与郊区住宅租金价格 p 较低的情况类似，较高的工资使人们更愿意接受工作环境一般的工作[①]。

虽然补偿差异是理解 p 在空间上变化的最佳视角，但从需求角度分析似乎更容易理解。由于通勤成本较高，因此郊区的住宅需求低于中心地区的住宅需求，降低了郊区的房价，即 p 随着 x 的增加而下降。

p 和 x 之间的反比关系也可以用无差异曲线图推导出来，如图 2-2 所示。纵轴代表面包消费（c），横轴代表住宅消费（q）。陡峭的预算线适用于居住在市中心区位（距离 CBD 较近）的消费者，此时 $x=x_0$。消费者预算线的截距 c 等于个人可支配收入，即 $y-tx_0$。另外，预算线的斜率等于每平方英尺的住宅价格的相反数。当消费者住在与 CBD 相距 x_0 的区位时，当地住宅每平方英尺的价格为

p_0。因此，居住在市中心的消费者的预算线斜率等于$-p_0$。

接下来分析住在郊区的消费者，此时 $x = x_1 > x_0$。该消费者的可支配收入为 $y - tx_1$，低于住在市中心消费者的可支配收入。因此，与住在市中心的消费者相比，郊区消费者的预算线截距更小，如图 2-2 所示。在确保住在郊区的消费者和住在市中心的消费者福利水平一样的情况下，郊区的单位住宅价格（用 p_1 表示）应该是多少？给定住在市中心的消费者预算线，p_1 应使郊区消费者与市中心消费者的预算线与同一条无差异曲线相切。也就是说，郊区消费者的预算线（其截距较小）需要比市中心消费者的预算线更平坦。当郊区预算线平坦到一定程度时，实现效用最大化的消费束 (q_1, c_1) 将落在市中心消费者的无差异曲线上，如图 2-2 所示。但由于预算线的斜率等于房价的相反数，因此郊区消费者的预算线越平坦（其负斜率接近于零），其房价就越低。也就是说，郊区的房价 p_1 一定会低于市中心的房价 p_0。图 2-2 证实了上述观点：每单位住宅面积的价格 p 随着与 CBD 之间距离 x 的增加而下降。

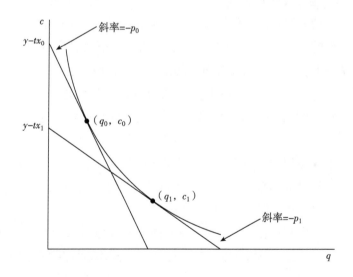

图 2-2　消费者选择

图 2-2 还包含了一些关于消费者选择的重要信息。接下来将郊区消费者的消费束 (q_1, c_1)（郊区消费者预算约束线与无差异曲线的切点）与市中心消费者的消费束 (q_0, c_0) 进行对比。从图 2-2 可以看出，与住在市中心的居民相比，住在郊区的居民消费更多的住宅和更少的面包。因此，郊区住宅面积通常大于市

中心，住宅面积 q 随着 x 的增加而增加。单位面积住宅价格 p 随着 x 的增加而下降。居民通过消费更多的住宅来替代减少的面包，这是消费者对郊区低房价做出的反应[①]。由上述分析可知，图 2-2 表明城市空间结构模型的确预测了上述规律。

面包消费量的差异表明，当居民住在市中心的小房子时，会消费大量面包。具体来说，住在市中心的居民可能会拥有一辆好车，精美的家具和美味的食物，甚至会花很多钱去度假。相比之下，住在郊区的居民往往在住宅本身上消费较多。由于前文假设城市只存在一类收入群体，因此预测结果可能不太符合现实，也无法将其作为包含多个收入群体的城市模型。正如下文所述，居住面积随距离变化的预测结果（更符合现实情况）是稳健的。

到目前为止，该模型的两个主要预测结论为：随着与 CBD 距离的增加，每平方英尺的住宅价格会下降，而住宅面积会增加。上述结论可以表示为：当 x 增加时，p 下降，q 增加。基于上述结论，前文分析的几个方面值得进一步讨论。消费者一般根据不同区位的单位房价来选择住宅面积。尽管大多数消费者不习惯关注单位房价（而是关注总租金），但该模型仍暗含着以下假设：消费者在做决定时仍会关注单位房价。例如，消费者一般认为租金较高的小公寓其房价也较高，这其实隐含着消费者对单位房价的关注。事实上，对于商业用地而言，房东一般会给定单位租金，而租户自行选择租住面积。但有人认为，租户不能自由选择租房面积（毕竟，他们无法调整公寓的面积），导致模型中租户可以选择住宅面积的假设显得不切实际。事实上，消费者对住宅面积的偏好最终会反映在住宅存量上。换句话说，在考虑当地房价的基础上，消费者偏好决定了某区位的公寓大小。

从模型中消费者的视角切入，本节还可以得出另外两个结论：第一个结论是关于单位房价 p 与距离 x 之间关系的曲线。如图 2-3 所示，房价曲线呈凸性，且随着 x 的增加，单位房价 p 以递减的速率下降。接下来采用房价曲线的斜率来证明上述结论，其斜率可用以下公式表示：$\dfrac{\partial p}{\partial x} = -\dfrac{t}{q}$。

因此，任意区位的斜率都等于每英里通勤成本除以该区位住宅面积的相反数。房价曲线呈凸性是由于 q 随着 x 的增加而增加，$-t/q$ 的绝对值随着 x 的增加

---

① 由于效用是固定的，房价 p 降低会使住宅面积 q 增加，这说明了价格变化的替代效应（但不存在收入效应）。

而减小，即曲线变得更平坦。对单位房价曲线凸性更直观的解释是：在住宅面积较大的郊区，单位住宅价格小幅度下降能够节省较多的住宅成本，足以弥补通勤成本。在住宅面积较小的市中心，只有单位房价得到大幅度下降时，才能够节省足够的住宅成本。

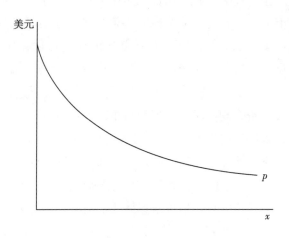

图 2-3　房价曲线

第二个结论是关于总租金 pq 的空间变化模式。如何将市中心小型住宅与郊区大型住宅的总租金作比较？当 x 上升时，q 上升，p 下降，因此总租金 pq 可能会上升，也可能会下降，具体如何变化取决于图 2-2 中消费者无差异曲线的形状。也就是说，郊区住宅的总租金可能高于市中心住宅，也可能更低。因此，上述对比的答案是不确定的，但这一结论也符合现实情况。

大量实证研究证实了该模型的预测结果，即每平方英尺的住宅价格与工作可达性之间存在相关关系。文献中一般采用特征价格模型（Hedonic Price）进行回归（在第六章进一步解释），将住宅价值与其规模、其他特征联系起来，其中一个特征为住宅与城市就业中心之间的距离。回归结果表明，住宅价格和其距城市就业中心的距离之间存在负相关关系。因此，在住宅面积不变的情况下，住宅价格随着距离的增加而下降，这意味着每平方英尺住宅价格（以及租金）随距离的增加而下降①。

①　关于上述研究的例子，可参见 Coulso（1991）。

第五节　住房的供给分析

上一节分析了消费者的住宅面积决策问题。本节将对建筑物的具体特征进行分析，聚焦于房地产开发商修建建筑及其出租给消费者的行为[①]。

在现实生活中，开发商利用土地、建筑材料、劳动力和机械设备等各种生产要素建造住宅。在接下来的消费者分析中，我们将简化生产要素的类型，假设开发商仅利用土地和建筑材料建造住宅，不考虑劳动力和机械设备这两种生产要素。从某种意义上说，由于开发商在建筑物的整个生命周期都需投入土地和建筑材料这两种生产要素，只在修建初期投入建筑工人和机器设备，因此上述假设较为合理。

修建住宅的生产函数为：$Q = H(N, l)$，其中 Q 表示建筑物的住宅面积，N 表示建筑材料的数量（以某种方式衡量），l 表示土地投入，H 表示生产函数。建筑材料种类繁多，包括钢、木材、玻璃、混凝土等，但为了衡量建筑材料的投入量，模型忽略了不同建筑材料间的差异。为简化分析，本节将建筑材料统称为住宅修建过程中的资本投入。

住宅生产函数具有以下两个性质：第一，资本的边际产量递减，这意味着在土地投入量保持不变的情况下，持续增加建筑材料的投入量，当其超过临界点时，边际产量将出现递减的趋势，即建筑面积将会以递减的速率增长。如图 2-4 所示，当 l 保持不变时，N 增加会使建筑物高度增加。资本边际产量递减是因为随着建筑高度的增加，增加的建筑材料将更多用于打造更坚固的地基、更厚的横梁，以及建造电梯和楼梯等，而非全部用于增加住宅面积。

第二，修建住宅的规模收益程度。第一章讨论了只存在一种生产要素的情况，并通过生产函数图推断是否存在规模经济。若分析两种生产要素的生产函数图，情况会变得更加复杂。如果资本和土地投入的加倍促使建筑面积增加一倍以上，则说明修建住宅的过程中存在规模经济。如图 2-5 所示，投入双倍生产要素

---

① 在现实生活中，开发商将建筑物出售给房东，房东再将其租给消费者，但本节的分析将忽略该过程。

能够在原来的建筑旁建造第二个相同建筑。此时，原建筑外墙成为内墙，可能会变得更薄，导致总面积增加，但这种收益较小，建筑面积也并未翻倍。因此，修建住宅的过程不存在规模经济，而是规模收益不变。

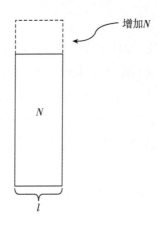

图 2-4 建筑增高

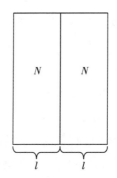

图 2-5 规模报酬不变

图 2-4 和图 2-5 暗含一个未曾具体解释的基本假设。假设建筑物完全覆盖土地（面积为 l），即建筑周围没有庭院或其他开放空间。模型中假设消费者只关注建筑面积，不在意开放空间，因此上述假设是合乎逻辑的。但该假设并不符合现实，至少对于庭院空间充足的郊区来说是这样的。严格来说，该模型适用于几乎没有庭院空间的地区，如曼哈顿或巴黎市中心。事实上，我们也可以对模型进行一般化处理，即允许消费者注重庭院空间、开发商提供庭院空间，但模型分析

将会变得更加复杂。

　　房地产开发商将以利益最大化为目标，选择资本和土地的投入量，从而形成特定高度的建筑结构。开发商还需在建筑内按照消费者的需求划分住宅面积。换句话说，建筑面积将根据当地消费者所偏好的住宅面积进行划分，具体划分方式如图 2-6 所示。

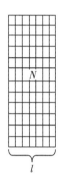

图 2-6　建筑物内的住宅划分

　　开发商的收入等于 $pH(N, l)$，即每平方英尺的价格 p 乘以建筑面积。投入成本包括建筑材料成本和土地成本。为了匹配模型的租赁特征，模型假设开发商租用而不是购买上述两种生产要素。因此，开发商向土地所有者租借土地，而不是直接购买土地。每英亩土地租金是土地要素的价格，用 r 表示。建筑材料的单位租金等于 i[①]，假定 i 与建造地点无关。换言之，无论建筑工地在城市的任何区位，建筑材料都能以相同价格运送至建筑工地，即每单位建筑材料的价格保持不变。综上所述，开发商的总生产成本等于 $iN+rl$。

　　建筑材料的单位租金 i 不随区位发生变化，而土地租金 r 在空间上有所变化，因此开发商愿意在城市不同区位建造住宅。由于距 CBD 较远地区的单位住宅价格 p 较低，因此很难吸引开发商。相比之下，由于开发商能够在距 CBD 较近的地区收取更高的住宅价格，因此其更具开发优势。

　　为使开发商愿意在任意区位建造住宅，各区位的利润必须相同。由于距 CBD 较近地区每平方英尺的收益较高郊区，除非在成本方面存在补偿性差异，否则利

①　i 也可以被看作购买材料而不是租用材料的年成本。

润不可能完全相同。在资本成本（建筑材料成本）保持不变的情况下，补偿性差异源于土地租金 r 的空间差异，即郊区的土地租金低于中心地区。当 r 随着 x 的增加而下降时，郊区低租金的收入劣势被其较低的土地租金抵消，因此房地产开发商在不同区位获得的利润完全相同。假设 i 固定不变，则需要土地租金来平衡不同区位的利润，因此 r 随距离下降的速度应大于 p 随距离下降的速度。因此，市中心与郊区间的土地租金之差大于住宅价格之差。

与前文消费者分析类似，补偿性差异是一种与需求相关的现象。市中心住宅售价较高，开发商会积极竞争市中心土地，从而抬高 CBD 附近的地租。相反，由于郊区住宅售价较低，开发商对郊区土地的需求较低，因此地租也较低。开发商之间的竞争会抬高地租，直至利润为零，因此开发商通过补偿性地租差异达到的利润水平实际上是零利润（与之相对应的是"正常"经济利润）。

该模型预测了城市空间结构的另一个规律：随着与 CBD 之间距离的增加，土地租金（以及土地价值）将不断下降[①]。这种模式又衍生出另一种与建筑高度相关的规律。由上文分析可知，在资本价格固定不变的情况下，随着与 CBD 之间距离（x）的缩短，土地租金的价格将变得更高，土地投入相比资本投入变得更加昂贵。厂商通常会根据生产要素的相对价格变化来重新配置要素组合，房地产开发商也是如此。当土地价格相对于资本变得更高时，开发商将会在修建住宅的过程中减少土地投入量，增加资本投入量。上述要素替代意味着开发商会在市中心修建更高的建筑（见图 2-4）。随着与 CBD 之间距离的缩短，土地租金价格不断上涨，开发商将修建高层建筑。相反，随着与 CBD 之间距离的增加，土地价格越发便宜，开发商利用更多土地和更少资本修建更低的建筑。综上所述，建筑高度将随着与 CBD 之间距离的增加而降低。

接下来利用房地产开发商成本最小化的图表来验证上述规律。在图 2-7 中，纵轴度量的是资本投入，横轴度量的是土地投入。等产量线反映生产过程中一系列要素投入组合，也就是说，在开发商修建相同数量建筑的过程中（如 150000 平方英尺[②]）存在不同的资本—土地投入要素组合。首先分析开发商在市中心修建建筑的生产要素组合，此时 $x=x_0$，$r=r_0$。市中心区域等成本线的斜率为 $-r_0/i$，由于 r_0 较高，等成本线较为陡峭。开发商希望以尽可能低的成本修建建筑（如

---

① 大量实证研究证实了土地价格与距离之间的负相关关系，如 McMillen（1996）。此外，更多的研究证明了房价和与 CBD 之间距离的关系。

② 注明英尺与国际单位的换算关系。

建筑面积为 150000 平方英尺），因此他将在等成本线与等产量线相切的位置（l_0，N_0）修建 150000 平方英尺的建筑（见图 2-7）。相比之下，若开发商在郊区修建相同面积的建筑，此时 $x=x_l>x_0$，$r=r_1<r_0$，等成本线较为平坦。开发商实现成本最小化的最优生产要素组合为（l_1，N_1），与市中心修建的建筑相比，开发商将利用更少的资本和更多的土地。此时，开发商不会修建类似于市中心的高层建筑，而是会建造花园公寓式的建筑群。

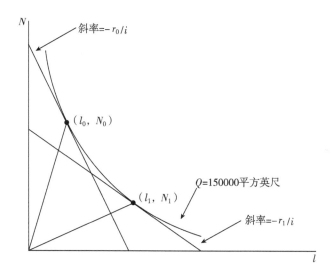

图 2-7　房地产开发商成本最小化

上述两个地点的建筑高度可以通过每英亩土地的资本投入量来体现，分别用 N_0/l_0 和 N_1/l_1 表示（即图 2-7 中对应生产要素组合点和原点之间射线的斜率）。靠近市中心的射线更为陡峭，说明 x_0 处的建筑比 x_1 处的建筑更高。因此，建筑高度随着与 CBD 之间距离的增加而降低[①]。

上述分析的两个主要预测结论为：每英亩土地租金和建筑物高度都将会随着与 CBD 之间距离的增加而下降。上述结论可表示为：当 x 增加时，r 下降，建筑物高度降低。

---

① McMillen（2006）和其他研究证实了这一预测结果。

第六节 人口密度

城市模型的最后一个规律为：人口密度随着与 CBD 之间距离的增加而下降。人口密度等于每英亩人口数量，用 D 表示。假设每户住宅只有一位居民，因此 D 也表示每英亩的住宅数量。图 2-8 描述了市中心和郊区每英亩土地上的住宅数量。市中心的高层建筑（每英亩的资本成本较高）被划分为面积较小的住宅，位于郊区的低层建筑则被划分为面积较大的住宅。从图 2-8 中可以看出，市中心每英亩土地上的住宅数量明显大于郊区。换言之，与市中心的建筑相比，郊区建筑的总楼层面积较小，单位住宅面积较大。因此，D 随着与 CBD 之间距离的增加而下降，可表示为：当 x 增加时，D 减少。

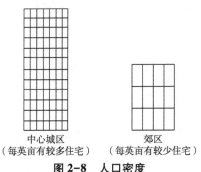

中心城区   郊区
（每英亩有较多住宅） （每英亩有较少住宅）

图 2-8　人口密度

大多数关于城市模型的实证研究聚焦于人口密度的空间行为模式。目前，已有数十项实证研究对世界各地城市人口密度与住宅区和 CBD 距离之间的关系进行了探讨（McDonald，1989）。人口普查会将各城市划分为若干个普查小区，进而得到各区域的人口。随后估计出每个区域的土地面积，再用各区域人口除其面积计算出该地区的人口密度。此外，通过测量该区域到 CBD 的距离，再结合上述信息，就可以得到密度—距离空间分布的散点图（见图 2-9）。而后，通过回归分析可以得到一条上述散点图的拟合线，如图 2-9 所示[1]。目前已知的全球城

---

[1] 一个常见的假设为：人口密度和住宅区与 CBD 距离之间存在负指数关系，即 $D = \alpha e^{-\beta x}$，取自然对数后，表达式可简化为 $\log D = \theta - \beta x$，表明 $\log D$ 和 x 之间存在线性关系。如果对人口密度取对数，图 2-9 中的回归曲线将变为一条直线。

市的人口密度曲线几乎都是向下倾斜的，这证实了模型的预测结果。

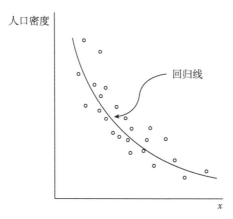

图 2-9 人口密度回归

图 2-10 将前文分析的城市空间结构模型的所有预测结果联系起来，并对其进行总结。图中的实线框表示模型中的基本均衡条件：消费者效用和开发商利润（零利润）在不同区位上完全相同。图中的虚线框描述了构建该模型的前提条件：通勤成本随着与 CBD 之间距离的增加而增加。在通勤成本随着与 CBD 之间距离的增加而增加，以及在消费者效用完全相同的情况下，p 将随着 x 的增加而下降，进而 q 随着 x 的增加而增加。p 随着 x 的增加而下降的规律与开发商零利润的均衡条件使 r 随着 x 的增加而下降。r 的下降使建筑高度随着 x 的增加而下降。因此，q 随着 x 的增加而增加，建筑高度随着 x 的增加而下降，这说明 D 会随着 x 的增加而下降。

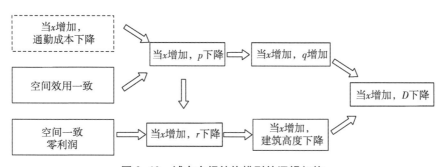

图 2-10 城市空间结构模型的逻辑架构

第七节　延伸至城市间的预测

正如前文所述，该模型的预测结果与现实情况相符，如大城市的建筑比小城市高。为得出这样的结论，我们有必要分析城市空间的供需关系。城市均衡是指城市内的住宅恰好能够容纳现有人口，也可以描述为住宅供需平衡。

城市的土地面积决定了住宅数量。房地产开发商和农民通过竞争土地使用权来决定城市的面积。假设农民愿意为每英亩土地支付租金 r_A，当土地生产率较高或种植的农作物售卖价格较高时，农业租金也较高。不同区位上的 r_A 可能也不完全相同，靠近运输地点的农产品产地的租金 r_A 较高（因为运输成本较低）。但是本节仍假设农业租金独立于 x，即 r_A 被视为常数。图 2-11 表明，农业租金 r_A 是一条水平线；城市土地租金曲线向下倾斜。正如图 2-3 所示的房价曲线，土地租金曲线呈凸形，即随着 x 的增加，r 以递减的速率下降。

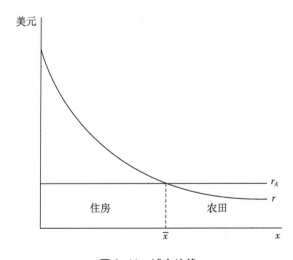

图 2-11　城市边缘

土地所有者会将土地出租给出价最高的竞标者[1]。从图 2-11 可以看出，住

---

[1]　该模型假设土地所有者住在城市外，否则，城市居民将赚取土地租金，这会使模型更加复杂。

宅开发商在 r 曲线和 r_A 直线的交点左侧出价较高，农民在交点右侧出价较高。因此，交点左侧用于修建住宅，交点右侧用于种植农产品，交点处（距 CBD $\bar{x}$ 英里）则代表着城市边缘。若城市达到供需均衡，交点左侧的城市住房必定恰好能容纳现有固定人口。

城市供需均衡取决于模型中的四个关键参数：人口数量（L）、农业租金（r_A）、通勤成本（t）以及收入（y）[①]。我们可以通过改变上述某一特定参数推断出城市空间结构的相应变化，从而预测不同城市的空间结构差异[②]。

一、人口规模与农地租金的影响

分析人口规模的影响效应。假设城市最初处于均衡状态，恰好能够容纳数量为 L 的人口。继而假设该城市人口规模增加，由于当前城市规模难以承载更多人口，初始均衡状态被打破。城市为达到新的均衡状态，将发生一系列空间结构变化。本节将对城市为应对人口增长而产生的空间结构变化进行详细推导。

由于人口规模扩大导致城市重建（下文将对此进行解释），因此城市空间结构的变化将会在很长一段时间内陆续发生。预测结果可以用另一种方式进行解释。具体来讲，在给定时间点上，城市变化前后的差异可以用来预测大城市和小城市之间的差异。换言之，当人口规模扩大时，我们可以用两个同时存在且人口规模不同的城市之间的差异，来分析一个城市空间结构因人口扩张而产生的长期变化。

假设该城市最初处于均衡状态，随后其人口规模一次性扩大至 L，该城市将会陆续发生如下变化：

（1）城市的住宅存量可容纳原来的人口规模，但目前人口规模扩大，住宅存量相对变少，导致住宅需求过剩（住宅短缺）。

（2）对住宅的过度需求致使城市所有区位上的单位房价 p 增加。

（3）由于住宅价格上涨，消费者倾向于选择面积更小的住宅。因此，所有区位上的住宅需求 q 都会下降（城市将会在长期重建过程中做出上述调整）。

（4）较高的住宅价格 p 增加了房地产开发商的利润。由于开发房地产的收益越来越高，开发商对土地的竞争越发激烈，从而推高了所有区位上的土地租金。

---

① 住宅的资本投入 i 是另一个参数，但此处不考虑对它的影响。
② 习题 2-1 提供了一个简化版本的模型分析。

（5）由于土地租金价格上涨，开发商将减少土地使用量，进而在所有区位上修建更高层的建筑（城市将会在长期重建过程中做出这样的调整）。

（6）随着所有区位上的建筑变得更高，住宅面积将变得更小，每英亩土地的住宅数量不断增加，使得所有区位上的人口密度 D 增加。

（7）所有区位上的 r 上升使城市土地租金曲线向上移动至 r_1，如图 2-12 所示。因此，城市边缘由 $\overline{x}_0$ 增至 $\overline{x}_1$。

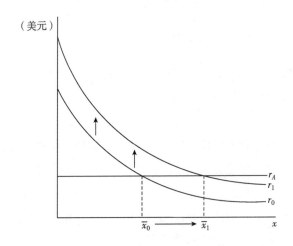

图 2-12　人口规模扩大的影响效应

（8）由于各区位的人口密度都在增加，且城市土地面积变得更大，城市足以容纳更多人口。市场上不再存在住宅需求过剩的现象，进而恢复了住宅市场的供需均衡状态。

我们也可以用上述变化来预测给定时间点上人口规模较小和人口规模较大城市之间的差异，并得出以下结论：大城市比小城市占用更多的土地；此外，在距市中心一定距离的区位上，与小城市相比，大城市的建筑物更高，住宅面积更小，单位房价更高，土地租金更高，人口密度也更大。上述预测结果与现实生活中观察到的大、小城市之间的差异相吻合[1]。

接下来分析在人口规模保持不变的情况下，农业租金 r_A 上涨对城市空间结构的影响效应。同理，我们仍用两个同时存在且农业租金不同的城市间的差异，

---

[1]　已有研究实证检验了 L、y、r_A、t 的预测结果。第四章将对此进行深入分析。

来分析长期内一个城市空间结构的变化。其中 r_A 较高的城市农业生产率较高，如伊利诺伊州（美国中西部的一个州）；而 r_A 较低的城市农业生产率较低，如亚利桑那州（美国西南部的一个州，其大部分土地都是沙漠，几乎无法种植任何农产品）。

农业租金从 r_{A0} 增至 r_{A1}，使 r_A 线向上移动，在城市土地租金曲线固定于 r_0 的情况下，交点处的 $\bar{x}$ 值将从 $\bar{x}_0$ 降至 $\bar{x}'$。通俗来讲，上述交点变化具体指 $\bar{x}_0$ 与 $\bar{x}'$ 之间的现有住宅被夷为平地，这些土地将被重新用于农业生产。然而因住宅存量萎缩，城市无法容纳现有人口规模，导致住房短缺。这是上述人口规模扩大对城市空间结构的第一个影响，之后第二至第八步也与前文分析保持一致。但第七步存在些许差异：地租曲线向上移动，导致之前被夷为平地的土地重新用于修建住宅，如图 2-13 所示。城市将变得更加密集（回顾第六步），即较小的土地面积足以容纳最初固定的人口规模。因此，最终城市边缘为 $\bar{x}_1$，且 $\bar{x}_1$ 小于初始值 $\bar{x}_0$。

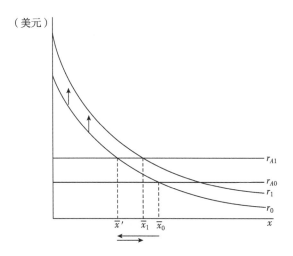

图 2-13　农业租金增加的影响效应（r_A 较高的影响）

基于上述结论，如果 r_A 较高的城市（如伊利诺伊州的皮奥里亚县）与 r_A 较低的城市（如亚利桑那州的图森市）的人口规模几乎一样，这两类城市将会存在如下区别：与 r_A 较低的城市相比，r_A 较高的城市面积更小；在与 CBD 距离相同的区位上，r_A 较高城市的建筑物更高，住宅面积更小，单位房价更高，土地租金也更高。图森市不断扩张及其密度较低的特征说明上述预测结果是符合现实的。

二、通勤成本与收入的影响

分析通勤成本 t 增加对城市空间结构的影响效应。通勤成本增加可能是由汽油价格或汽油税增加而导致的。当 t 增加时,郊区的低房价无法补偿长距离通勤成本的负效应,住在郊区的通勤者想要搬到市中心以降低通勤成本,故而抬高了CBD 附近的房价,降低了郊区的房价。因此,房价曲线将顺时针旋转,此时房地产开发商的利润将在市中心附近上升,在郊区下降,导致房地产开发商对市中心土地的竞争变得更为激烈。土地租金也会随之在市中心附近上升,在郊区下降,土地租金曲线同样顺时针旋转。由图 2-14 可知,顺时针旋转后的土地租金曲线导致交点值从 $\bar{x}_0$ 降至 $\bar{x}_1$。因此,较高的通勤成本导致居民向市中心迁移,进而缩小了城市占地面积。

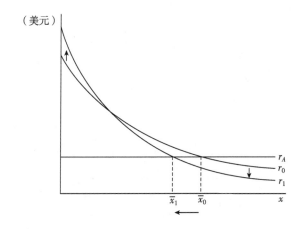

图 2-14   通勤成本 t 增加的影响

土地租金曲线顺时针旋转后,市中心的建筑高度将上升,郊区的建筑高度将下降。此外,由于市中心的住宅面积缩小,市中心的人口密度也将随着建筑高度的增加而增大。然而,基于数学推导,郊区住宅面积 q 的变化是不确定的,因此郊区人口密度的变化也是不确定的。

与前文分析类似,本节仍采用上述城市空间结构的变化预测两个城市之间的差异，其中一个城市的 t 较高，另一个城市的 t 较低（但其人口规模完全相同）。由于欧洲汽油税比美国高得多，本节假设 t 较高的城市为欧洲城市，t 较低的城市为美国城市。预测结果如下：与美国城市相比，欧洲城市的面积更小（城市边界更接近市中心），市中心的建筑更高，住宅面积更小，单位房价更高，土地租金更高，人口密度也更大。如果美国汽油税大幅上涨，那么美国城市最终也会变为面积较小（城市边界更接近市中心）且人口密度较大的城市（与欧洲城市类似）。

分析收入 y 增加对城市空间结构的影响。基于数学推导可知，收入 y 增加与通勤成本 t 增加的影响效应完全相反。收入 y 增加使房价曲线逆时针旋转，土地租金曲线同样逆时针旋转，如图 2-14 所示。因此，$\bar{x}$ 值将从 $\bar{x}_1$ 增加至 $\bar{x}_0$，即城市进行了扩张。此时市中心附近的建筑高度下降，郊区的建筑高度上升。市中心附近的住宅面积增大，人口密度下降，但是郊区的空间结构变化仍是不确定的。

当收入增加时，消费者希望拥有更大面积的住宅。由于距市中心较远地区的单位房价较低，消费者产生往外迁移的动机。消费者外迁会推高郊区房价，并降低市中心房价，从而导致房价和土地租金曲线逆时针旋转。消费者收入增加将提升住房总需求，进而提升开发商对土地的总需求，促使城市扩张。

通过对比城市间的差异，相关预测结果为：与低收入城市相比，高收入城市的占地面积更大；高收入城市市中心附近的建筑物更低，住宅面积更大，单位房价更低，土地租金更低，人口密度也更低。聚焦于城市边缘 $\bar{x}$ 值的实证研究已证实了上述城市间的差异。大量实证研究还对城市土地面积与城市人口、收入、通勤成本、周边农地租金的关系进行了回归分析，其实证结果均与上述理论分析相吻合（将在第四章进行详细说明）。

三、城市间的迁移行为

事实上，上述分析忽略了城市间迁移的可能性，接下来本节将考虑居民在城市间迁移的情况，并据此做出进一步分析。首先值得注意的是，当 L、r_A、y 或 t 增加时，城市居民福利（以居民的共同效用水平来衡量）将会受到影响。例如，L 增加会导致 p 上涨，使城市居民的生活成本增加，居民的境况变得更糟。相反，y 的增加将使居民生活变得更好[1]。

---

[1]　当 y 增加时，p 曲线会发生旋转而不是向上移动，即收入 y 对生活成本的影响是不确定的。但是数学分析表明，消费者收入越高，其福利就越高。相反，通勤成本 t 的增加会使城市居民的境况变得更糟，r_A 的增加也是如此。

L 和 y 在不同城市之间的差异可能会导致消费者福利存在差异，即一些城市居民的效用水平较高，另一些城市居民的效用水平较低。然而，若消费者能够在城市之间迁移，城市间的效用差异不可能持续存在。与城市间的均衡分析类似，消费者无论住在哪个城市，其效用水平都完全相同（即城市间的迁移均衡）。如果不满足上述条件，消费者将会从效用较低的城市迁移至效用较高的城市，直至所有城市的效用水平完全相同。

如果将城市间的迁移行为考虑在内，则高收入城市的人口规模大于低收入城市的人口规模。居民从低收入城市迁移至高收入城市，当城市人口增加到足以抵消由高收入带来的优势时，居民将停止迁移。因此，如果允许居民在城市间进行迁移，模型的预测结果是：城市人口与收入之间存在正相关关系，这也与实证分析结果相吻合[1]。

接下来本节将城市间的迁移行为考虑在内，重新分析第六节的相关推导。因为第六节的预测结果适用于封闭型城市，即城市人口是外生的，且不存在城市间的迁移行为。若将城市间的迁移行为考虑在内，采用开放型城市模型会更加合理。第六节分析了在 L 保持不变的情况下，消费者收入增加对城市空间结构的影响效应。在开放型城市中，较高的 y 导致 L 变得更高（由于城市间的迁移行为）。其对城市空间结构的影响效应是两种独立效应的组合：在 L 保持不变的情况下，较高的 y 的效应加上较高的 L 的效应。由于上述每种效应都使 $\bar{x}$ 值增加，两种独立效应的组合也将使 $\bar{x}$ 值增加，从而扩大城市的土地面积。因此，在允许城市间迁移的情况下，与封闭型城市一样，高收入城市仍比低收入城市的面积大。此外，我们还可以通过数学分析对 y 和 L 同时增加的其他空间结构效应进行推导[2]。

---

[1]　通勤成本或农业租金的增加使城市居民的境况变得更糟，只有减少城市人口才能恢复到原来的效用水平。因此，当城市的 t 或 r_A 较高，人口规模较小时，会达到城市间的迁移均衡状态。

[2]　这两种变化的净效应使房价曲线向上移动，导致所有区位上的住宅面积减少。较高的 p 曲线使地租曲线向上移动，导致所有区位上的建筑高度增加，进而增加了所有区位上的人口密度。在开放型城市中，较高 t（城市间的迁移行为促使 L 下降）的效应与较高 y 的效应完全相反（类似于封闭型城市的分析）。相比之下，在开放型城市中，较高的 r_A 使城市面积变小，但是对 p、q、r、建筑高度或 D 没有任何影响。可参见 Brueckner（1987）。

第八节 小结

　　本章采用标准城市模型的图解法分析了城市空间结构，从该模型中推断出了与现实相符的城市的预测结果：每平方英尺房价、土地租金、建筑高度和人口密度随着与 CBD 之间距离的增加而降低，而住宅面积随着与 CBD 之间距离的增加而增加。本章还从该模型中推断出城市间的预测结果：与小城市相比，人口更多的城市面积更大，人口密度更大，生活成本更高。此外，该模型还对沙漠城市和生产效率较高的农业型城市、高通勤成本和低通勤成本城市、高收入和低收入城市间的差异进行了预测，并得出与现实相符的预测结果。因此，该模型是理解城市空间结构的重要工具。

第三章 城市模型的拓展

第一节 引言

在第二章中，我们通过分析简化后的城市模型得到了一些简单的结论。本章将对模型进行少许拓展，再分析各自的影响。第一，假设城市内同时存在富人和穷人两类收入群体。第二，将高速公路加入城市的交通网络，此时通勤是非径向的（径向通勤指从一个地点直线前往另一个地点）。第三，分析工作地点在 CBD 以外的情况（或分散在不同的地方，或集中在偏远的就业次中心）。第四，假设住宅具有耐用性，即城市内同时存在新旧建筑。第五，将城乡迁移考虑在内，使该模型更适用于发展中国家。

第二节 城市存在两种收入群体

假设城市居民的收入不完全相同，富裕家庭的收入为 y_R，贫困家庭的收入为 y_P（其中 $y_P < y_R$）。此外，本节仍然假设货币成本是唯一的通勤成本，并且两类收入群体的通勤成本均为 t（下文将进一步讨论时间成本）。

城市空间结构的一个关键问题在于富人与穷人居住地的相对区位。事实上，美国的高收入家庭往往住在郊区，低收入家庭则住在市中心附近。那么，如何预测城市模型中两类收入群体的相对区位呢?

　　当存在两类收入群体时, 相应地会存在两条房价曲线, 分别为 p_R (富裕家庭) 和 p_P (贫穷家庭), 如图 3-1 所示。当单位房价随曲线 p_R 变化时, 由于富人在任何位置上获得的效用都是一样的, 因此他们对区位选择并不在意。同理, 当单位房价随曲线 p_P 变化时, 穷人亦是如此。然而, 如果具体到某一特定区位, 最高出价者 (The Highest Bidder) 将获得该区位上的住宅。例如, 当富人和穷人的房价曲线如图 3-1 所示时, 在曲线 p_R 和曲线 p_P 交点 $\hat{x}$ 的左侧, 最高出价者是穷人; 而在交点 $\hat{x}$ 的右侧, 最高出价者是富人。因此在上述情况下, 穷人往往住在市中心, 富人则住在郊区①。

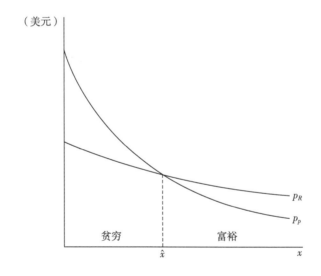

图 3-1　富人和穷人的区位决策

　　要探究上述区位模式的原因, 先回顾一下第二章中房价曲线的斜率 $(-t/q)$。由于不同收入群体的 q 不同, 富人房价曲线 p_R 的斜率为 $-t/q_R$, 穷人房价曲线 p_P 的斜率为 $-t/q_P$, 其中 q_R 和 q_P 分别表示富人和穷人的住宅面积。有学者认为 q_R 应大于 q_P, 但事实上, 只有不同收入群体在同区位上的单位房价相同时, q_R 才会大于 q_P。

―――――――――――

　　①　由于上曲线对应的收入群体出价更高, 所以作为与 CBD 之间的距离和住宅单价的函数, 住宅单价应取决于上曲线而非下曲线。

此时，由于富人收入更高，他们能够支付得起更大面积的住宅。两类收入群体的单位房价 p 相同的情况仅在曲线 p_R 和曲线 p_P 相交的 $\hat{x}$ 处才会出现，因此只有在交点 $\hat{x}$ 处，q_R 大于 q_P，且曲线 p_R 的斜率 $-t/q_R$ 比曲线 p_P 的斜率 $-t/q_P$ 更大（即曲线 p_R 的斜率的绝对值更小）。也就是说，在交点 $\hat{x}$ 处，曲线 p_R 比曲线 p_P 更平坦，房价曲线如图 3-1 所示。综上所述，图 3-1 中显示的"穷人住在市中心、富人住在城郊"的区位模式是该模型的预测结论。

第二章居民收入 y 增加对城市空间结构的具体影响可以更直观地解释上述结论。收入增加使家庭希望拥有更大面积的住宅，促使其搬离市中心，迁往单位房价更低的郊区。富人被郊区的低房价吸引，并以高于穷人的价格购买当地住宅。相反，贫穷家庭的住宅面积较小，往往更能接受市中心较高的单位房价，所以穷人会以高于富人的价格购买市中心的住宅。

然而，穷人居住在市中心这一预测结论在很大程度上是因为忽略了通勤成本中的时间成本。若将时间成本考虑在内，则需要在效用函数中加入第三个变量——闲暇时间。较长的通勤时间减少了工作时间和闲暇时间，最终消费者会以时薪 w 来衡量该损失。然而，如果在模型中加入闲暇时间这一变量，第二章推导出的一些结论将不再可行。

本节采用一种简单且易于分析的计算时间成本的方法。具体来讲，假设闲暇时间固定不变，通勤时间的增加使工作时间以 1∶1 的比例减少。如果通勤距离增加一英里使工作时间减少 δ 小时，则收入减少 δw 美元。将通勤的时间成本与货币成本 t 相加，得到新的每英里通勤成本 $m = \delta w + t$。由于富人的工资高于穷人的工资（$w_R > w_P$），两者的通勤成本亦不相同，分别为 $m_R = \delta w_R + t$（富人）和 $m_P = \delta w_P + t$（穷人）。显然，富人的通勤成本更高（$m_R > m_P$）。对模型进行拓展后，房价曲线的斜率也会发生变化，斜率表达式中的 t 会被 m_R 或 m_P 替代，即曲线 p_R 和曲线 p_P 的斜率变为 $-m_R/q_R$ 和 $-m_P/q_P$。但由于 $m_R > m_P$，$q_R > q_P$，曲线 p_R 可能比曲线 p_P 更平坦，也可能更陡峭，即两条曲线的斜率是不确定的。因此，两类群体的房价曲线可能如图 3-1 所示，也可能完全相反。如果是后者，曲线 p_R 将变得更陡峭，此时富人住在市中心，穷人则住在郊区。因此，如果在模型中加入时间成本，该模型将难以准确预测出穷人与富人的相对区位[①]。

---

① 学者曾试图采用相关数据测度价格曲线的斜率，以消除模型的不确定性。但是，他们对从数据中得到的一系列结论表示质疑。可参见 Wheaton（1977），Glaeser、Kahn 和 Rappaport（2008）。

这种不确定性主要是因为同时存在两种相反的因素。一种是富人希望以更低的单价租到更大面积的住宅,这促使其租住于郊区。另一种是富人也希望降低通勤的时间成本,从而促使其租住于市中心。富人最终的居住区位将取决于这两种因素的相对强度①。

虽然许多美国城市(包括纽约和芝加哥)的 CBD 附近都存在高收入群体居住的区域,但总体上,居民收入和与市中心之间的距离仍呈正相关关系。对于收入与距离之间的正相关关系和预测结论的不确定性之间的差异,学者正不断寻找其他原因。例如,Glaeser、Kahn 和 Rappaport(2008)提出了有关"交通工具选择"的解释。简单来说,他们认为穷人买不起汽车,只能乘坐公共交通出行,而市中心的公共交通更为便利(如地铁的站点相隔很近)。这就意味着,穷人要住在市中心以便于出行,从而产生了美国的居住区位模式②。

相比之下,Brueckner 和 Rosenthal(2009)的研究表明,如果将房龄考虑在内,区位偏好将发生变化。他们认为,高收入家庭更喜欢新住宅,低收入家庭则更能接受较为老旧的住宅。由于城市的新住宅通常建在距 CBD 较远的郊区,因此富人会被郊区的新住宅吸引,穷人则会留在市中心附近的老旧住宅。然而,如果市中心的老旧住宅因损耗而重建,市中心的新住宅可能也会吸引富人,导致绅士化效应(Gentrification),从而改变传统的区位模式。

事实上,美国的居住区位模式并不适用于所有国家,因此很难用居民收入来解释区位模式。例如,巴黎的情况正好与美国相反,即市中心是富人区,郊区是穷人区。此外,欧洲其他城市和拉丁美洲部分城市的居住区位模式也与美国相反。为解释这种现象,Brueckner、Thisse 和 Zenou(1999)聚焦于城市设施(如历史纪念碑和精美建筑)和自然景观(如海滨和河滨)的影响。他们认为,如果市中心有上述设施,且富人更看重这些设施,便能够改变目前美国的区位模式。巴黎便是一个市中心设施丰富的典型城市。该理论也许可以解释为什么在巴

---

① 通常来说,如果住宅需求的收入弹性大于单位通勤成本的收入弹性,住宅因素(而不是时间成本因素)将会在居民的区位决策中占主导作用。

② LeRoy 和 Sonstelie(1983)对区位模式选择的影响因素进行了更为详尽的分析。他们认为,当富人和穷人采用相同的交通方式出行时,时间成本在区位决策中占主导作用。在这种情况下,富人居住在市中心。然而,当一种新型、快速且昂贵的交通方式出现时(如 19 世纪的有轨电车),富人将选择昂贵的交通方式出行,穷人则继续使用原来的交通方式(如步行)。新型交通方式降低了富人通勤的时间成本,促使其迁往郊区,穷人则留在市中心。因此,该模型认为区位模式可能会随着新型交通方式的出现而发生变化。

黎富裕家庭会住在市中心，而非郊区。

Brueckner、Thisse 和 Zenou（1999）还指出了第二章构建的城市模型忽略的另一个问题。如果不考虑各类设施，基础模型中的区位选择仅取决于居民的通勤成本。对许多城市来说，上述假设可能并不符合现实，因此基础模型对房价模式和其他空间特征的预测结论也许不完全准确。

上述分析表明，利用城市模型预测城市空间结构的变化规律通常比解释城市中不同收入群体的区位决策更准确，如建筑高度随着与 CBD 之间距离的增加而下降。因此，进一步分析不同收入群体的区位模式仍然任重道远。

第三节　高速公路通勤

前文假设城市存在一个由许多径向道路组成的密集型交通网络。本节将做出以下修改：假设城市中仅有一条东西走向、通往 CBD 的高速公路（见图 3-2），且每个街区都有一个进入高速公路的匝道入口。由于高速公路的驾驶速度快于城市的普通公路，住在高速公路附近的通勤者将通过普通公路进入高速公路，另外一些通勤者采用普通公路出行会更方便。图 3-2 表明，住在 A 地的通勤者将沿对角线行驶到高速公路，然后到达 CBD；住在 B 地的通勤者将直接通过普通公路前往 CBD①。使用高速公路的"区域"（包括使用高速公路更便利的区域，如 A 地）由图 3-2 中虚线内两个类似三角形的区域组成。

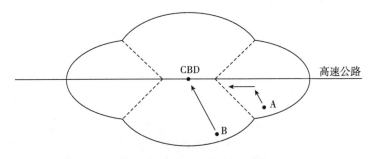

图 3-2　具有高速公路的城市

---

① 在图 3-2 中，居住在 A 地的通勤者以非径向方式驶入高速公路，即同时允许径向和非径向行驶。

由于高速公路的行驶速度较快，用通勤距离度量通勤成本的方法不再合适。本节假设时间成本和金钱成本同等重要。住在 CBD 东西两侧且距 CBD 较远、使用高速公路通勤的居民与住在 CBD 南北两侧且距 CBD 较近、使用普通道路通勤的居民其通勤成本可能是相同的。换句话说，即使位置 A 距 CBD 更远，位置 A 和位置 B 的通勤成本也可能相同。由于位置 A 和位置 B 的通勤成本相同，其住宅单价 p 也相同。也就是说，尽管位置 A 距市中心更远，两地的地租 r 却完全相同。上述结论表明，高速公路附近区域的地租随着与 CBD 之间距离的增加而下降的速度小于其他区域。

因此，在使用高速公路通勤的区域，土地租金与农业地租相同的区位距 CBD 更远。也就是说，高速公路附近区域的城市边缘（与 CBD 之间的距离）比其他区域的更远。因此，即使其他区域的城市半径保持不变，高速公路附近区域的城市半径也会被拉长（见图 3-2）。

除了城市形状发生变化外，其他有关城市内部空间结构的预测结论均未发生变化。房价、地租、建筑高度和人口密度，都随着与 CBD 之间距离的增加而降低，只是高速公路附近区域的下降速率相对较小。同理，住宅面积也会随着与 CBD 之间距离的增加而增加。

第四节　增加 CBD 以外地区的就业

正如前文所述，事实上，城市的工作岗位并非全部集中于 CBD。尽管市中心的就业人数较多，但仍有许多工作岗位可能分散在城市的不同地方，也可能集中在就业次中心。本节主要探讨不同的就业地点分布模式如何影响模型的预测结论。

一、分散就业

首先分析分散就业的情况，此时，CBD 是城市唯一的就业中心，部分企业分散在城市各处（不存在空间集聚）。假设一位在 CBD 工作的工人，其居住地与市中心的距离为 x^*，他从居住地径向通勤到工作地点时，会途径一个距市中心 x^{**} 的企业。该企业为其提供 $y-tx^{**}$ 的工资，进而吸引他离开位于 CBD 的工作。此时，该工人的可支配收入为 $y-tx^{**}-t(x^*-x^{**})$，其中 $t(x^*-x^{**})$ 是从居住地 x^* 到新工作地点 x^{**} 处的通勤成本。可支配收入的公式可简化为 $y-tx^*$（tx^{**} 被抵消），这与其在 CBD 工作的可支配收入相同。工人在工作地点变动的过程中没有任何损失，因此乐意接受上述变动。值得注意的是，工人在非市中心的企业工作，能够节省 tx^{**} 的通勤成本，而相比于在市中心工作，非市中心的雇主恰好少支付 tx^{**} 的工资（即 $y-tx^{**}$），因此工人在这两个区位的企业工作是无差异的。

上述分析表明，如果分散在 CBD 之外的企业支付给工人 $I(x)=y-tx$ 的薪水（其中 x 指企业与市中心之间的距离），便可吸引在 CBD 工作的工人在不影响其自身可支配收入的情况下跳槽至该企业。与所有工作集中在 CBD 的情况一致，当分散就业时，可支配收入随着与 CBD 之间距离的增加而减少，这种模式被称为"工资梯度"（Eberts，1981）。因此，基本模型的所有预测结论均不受影响。

二、就业次中心

本节假设 CBD 地区以外的工作岗位集中于二级商务区（Secondary Business District，SBD）。基于上述模型的拓展分析发现，SBD 将催生一个与原城市毗邻的二级城市。图 3-4 为多中心城市的俯瞰图，图 3-4 则描述了多中心城市的房价沿着 CBD 和 SBD 之间连线的变动情况。

如图 3-4 所示，距 CBD 较近的居民将在市中心工作，而距 SBD 较近的居民将在 SBD 工作。图 3-3 中的虚线表示两个通勤区的边界，在虚线处，居民在 CBD 或 SBD 工作的可支配收入（扣除通勤成本）完全相同。由于位于 CBD 的企业支付的工资更高，通勤区的边界距 CBD 更远（见图 3-3）。从图 3-4 可以看出，房价 p 随着与各中心之间距离的增加而下降，并且两条房价曲线在通勤边界处相交。鉴于上述房价的变动模式，模型的其他预测也适用于就业中心和就业次

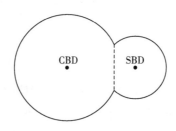

图 3-3　多中心城市

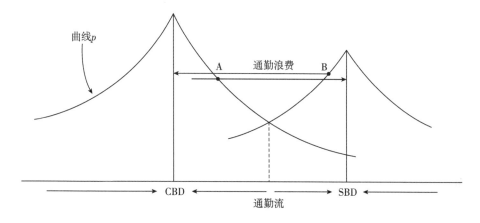

图 3-4　通勤浪费

中心。具体来讲，房价、地租、建筑高度以及人口密度都将随着与任意就业中心（CBD 和 SBD）之间距离的增加而降低。然而，一旦超过通勤边界，上述四个变量都将随着与另一个就业中心距离的缩短而增加。

因此，上述拥有两个就业中心的城市被视为两个单中心城市的有效结合。模型的预测结论与现实比较符合：在多中心城市中，就业中心附近会出现房价溢价的现象[①]。但是，上文忽略了一个目前多中心城市存在的令人困惑的问题——通勤浪费。具体来讲，图 3-4 中的 B 地居民可能在 CBD 而非更近的 SBD 工作，A 地居民可能在 SBD 而非更近的 CBD 工作，但如果两人互换住宅，房价 p 仍然相同，但通勤成本均变少，这种现象称为"通勤浪费"。

Hamilton（1982）研究发现美国城市的通勤浪费较为严重，虽然学者对此展开了大量研究，但仍然很难确定其形成机制。出现通勤浪费的几个可能的原因如下：第一，居民可能更偏好某社区。例如，他们喜欢当前居住地的便利设施，或者希望住得离亲人近一些。再如，A 地居民曾经在 CBD 工作过（这也是她选择居住在 A 地的原因），且享受 A 地的设施服务，之后她即使在 SBD 找到了一份新工作，也不愿意离开熟悉的社区环境，进而导致通勤浪费[②]。第二，多职工的家庭环境。如果户主存在通勤浪费，可能是因为他希望其住宅与配偶的工作地点相

---

① 目前已有大量实证研究试图识别并计算美国大城市就业次中心的数量，可参见 Giuliano 和 Small（1991）。Fujita 和 Ogawa（1982）通过建模解释了就业次中心的形成及其具体区位。

② 详细阐述上述可能性的模型可参见 Ng（2008）。

距较近。如果没有将另一个家庭成员的工作情况考虑在内，我们可能会认为其居住地的选择是不合理的，且存在通勤浪费。第三，就业存在不确定性。例如，A地居民可能不确定其是否能够满足 SBD 工作岗位的要求，如果被解雇，她更希望在 CBD 找到新工作。因此，她选择住在靠近 CBD 的 A 地①。

三、就业分散化和空间错配

对于某些城市居民来说，将工作换到郊区可能会使其就业情况变得更糟糕。由于住在 CBD 附近的穷人距新工作地点较远，且郊区没有便利的公共交通，因此市中心居民难以前往郊区工作。

四、信息时代的通勤

信息时代的到来以及互联网的兴起使工人转变通勤模式，许多上班族可能不再需要通勤至工作地点上班，而是在家中"远程办公"，或者部分时间在家办公。远程办公减少了每周的通勤次数，进而降低了通勤成本 t。正如前文所提到的，远程办公的兴起会导致城市扩张和市中心的人口密度下降②。

第五节　住房作为一种耐用品

第二章的城市模型并未将建筑使用年限之间的差异考虑在内。事实上，该模型假设住房资产"完全可塑"，即建筑物可随环境变化而轻易重建。回顾上文的供需平衡分析，我们认为城市将随人口或收入的变化而重建。但住房资产的可塑性假设并不完全符合现实。在许多地方，新建筑紧挨着老旧建筑，这种情况在住房资产可塑的假设条件下是不会出现的。如果确定存在住宅的可塑性，当邻近区位被重新开发时，那些老旧建筑也不会被保留下来。

当新旧建筑间的距离较近时，建筑高度和模型的预测结果可能会不一致。例如，如果新建筑是高层建筑，而修建于几十年前的老旧建筑可能相对较低。但模

---

① 详细阐述上述可能性的模型可参见 Crane（1996）。

② 进一步分析可参见 Rhee（2008）。

型的结论却是，随着与 CBD 之间距离的增加，建筑高度会不断下降，因此相邻的建筑高度应该几乎相同。那么如果假设住房资产具备耐用性，即允许新旧建筑共存时，模型的预测结果又将如何变化？

大量文献（Brueckner, 2000a）对涵盖住房资产具备可塑性这一假设的城市模型进行了详细分析。接下来通过一个简单的例子阐述上述文献的主要内容。假设城市每年以固定的距离向外扩张一圈，就像树增加年轮一样。每个"年轮"被视作一个街区，T 表示年份。假设城市在第 0 年形成，则可认为在 $T=0$ 时城市有第一个街区。城市的新街区会出现新修建筑，在被推倒重建之前，会在相应街区内固定保留一段时间。为简化分析，尽管建筑物的实际使用年限长达 75 年或 100 年，但我们在此假设其使用年限仅为 3 年。因此，如果在 $T=0$ 时修建新建筑，那么它将在 $T=3$ 时重建；如果在 $T=1$ 时修建新建筑，那么将在 $T=4$ 时重建；以此类推。

表 3-1 给出了三个时点上（$T=2$、3、8）建筑物的房龄情况，图 3-5 中的（a）图描述了 $T=8$ 时建筑物的房龄情况。从表 3-1 可以看出，当 $T=2$ 时，第一代建筑位于第 0、1 和 2 街区。其中，第 2 街区的建筑是新建的，第 1 街区的建筑是 1 年前的，而第 0 街区的建筑是 2 年前的。当 $T=3$ 时，第 0 街区的建筑已达到其使用年限，进而修建了第二代新建筑；与此同时，第 3 街区修建新建筑，城市开始扩张。随着这种增长模式的持续循环发展，当 $T=8$ 时，在空间增长和再开发的作用下，建筑物的房龄情况将变为如图 3-5 中（a）所示的"锯齿状"模式。

表 3-1　建筑物的房龄情况

$T=2$		$T=3$		$T=8$	
街区	房龄	街区	房龄	街区	房龄
0	2	0	0	0	2
1	1	1	2	1	1
2	0	2	1	2	0
		3	0	3	2
				4	1
				5	0
				6	2
				7	1
				8	0

接下来进一步分析 $T=8$ 时建筑物高度的空间结构。建筑高度的空间结构主要取决于区位和建造时间。由基本模型可知，当修建时间相同时，距 CBD 较远的建筑物更低。当建筑物的区位相同时，之后修建的建筑物会更高（属于后一代建筑）。综上所述，与 CBD 之间的距离和建筑物高度呈负相关关系，而修建时间与其呈正相关关系。

基于上述结论，我们继续分析 $T=8$ 时建筑物高度的空间结构。先聚焦于第 0 街区、第 1 街区和第 2 街区，由于第 1 街区的建筑比第 0 街区建造得晚，因此它们往往更高。但是，相比于第 0 街区，第 1 街区距 CBD 更远，因此第 1 街区的建筑物相对更低。虽然无法确定上述净效应，但如果房龄效应（而不是距离效应）占据主导地位，那么第 1 街区的建筑将高于第 0 街区，如图 3-5 中的（b）图所示。同理，第 2 街区的建筑物比第 1 街区建造得晚，其建筑物会高于第 1 街区。

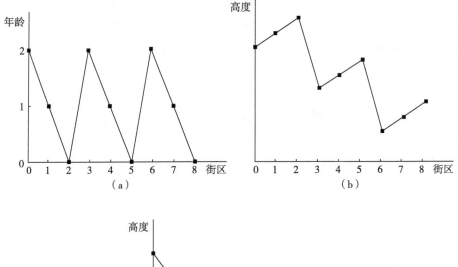

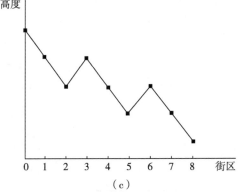

图 3-5　房龄和建筑高度结构

相比之下，由于第 3 街区建筑的建造时间早于第 2 街区（第 3 街区的建筑于 2 年前建成），第 3 街区的建筑会更低。距离效应加强了上述变化，所以相比于第 2 街区，第 3 街区的建筑高度会急剧下降。也就是说，从第 2 街区到第 3 街区，房龄和距离对其的影响效应是同向的。上述变化会在第 3~8 街区重复出现，从而形成关于建筑高度的周期循环模式。

事实上，也可能会出现其他类型的周期循环模式。例如，如果距离效应在第 0~2 街区、第 3~5 街区和第 6~8 街区占据主导地位，建筑高度将会在相应区域内出现下降趋势。和上述情况相同，在不同街区之间，建筑高度也会出现大幅下降。然而，如果房龄效应与上述相反，即在某区位上，更晚建造的建筑物会更低，那么在第 0~2 街区、第 3~5 街区和第 6~8 街区，距离和年龄的影响效应相同，即建筑高度会在相应范围内下降，如图 3-5 中的（c）图所示。第 2 街区和第 3 街区之间的建筑物房龄的间断式增长，意味着建筑高度会出现跳跃式增长。同理，这种情况也会在第 5 街区和第 6 街区重复出现①。

上述案例表明，在空间扩张和住宅重建的相互作用下，城市内部不存在规律的建筑物高度模式。然而，在假设住宅具有可塑性的模型中，城市内的建筑物高度会平稳下降，两者形成了鲜明对比。在第 2~3 街区和第 5~6 街区，较低的老旧建筑与较高的新建筑相邻，如图 3-5 的（b）图所示。

尽管存在种种差异，但总体而言，图 3-5 中的高度模式仍与基本模型的推导结论相一致。尤其是，建筑高度随着与 CBD 之间距离的增加而降低这一规律。接下来，可通过同一期建筑物高度的变化情况来解释上述结论。对于同一期建筑物，其位置距市中心越远，高度就会越低。如图 3-5 所示，第 0 街区、第 3 街区和第 6 街区（建筑物均在两年前建造）的建筑高度会随着与 CBD 之间距离的增加而下降；第 2 街区、第 5 街区和第 8 街区（建筑均为新建）的情况也基本一致。房龄效应会随着与 CBD 之间距离的增加而重复出现，因此建筑高度总体呈下降趋势。因此，在住房资产具备耐用性这一假设的模型中，虽然建筑高度模式不太有规律可循，但目前全球建筑的高度模式与该模型的推导结论几乎保持一致。

---

① 习题 3-1 提供了一个以上述分析为基础的数值型案例。

第六节　发展中国家的城市

第二章简单分析了开放式移民的城市。然而，当移民来自乡村而非其他城市时，情况将有所不同。西方发达国家的城乡移民进程已基本结束，乡村只有较少人口。而在发展中国家，城市地区制造业和服务业的迅速发展吸引了大量农村劳动力，城乡移民仍是其主要移民模式。

在发展中国家，大规模移民通常会导致特大城市的出现并衍生出严重的城市问题。本节继续使用第二章的城市模型，分析由城乡移民决定的城市均衡人口规模。

假设农村居民的收入为 y_A，低于城市居民的收入 y。由于农村居民的住所距其农田很近，他们的通勤成本可忽略不计。因此，农村居民的可支配收入为 y_A。

如果农村居民在城市获得收入 y，并且在支付通勤和住房费用后，仍能比在农村生活得更好，此时他们会希望迁移至城市。若想了解迁移至城市是否会提升其生活水平，农村居民只需将自身情况与住在城市边缘的居民进行对比即可。因为在满足城市基本均衡条件的情况下，居民无论住在城市的哪个区域，其效用水平都完全相同，因此与住在城市的任一居民相比较就能知晓城乡的生活水平差异。

由于农村地区和城市边缘的房价相同，可通过比较两地区居民的可支配收入来判断两者生活水平的高低[1]。城市边缘居民的可支配收入为 $y-t\bar{x}$，等于收入减去通勤成本。如果城市边缘居民的可支配收入大于 y_A，那么农村居民将会向城市迁移，并从中获益（假设移民成本为 0）。然而，如果 $y-t\bar{x}$ 等于 y_A，农村居民将不再有向城市迁移的动机。也就是说，城乡迁移的均衡条件为城市边缘居民的可支配收入等于农村居民的可支配收入。换言之，当 $y-t\bar{x}=y_A$ 时，农民不会再向城市迁移，此时达到城乡迁移均衡。

我们可以利用上述条件分析均衡状态下的城市人口 L。由供需分析中 $\bar{x}$ 和 L 的正相关关系可知，人口增长使城市半径 $\bar{x}$（城市边缘到市中心的距离）增加。

---

[1]　为分析两地房价为何相同，我们可以假设农村住宅的地租为 r_A，与城市边缘住宅的地租相同。又因为各地住宅的建造成本均为 i，所以在两地建造住宅的总成本完全相同。因此，农村和城市边缘的住宅单价也相同。

因此，城市半径可以用一个与 L 相关的递增函数 $\bar{x}=\bar{x}$ （L）来表示，将其代入 $y-t\bar{x}=y_A$ 中，可得到新的均衡条件 $y-t\bar{x}$ （L）$=y_A$。新的均衡条件决定了城乡迁移过程中城市人口的均衡值。当 L 达到均衡值时，$y-t\bar{x}$ （L）和 y_A 相等，此时达到城乡间的迁移均衡。

上述均衡条件可用于分析在均衡状态下，一些变量对城市人口规模的影响。例如，假设农村地区的农业生产力较为落后，导致农民可支配收入较低。为了达到城乡间的迁移均衡，$y-t\bar{x}$ （L）的值也须较小，这意味着 $\bar{x}$ （L）很大，且 L 也需要足够大。因此，在农村居民收入较低的国家，只有当城市人口规模足够大时，才会停止城乡间的迁移。巨大的人口规模使住在城市边缘的居民的通勤距离变得更长（进而导致更低的可支配收入），城市居民的生活水平也随之下降至农村居民的生活水平。因此，模型的预测结论为：农村居民收入较低的发展中国家很有可能形成特大城市[①]。

我们还可以借此分析城市居民收入 y 和每英里通勤成本 t 对城市均衡状态下人口规模 L 的影响。由于城市半径 $\bar{x}$ 由 y 和 t 决定，所以分析会变得更加复杂。相关研究已经证实"收入较高或者通勤成本较低的城市将会吸引大量农村移民"这一结论，导致城市的均衡人口规模 L 变得更大。

接下来通过一个更简单的模型验证另外一个结论。该模型假设各地区的住宅面积和建筑高度均相同，因此各地的人口密度也相同。如果人口密度恒定为 $1/\mu$[②]，那么城市面积将等于 μL（英亩数乘以人口）。因此，城市半径 $\bar{x}$ 满足 $\pi\bar{x}^2=\mu L$，即 $\bar{x}=$ （$\mu L/\pi$）$^{1/2}$，那么城乡迁移的均衡条件可以表示为 $y-t$ （$\mu L/\pi$）$^{1/2}=y_A$。从等式中可以得出：当 y 增加或者 t 减少时，为使等式成立，L 也必然增加。因此，更高的城市收入或更低的通勤成本都将导致城市人口增加。

该模型还可以解释发展中国家的城市高失业率问题。在城市高失业率的情况下，农村居民仍然不断向城市迁移。针对上述现象，Harris 和 Todaro （1970）的经典模型指出，预期收入（从概率上讲）对移民而言相当重要。也就是说，即使移民很难找到工作，但只要在城市工作的收入远高于农村，他们仍将继续向城市迁移。

接下来将哈里斯—托达罗模型（Harris-Todaro Dimension）纳入本章模型。

---

① 在许多发展中国家（如墨西哥），与其人口规模相比，大城市的城市规模显得特别大，但这种情况在发达国家不常见。上述模型并不能够完全解释这种现象，目前相关实证研究正努力挖掘其原因。

② 译者注：原文为"人口密度恒定为 μ"，疑为错误。

假设城市内工作岗位的数量固定为 J，且每份工作均具有高收入 y。那么得到这样一份工作的概率为 J/L，即工作数量除以城市人口数。如果居民没有找到工作，则其收入为 0，即居民的预期收入为 yJ/L。用预期收入代替上述城乡迁移均衡条件中的收入 y，均衡条件变为 $yJ/L-t\,(\mu L/\pi)^{1/2}=y_A$。目前，城市居民的生活水平随 L 的增加而下降的原因主要有以下两种：第一，正如上文提到的，更大的 L 意味着住在城市边缘的居民其通勤时间更长，可支配收入随之变少。第二，更大的 L 将扩大城市人力储备，进而增加城市内高薪工作岗位（工作岗位的数量是固定的）的竞争程度，预期收入也会随之减少。前文的结论同样适用于哈里斯—托达罗模型：当收入 y 增加，通勤成本 t 或可支配收入 y_A 减少时，城市均衡人口 L 将增加。也就是说，如果城市中的工作数量 J 增加，为使均衡条件成立，L 也必须增加。工作岗位 J 的增加使居民预期收入增加，从而提升城市生活水平，同时这种变化也将吸引更多农村居民向城市迁移。因此，城市的工作机会越多，其人口规模就越大[①]。

上述分析表明，可以利用基本城市模型来理解发展中国家城市化的驱动力[②]。

第七节　小结

本章对第二章的模型进行了少许拓展。在一个存在两类收入群体的城市中，模型的预测结果为：穷人住在市中心，富人住在郊区。但如果将时间成本纳入通勤成本，模型将难以准确预测穷人和富人的相对居住区位。此外，如果在城市的径向交通网络中加入一条高速公路，城市形状会发生改变，但模型的主要结论不会受到影响。加入分散就业因素并不会影响模型的分析结果，但如果在模型中加入就业次中心，则会促进与原城市毗邻的二级城市的形成。如果住房资产具有耐用性，建筑高度的空间模式将变得不太规则；与基本模型一致的是，建筑高度总体上仍随着与市中心距离的增加而下降。另外，该模型还可以用于分析发展中国家的城乡迁移和城市规模问题。

[①] 基于上述分析的数值型案例可参见习题 3-2。对于在基础框架上加入哈里斯—托达罗模型的一般性分析，可参见 Brueckner 和 Kim（2001）。

[②] 更多有关发展中国家城市模型的一般均衡的计算方法可参见 Kelley 和 Williamson（1984）。

第四章　城市蔓延与用地管制

第一节　引言

近年来，美国许多学者强烈反对城市蔓延（Urban Sprawl）。反对者认为，城市扩张占用了过多农业用地，使开放空间的基础设施和农田变得越来越少。他们还认为，城市扩张导致通勤距离增加，进而造成交通堵塞和空气污染等问题。此外，他们还声称城市边缘的扩张不利于市中心再开发，会导致市中心走向衰败。还有一些反对者认为，开发人口密度较低的郊区会使城市人口更为分散，减少社会中的人际交往，进而削弱维系社会和谐的纽带作用。另外一些反对者认为，选择私家车出行的一些郊区居民将大幅降低其锻炼频率，因此，城市蔓延和居民的肥胖问题密切相关。

Burchfield 等（2006）利用 1976~1992 年的卫星图像数据，记录了美国城市的空间增长情况。数据显示，1992 年，美国仅有 1.9% 的土地被开发，但在 1976 年，这一比例低得多（1.3%）。因此，1976~1992 年开发的土地面积以每年 2.5% 的比例高速增长，已开发土地的占比几乎增长了一半。同时，其他资料还表明，美国许多城市的空间增长率远超其人口增长率。

美国的州和地方政府颁布了许多限制城市空间扩张的政策，以缓解人们对城市蔓延的担忧。至少有 12 个州已实施增长管理计划，其中最著名的是 1998 年新泽西州承诺以十亿美元的销售税购买该州一半的闲置空地。此外，美国各地城市都实施了各种各样的反扩张政策，如控制增长边界、征收开发费用等。在 1998

年 11 月的选举过程中，美国一共出现了 240 项反蔓延提案；而在 2000 年及随后的竞选中，其他方案也被陆续提出。

反对城市蔓延的观点有何依据，城市是否占用了过多空间，是否应该实施限制城市扩张的相关政策。本章将利用第二、第三章提出的城市模型分析上述问题[①]，并对这些政策进行分析。我们首先分析限制扩张的重要工具：城市增长边界，其次分析其他与城市蔓延不相关的用地管制手段，如建筑高度限制、分区等。

第二节　与城市空间规模相关的实证结果

事实上，第二、第三章的模型阐述了城市空间扩张的负面影响。模型预测了城市半径 $\bar{x}$（城市边缘到市中心的距离）将如何随以下四个变量变化：当城市人口规模 L 增加或收入水平 y 提升时，$\bar{x}$ 增加；当每英里通勤成本 t 或农业租金 r_A 增加时，$\bar{x}$ 下降。至于如何判断那些反对城市蔓延的观点是否正确，应先采用相关数据判断这些变量是否会按照模型的预测结论影响 $\bar{x}$（此时城市占地面积为 $\pi\,\bar{x}^2$）。

Brueckner 和 Fansler（1983）以及 McGrath（2005）对城市占地面积和 L、t、y 以及 r_A 进行回归分析（见表 4-1）。其中，除通勤成本 t 以外的变量的测算方法都比较简单。Brueckner 和 Fansler（1983）对通勤成本 t 采用了两种不同的代理变量[②]。McGrath（2005）使用消费者价格指数中的交通部分测度通勤成本。Brueckner 和 Fansler 采用了 1970 年 40 个中小城市的截面数据，而 McGrath 采用了 1950 年至 1990 年（以 10 年为时间间隔）153 个城市的面板数据。

表 4-1　各变量对城市土地的弹性系数

变量	Brueckner 和 Fansler（1983）	McGrath（2005）
人口（L）	1.10	0.76

---

①　本章前半部分的分析借鉴了 Brueckner（2007）的研究成果。有关城市蔓延的文献，可参见 Glaeser 和 Kahn（2004）以及 Nechyba 和 Walsh（2004）。若从非经济学角度理解城市蔓延，可参见 Bruegmann（2005）。

②　代理变量为城市中使用公共交通的通勤者占比（比值高说明通勤成本 t 更高）和使用私家车的占比（比值高说明通勤成本 t 较低）。

续表

变量	Brueckner 和 Fansler（1983）	McGrath（2005）
通勤成本（t）	0	−0.28
收入（y）	1.50	0.33
农业租金（r_A）	−0.23	−0.10

　　表4-1总结了这两项研究估计的弹性系数。弹性是指自变量增加1%，因变量变化的百分比。Brueckner 和 Fansler（1983）的研究结果表明，人口每增加1%将导致城市占地面积增加1.1%；McGrath 的研究结果显示，这一增长幅度相对较小，为0.76%。收入影响效应较大（y 增长1%将导致占地面积增加1.5%）。而 McGrath 的研究结果显示，收入影响效应相对较小。两项研究都证实了农业租金增加会减少城市面积，其中 Brueckner 和 Fansler 的回归结果更为显著。Brueckner 和 Fansler 并没有发现通勤成本可显著减少城市面积，可能是因为通勤成本 t 的代理变量相对粗糙。McGrath 使用更精确的测量方法证实了通勤成本与占地面积之间的负相关关系。

　　虽然这两项研究的弹性估计值不同，但实证结果均表明城市模型的预测结果与其结果相符。因此，该模型可用于分析城市空间扩张，以及判断反对城市蔓延的观点是否正确。

　　基于表4-1中土地面积与变量 L、y 和 t 之间的关系，我们很容易理解过去数十年美国城市快速扩张的原因。第一，城市人口增加，说明美国人口在不断增长。第二，自1950年起，家庭收入在数十年间大幅增长。第三，在此期间，各级政府对交通基础设施（主要是高速公路）进行了大量投资，降低了城市内和城市间的出行成本。L 增加，y 增加，或者 t 降低都将增加城市占地面积，这些变量在过去的变化或许可以解释现实生活中城市空间大幅增长的现象[1]。因此，可能主要是人口增加、收入增加以及通勤成本下降这些基本因素促进了城市空间扩张[2]。

---

　　[1]　Baum-Snow（2007）提供了降低通勤成本影响程度的其他证据。他指出，1950~1990年，如果某个都市区具有大量连接中心与外围地区的径向高速公路，那么与没有径向高速公路的都市区相比，其中心城区的人口会快速减少，因而郊区化也会更为明显。综上所述，高速公路的投资促进了郊区化发展。

　　[2]　导致城市空间扩张的另一个原因可能来自公共部门。高收入家庭可能会在城市边缘形成高收入居民聚集的区域，而不在城市内与穷人共享公共服务，这进一步加剧了城市扩张的趋势，可参见 Nechyba 和 Walsh（2004）。第八章将对有关公共部门的问题进行详细讨论。

基于上述观点，尽管将所有土地转变为城市用地并不合理，我们却很难指出城市扩张的缺点。毕竟，不断扩大的人口规模需要相应的居住空间，更高的收入将促使家庭购买更大面积的住宅，这就会占用了更多土地。同时，高速公路投资使通勤更为方便，通勤距离变长，城市也会随之扩张。此外，表4-1表明这些基本因素都会受到农业地租的影响。也就是说，当农业地租 r_A 很高时，城市不会如预期那样扩张。这表明如果从城市扩张的角度切入，相比于非生产型农业用地，生产型农业用地更能限制城市空间扩张（也许这能够缓解农田流失的担忧）。

尽管上述基本因素能够促使城市扩张，但如果存在市场失灵，反对城市扩张的观点也就能说得通。当经济活动主体的行为偏离社会最优水平时，便会出现市场失灵。工业污染就是市场失灵的一个典型案例，污染严重的工厂没有考虑其排放的污染物会严重损害环境（将在第九章中进行详细分析）。本章的问题在于，在决定城市规模的经济发展过程中，是否存在市场失灵，从而导致城市规模过大。

第三节　市场失灵与城市蔓延

一、与开放空间舒适性相关的市场失灵

城市经济学家已经提出了有关城市蔓延的市场失灵。开放空间将产生舒适性效益（Amenity Benefits），但是这种效益将随着城市开发被逐渐消耗。假设每英亩农业土地给社会带来 b 美元的开放空间效益，并超过其本身生产粮食的效益。当农业土地转为城市用地时，不会再考虑开放空间效益。当房地产开发商支付的城市土地租金 r 超过农民支付的租金 r_A 时，土地所有者会把他们的土地租给开发商，但如果将开放空间的效益考虑在内，情况会有所不同。社会（以社会管理者为代表）在决定是否将一英亩土地转为城市用地时，会希望土地所有者将开放空间效益 b 的损失考虑在内。管理者认为，只有在城市土地租金足以弥补农业租金收入与开放空间效益损失之和时，即 $r \geq r_A + b$ 时，才能将农业用地转为城市用地。从管理者的角度出发，城市边界对应的应该是 $r = r_A + b$ 时的 x 值，而非 $r = r_A$ 时的 x 值。

事实上，城市会在农业租金为 r_A+b 而非 r_A 时达到社会最优。这种"有效"的农业租金包含了土地的开放空间效益和农业生产效益。相应的城市情况如图 4-1 所示，与图 2-13 相似。较高的有效农业地租会导致土地租金曲线的上移和 $\bar{x}$ 的下降（如前文所述）。后一种效应将推导出这样一个关键性的结论：在考虑开放空间设施的情况下，社会最优的城市规模比自由市场均衡条件下的城市规模更小。因此，正如城市蔓延的反对者所言，自由市场均衡状态下的城市占用了过多空间。

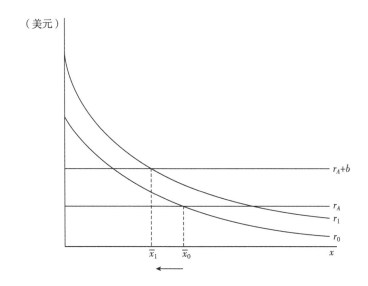

图 4-1 开放空间的外部性

那么社会应采取怎样的政策解决市场失灵呢？一种是基于价格体系的方法，即对已开发的土地征税。假设土地所有者必须为其租给开发商的土地支付每平方英亩 b 的政府税金，土地所有者从开发土地上获得的净收入为 $r-b$，即城市地租减去税费。只有当 $r-b \geqslant r_A$ 时，土地所有者才会将土地由农业用地转为城市用地。在城市边缘处，两者相等，即 $r=r_A+b$。由于这是决定社会最优的城市半径 $\bar{x}$ 的条件（见图 4-1），所以有开发税的城市均衡才能实现社会最优。

由于征收开发税相当于增加农业租金，城市居住面积将变得更小；而且与不征税的城市相比，其居住成本也更高（见图 4-1）。正如第二章的末尾部分所述，这种变化通常会降低城市居民的生活水平。一旦将开放空间的额外收益考虑在内，便会提升人们的生活水平，这也是政府干预的目的所在。

尽管上述分析在理论上合乎情理，但人们可能会对开放空间的实际收益表示怀疑。比如，有些人可能很在意城市周边的开放空间，因此在进行城市周边开发时会遭受损失。但其他人可能并不在意远离其住宅的开放空间，这部分人更关心其社区周边的开放空间，如公园等。只要像大多数城市一样，住宅周围的土地被规划为公园等开放空间类设施，他们就不会在意其他地方的开放空间。

由于保护城市边缘的开放空间是目前反扩张政策的目标之一，因此，开放空间收益的不确定性会衍生出一系列问题。想象这样一种情况：实施扩张政策的负责人更重视城市边缘的开放空间，而其他人并不在意。那么，实施开发税等反扩张政策也许对政策制定者而言是正确的，但可能会减少居民的居住面积，从而提高其城市生活成本，使他们的生活状况变得更糟。从这个角度来考虑，不合理的反扩张政策会削弱影响居民生活水平的一个重要因素：住宅面积，且不会带来任何收益。

二、与交通拥堵相关的市场失灵

第二种与城市蔓延相关的市场失灵源于交通拥堵产生的外部性。如果拥堵的道路上多增加一辆车，将会稍微降低公路上其他车辆的速度，从而增加通勤的时间成本，产生交通拥堵的负外部性。尽管每个司机的时间成本很低，但如果将所有司机的时间成本都加总，会发现成本很高。问题在于，由于这些拥堵成本由其他司机承担，所以任一司机都不会在做决定时考虑这些成本，导致通勤的个人成本（包括时间成本和货币成本）低于社会成本。其中，社会成本包括个人成本，以及其他车辆对司机产生的外部性损失，即更高的时间成本。为了解决拥堵的外部性（以及由此导致的市场失灵），政府应向通勤者征收拥堵费，其费用等于给其他司机造成的拥堵成本。从社会的角度来看，征收拥堵费后，消费者的通勤选择将优于不征收拥堵费时的选择。

第五章的非空间模型将全面分析拥堵费及其影响效应。目前已知拥堵费可以解决拥堵外部性和由此产生的市场失灵，那拥堵费会如何影响城市的空间结构呢？拥堵费会通过提高通勤成本导致城市空间收缩（$\bar{x}$下降）。为降低前往市中心的通勤成本，城市居民将搬到距市中心更近的地方居住，以缩短通勤距离。由于征收拥堵费可通过解决市场失灵实现社会最优，因此在前文自由市场的均衡状态下，不征收通行费的城市面积过大。正如城市蔓延反对者所言，自由市场下的城市会占据过多空间。

征收拥堵费会导致 $\bar{x}$ 下降，与第二章城市模型中 t 增加的影响效应类似。然而，值得注意的是，第二章构建的模型其实并未考虑交通拥堵。如果存在拥堵，交通流量会随着人口 L 的增加而增加，每英里通勤成本 t 不再是一个固定常数，而会随着城市人口规模 L 的增加而增加。此外，存在拥堵意味着市中心每英里的通勤成本将高于相对不拥堵的郊区，因此 t 取决于距离 x。

虽然目前已有很多考虑拥堵的城市模型，但其实在模型中加入拥堵费与在不考虑拥堵的模型中增加通勤成本的影响效应非常相似。假设每英里都征收通行费（可能是电子收费），由于中心区更为拥堵，随着与 CBD 之间距离的减少，单位通行费也会增加。所以，人口会向市中心迁移，地租曲线随之旋转（见图 2-14），$\bar{x}$ 也会下降。

与前文开放空间的情况不同，人们对交通拥堵所导致的市场失灵的重要性及其对城市面积的影响效应几乎不存在分歧。通过缜密的研究和计算，交通经济学家建议每英里征收 0.17 美元左右的拥堵费（Small and Verhoef，2007）。对加入交通拥堵的城市模型进行分析后发现，当收取适量拥堵费时，城市半径 $\bar{x}$ 约减少 10%，市中心的人口密度急剧上升（Wheaton，1998；Brueckner，2007）。

虽然，经济学家长期以来一直在呼吁收取交通拥堵费，但其实施时间并不长。拥堵费最早在新加坡广泛应用，而伦敦在近些年才开始征收拥堵费，且仅对进入市中心的车辆征收高额拥堵费（Leape，2006）。斯德哥尔摩近期也采用了一种相似的方案：在高峰时段，对通往市中心的车辆征收拥堵费。本书的城市模型指出，至少从长期来说，这些城市将比不征收拥堵费时更紧凑，居民生活水平也会更高[①]。

三、其他影响城市占地面积的扭曲

许多现象虽然不是市场失灵带来的扭曲，但也会影响城市的占地面积。这些扭曲源于政府行为，所以它们被称为政府失灵，而非市场失灵。

扭曲与城市基础设施投资相关（如街道、下水道、公园、学校等）。值得注意的是，某些基础设施存在规模报酬递减。例如，随着城市扩张，污水管道离市中心越来越远，成本随之增加。由于距污水处理厂较远，在距市中心较远的地方

[①] 通勤除了造成交通拥堵外，还会造成空气污染，进而导致市场失灵。可以通过在拥堵费中加征污染成本来解决这种市场失灵。

铺设管道和相关抽水设备的成本会更高。从历史经验来看，这些较高的成本都将由城市居民共同承担，而郊区居民却不会因此支付额外的成本。特别是当基础设施的建造成本由财产税支付，而郊区新建住宅的税收又不足以支付基础设施的建造成本时，将会略微提高该市的财产税税率。税率增高相当于现有居民分摊了郊区新住宅的服务费用。也就是说，城市扩张后新郊区的居民不必支付与其住宅相关的基础设施的边际成本。因此，新郊区的居民将低估其住宅成本（包括税收），进一步促进郊区扩张。假如税收制度能让新居民负担与其住宅相关的基础设施的真实成本，这将会降低郊区扩张的吸引力，也会相应减少对郊区的开发。因此，税收制度可能导致城市基础设施的定价过低，从而促使城市过度扩张。

事实上，近年来，许多地方的税收政策已经有所调整，即消除或减少了定价过低造成的扭曲。例如，征收影响费，即要求房地产开发商直接支付其开发所需的基础设施成本。开发商支付的道路影响费、学校影响费将用于政府新建道路、学校等设施。由于这些成本会被转移到购房者身上，因此房价（而不是财产税）会变高。但是最终效果是一样的，即新郊区的居民要为他们所获得的服务支付相应的边际成本。影响费虽然不常见，但有助于消除基础设施价格过低的扭曲，进而抑制城市空间过度扩张。

另外三种与政府相关的财政措施也会影响城市占地面积。第一，联邦所得税系统为自有住房者提供了税收补贴。本书第六章将详细讨论这种税收补贴，它会降低高收入家庭的自有住房成本，从而鼓励居民购买更大面积的住宅。较大的住宅面积会占用大量土地，导致城市比没有自有住房税收补贴时占用更多空间。第二，汽车运输（Automobile Transportation）补贴。之所以出现这种补贴，是因为汽油税不足以支付建设和维护道路的全部成本。也就是说，人为降低了自驾出行的通勤成本（通勤成本 t 过低），因此居民会选择更长的通勤距离，城市比没有该补贴时更为分散，如图 2-14 所示。公共交通也获得补贴，但这些补贴在一定程度上以经济效率为基本原则，因此使用公共交通出行的用户只需支付较低的边际成本。第三，限制城市土地面积的增长。这种做法与政府的农业政策相关，即通过调控粮食价格等方式提高农民收入。此类农业政策能够提高农业收益，使农民能够支付更高的地租。由第二章分析可知，r_A 越大，城市占地面积越小，所以，与没有农业扶持政策时相比，城市会变得更紧凑。

四、城市蔓延与萎缩

正如前文所述，反对城市蔓延的学者认为城市空间的过度扩张抑制了市中心地区的再开发，进而导致市中心的衰败和萎缩。由于基本模型没有考虑到建筑将随着使用年限的增加而逐渐损耗，因此不能得出上述结论。然而，Brueckner 和 Helsley（2011）使用拓展模型证实了城市扩张和市中心衰败之间的关系。该模型将建筑的维护程度作为房地产开发商的一个决策变量，其研究结果表明，市场失灵不仅会导致城市蔓延，还会使市中心的建筑缺乏维护。当征收开发税或拥堵费等补救措施时，城市将变得更加紧凑，市中心的建筑也会被重新开发，这也印证了城市蔓延反对者的观点。

其他人则认为，高收入家庭为了远离市中心的衰败区才搬到郊区。从这个角度来看，是市中心的萎缩导致了城市蔓延，而非蔓延导致了萎缩。事实上，这两种观点都能说得通（Bradford and Kelejian，1973）。

五、分散开发与城市蔓延

到目前为止，城市蔓延是指过多土地用于住宅开发，进而导致城市过度分散的现象。然而，也有许多学者认为城市蔓延等同于分散开发，致使城市内部留有许多未开发的区域。他们认为，虽然分散开发可能不会导致住宅占用过多土地，但并不能使城市变得更紧凑。

分散开发会产生另外一个问题，即与紧凑型开发（Compact Development）相比，它将提高消费者的通勤成本，导致消费者对此产生排斥心理。然而，城市动态模型（将第二章的模型置于跨期背景下）表明，在城市发展过程中，房地产开发商往往会在城市内部留下一些空地。一旦城市人口规模扩大，这些空置土地将以高密度的模式开发，从而达到社会最优。尽管如此，由于分散开发可能会导致市场失灵，因此反对分散开发的观点是很有道理的①。

第四节　城市蔓延对居民行为的影响

城市扩张的反对者认为，居住在低密度的郊区会扩大人与人之间的距离，使他们很难建立友谊、参与社交活动等。市中心人口密度较高，易于拉近人与人之

---

① 关于城市扩张影响因素的实证研究，Burchfield 等（2006）将城市扩张与分散开发等同起来。

间的距离，有利于促进人际交往。Brueckner 和 Largey（2008）的研究结果则与上述观点完全相反，其实证结果表明，低密度地区的人际关系反而更为密切。他们采用全国性调查中多个有关交流互动的指标，包括是否与邻居交谈、是否参与社交俱乐部等。多个指标均表明，人与人之间的交流随着人口密度的增加而下降，这表明低密度郊区的人际交流程度高于市中心。因此，城市扩张似乎促进而非抑制了人际交往。

关于肥胖问题，假设生活在郊区的居民习惯采用私家车出行，也就养成了久坐的生活习惯，从而会导致肥胖。相比之下，市中心居民大多会选择步行，有助于其体重保持在合理范围内。大量研究证实了郊区化与肥胖之间的相关关系，但 Eid 等（2008）认为，有可能是自选择所导致的，即肥胖的人更偏好住在郊区（也许他们本身就不喜欢步行）。他们通过聚焦于在市中心和郊区迁移的个体来控制自选择的影响，并计算这些样本的体重变化。其结果显示，市中心与郊区之间的迁移并不会对体重产生影响，表明在郊区生活与肥胖间并不存在因果关系。

综上所述，这两项研究均表明，城市蔓延对居民行为的一系列影响是不存在的。

第五节　通过用地管制抑制城市蔓延

一、城市增长边界与蔓延

第三节提到，有两种基于价格的工具可用于解决城市蔓延问题。第一种是开发税，旨在解决与开放空间相关的市场失灵。第二种是拥堵费，旨在解决与交通拥堵外部性相关的市场失灵。

另一种反蔓延工具是基于数量而非价格，被称为城市空间增长边界（Urban Growth Boundary，UGB）。它通过限制可能转为城市用地的土地数量来抑制城市蔓延，而不是解决根本问题。在这个模型中，UGB 对城市半径 $\bar{x}$ 施加了一个上限，即禁止城市开发超过上限。

若设置得当，实施 UGB 政策与征收开发税将会达到完全一样的效果。如图 4-1 所示，向每英里土地征收开发税 b 之后，城市的社会最优规模变为 $\bar{x}_1$。但如果政府取消开发税，转而禁止开发 $\bar{x}_1$ 范围外的土地（也就是实施 UGB 政策），也能达到同样的效果。由此得到的城市边界与征收开发税所得的边界相同，城市地租曲线也发生了完全相同的向上的变化（这两种工具能够形成相同的城市空间结构）。

UGB 在美国较为普遍，最著名的是俄勒冈州的波特兰市。相比于开发税和其他价格工具，UGB 更易实施，因此也更受青睐。可是，实施 UGB 政策也会产生和保护开放空间的开发税同样的问题，即可能会过度限制城市的土地面积。也就是说，狂热的政策制定者认为城市将过度扩张，因此会计划极为严苛的 UGB 限制城市土地面积。然而，如果普通消费者无法从保护开放空间中获益，那么由 UGB 导致的城市密度和生活成本的增加则是净损失，且不存在任何抵消效益。毫无根据地限制城市土地面积会带来巨大的负面影响，因此政策制定者在实施 UGB 政策时应十分谨慎。

UGB 能够解决与拥堵相关的市场失灵所导致的城市蔓延吗？答案似乎是肯定的，因为这类市场失灵会引起城市过度扩张，而 UGB 直接限制了城市扩张。正如 Brueckner（2007）所指出的，UGB 无法促使城市空间结构发生其他变化，只是增加整个城市的人口密度，并不能促使大量人口迁移至市中心。征收拥堵费会促使人口向市中心迁移，而设置 UGB 尽管能够缩小城市面积，但并不能实现上述人口流动。因此，虽然 UGB 与其他几种价格工具对于开放空间相关的市场失灵导致的城市蔓延所产生的效果完全相同，但对于交通拥堵而言，并非如此。

二、实施 UGB 的其他动机

虽然 UGB 可用于解决市场失灵，但也可能因为其他原因实施 UGB。许多有关城市增长控制的研究结果表明，土地所有者往往会希望限制城市的住宅供应量[1]。严格的住宅供应限制将推高土地价格，使土地所有者获益，而租户会因需要支付更高的租金而受损。上述观点表明，即使不考虑城市蔓延，也有可能实施 UGB 政策，这说明资产所有者拥有为自身获益而制定政策的权力。

为了分析上述动机，我们首先回顾一下基本城市模型中的假设：土地所有者生活在城市之外。例如，住在佛罗里达州的居民收到了邮寄的地租支票。该假设显然与现实不符，接下来构建一个更复杂的模型：假设土地所有者生活在城市内

---

[1]　关于这一文件的概述，详见 Brueckne（1999）。

部，其实施 UGB 政策的动机与简化模型基本相同。

可根据图 4-2 了解土地所有者的动机。如果将土地所有者看作一个整体，那么他们将会关注土地总租金。图 4-2 描述了当城市半径被 UGB 限制在 $\bar{x}_1$ 之内时，土地总租金的变化情况。随着土地租金曲线从 r_0 向上移动到 r_1，从图 4-2 中可以看到土地总租金的变化。UGB 使 $\bar{x}_1$ 和 $\bar{x}_0$ 之间的城市用地转变为农业用地，所以该区域的土地所有者获取了农业租金 r_A 而不是 r_0 曲线上更高的城市租金。这部分土地租金的损失用图 4-2 中的区域 V 表示。另外，CBD 和 $\bar{x}_1$ 之间的土地租金变得更高，总租金利得用图 4-2 中的区域 S 表示[①]。由于 $S>V$，当 UGB 被设为 $\bar{x}_1$ 时，土地总租金将会增加。因此，土地所有者能够从实施 UGB 政策中获利，且能通过缩小 UGB 来获取更多利益。换言之，如果 $\bar{x}$ 进一步降至 $\bar{x}_2$（未在图 4-2 中显示），曲线 r 会进一步上移，$\bar{x}_2$ 和 $\bar{x}_1$ 之间的租金将下降为 r_A，并且形成类似于 V 和 S 的新区域。只要新区域 S 的面积仍大于区域 V 的面积，该类土地限制便符合土地所有者的利益。当土地租金不再上升时（即相应区域 S 和区域 V 的面积相等），土地所有者便不再缩小 UGB，此时土地总租金达到最大[②]。

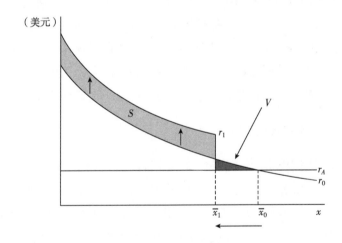

图 4-2 UGB 使土地所有者获利

---

① 为了让这些区域能够准确表示土地租金的变化，城市必须是线形的，且应由长而狭窄的矩形而非圆形组成；CBD 应位于区域的中心。在环形区域的情况下，需要重新调整区域 S 和区域 V，但整体结论不会受到影响。

② 习题 4-1 在此分析的基础上提供了一个数值型案例。

正如前文所述，由于缺少开放空间的相关设施，UGB 使城市居民的福利受损。因此，即使 UGB 使土地所有者更加富裕，仍不符合社会总利益①。但如果土地所有者拥有足够大的权利，也许不管怎样都会实施 UGB 政策。

在更符合现实的模型中，城市内同时包括租户和房主，房主可能既拥有出租房，又拥有自住房。该模型中的房主与上述模型中的土地所有者都希望实施 UGB 政策。即使租户会因更高的租金而受损，但房主仍能借此使自身住宅增值。

上述自身利益驱动的动机是否有助于解释美国各地普遍限制城市发展的现象，或者是否能找到其他动机来进行解释（如抑制城市蔓延）？虽然答案并不是很确定，但关注生活质量的房主也许很乐意实施 UGB 政策。有较大权利的房主排斥由城市扩张带来的拥堵及其他不利影响，因此可能会实施 UGB 政策来限制城市增长。UGB 政策的实施有利于提升他们的生活质量，同时可为其带来住房资本收益②。

第六节 用地管制的其他类型

一、建筑高度和密度限制

世界上很多城市都对建筑高度有所限制。美国最典型的例子是华盛顿，在哥伦比亚特区，没有比美国国会大厦更高的建筑。另外一个例子是巴黎，通常禁止在市中心建造高层建筑，由于过去曾违背相关规定，导致市中心目前存在几幢高层建筑。还有印度的孟买和班加罗尔，这两个城市在发展过程中均严格限制建筑高度。至于建筑高度限制的原因，华盛顿和巴黎出于城市美观的考虑，而印度或许是担心老旧的城市基础设施无法承受过高的人口密度。

从技术角度来看，高度限制也限制了建筑的容积率（FAR）。容积率等于建筑物内部的空间总面积除以其占地面积。如果建筑物覆盖了其所占地块，则每一层的空间面积等于其所占地块面积，那么 FAR 为 8 的建筑高度会被限制在 8 层

---

① 可以看出，城市居民的损失高于土地所有者的收益。
② 相关动机的一般分析可参见 Brueckner 和 Lai（1996）。

以内。若建筑物仅覆盖其所占地块的一半，FAR 为 8 意味着该建筑物最高为 16 层。

限制建筑高度也会影响市中心的土地利用情况，因为其建筑高度本该高于目前的最高层。城市模型表明，限制建筑高度的整体影响如图 4-3 所示，其中 FAR 为与 CBD 之间距离的函数。市中心的建筑高度由于受到 FAR 的限制，会比没有 FAR 限制时更低。但城市外围的建筑高度会增加，如图 4-3 所示。此外，随着 $\bar{x}$ 的增加，城市不断扩张。后一种影响显而易见，高度限制使土地不再能容纳原有的人口规模，因此城市必须扩张以容纳现有的人口。综上所述，建筑高度限制导致了城市扩张。

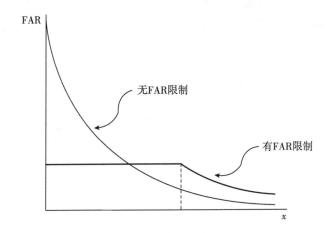

图 4-3　建筑高度限制的影响

城市模型的数学分析表明，所有区位上单位房价 p 的上涨，使消费者缩小其住宅面积。如图 4-3 所示，在不受高度限制的地区，上涨的房价 p 导致土地租金 r 增加，导致该地区的建筑更高，其他地区的 FAR 更大（Bertaud and Brueckner，2005）。讽刺的是，限制城市某一区域的建筑高度，却导致其他区域的建筑高度增加。

随着房价越来越高，住宅面积越来越小，高度限制导致城市居民的生活水平越来越糟糕。因此，要使高度限制给社会带来有利影响，必须存在某种抵消效益。在华盛顿和巴黎，这种抵消效益来源于保护中心城区的历史特征而带来的艺术气息，但很难判断这种收益是否足以抵消消费者的损失。

建筑高度限制只是限制人口密度的方法之一。例如，许多高收入居民居住的郊区社区对地块实施了最小面积限制，即要求独栋住宅的地块面积不小于半英亩。地块限制减少了每英亩的人口数量，从而限制了人口密度。和建筑高度限制一样，它们也会导致城市边界向外扩张并产生蔓延（将在第八章进一步讨论）。因此，密度限制也属于促进城市扩张的政策之一。

二、分区

美国城市通常采用分区法控制土地利用。分区法明确规定了特定区域的土地利用类型，主要包括商业区、工业区、高密度住宅区和低密度住宅区（即独栋住宅）。典型的分区法还包括上述类型的子类别，这或许与 FAR 的要求有关[①]。

分区法旨在划分土地用途，以减少负外部性带来的不利影响。比如，禁止产生噪声和污染的工厂建在住宅区或商业区附近，也不允许加油站建在住宅区附近。此外，还禁止那些导致交通拥堵等问题的公寓建在独栋住宅附近。分区法的基本原理如图 4-4 所示。为简化分析，图 4-4 描绘了一个位于岛上的矩形城市（如曼哈顿）。城市中的每个人都在家工作，无须通勤（不存在 CBD）。因此，当不存在任何负外部性时，城市中所有区位的单位房价都相同。两家全自动化的工厂计划建在这座城市，工厂不雇佣工人，也不占用任何空间（用单个点表示），但是会产生噪声和污染。这些负外部性将会对工厂周围的房价造成影响。为了补偿工厂负外部性带来的损失，消费者会要求大大降低房价 p。因此，正如图 4-4 中的图（a）所显示的，工厂附近几个街区的房价较低。

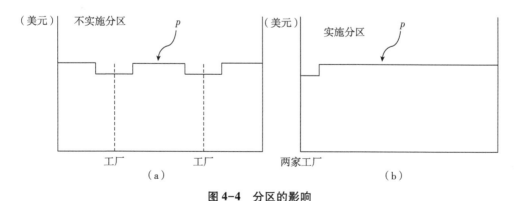

图 4-4　分区的影响

---

① 有关分区法的经济学综述可参见 Fischel（1985）。

即使住在工厂附近的消费者得到了补偿，但是工厂仍会使土地所有者的利益受损。工厂附近的房价 p 较低，土地租金 r 也较低，降低了土地所有者的收入。正如图 4-4 中的（a）图所显示的，由于两家工厂分别位于城市居民区中的不同位置，因此许多街区的土地租金都会受到损失。

相反，分区法要求两家工厂建在同一个能使外部性降到最低的地方，从而尽可能减少租金损失。这个地方位于岛屿的一端，如图 4-4 中的图（b）所示。由于工厂位于城市边缘，受到负外部性影响的区域减少了 75%，土地所有者的收入损失也减少了同样的比例。因此，城市应规定工业区建在城市边缘，居住区建在工业区以外。虽然上述案例过于理想化，但其基本原则仍适用于现实的情况。

如果上述案例中的两家工厂在任何情况下都倾向于建在城市边缘（可能是为了距州际高速公路更近），那么政府的干预还有必要吗？这种观点衍生出不同的分区方法，但有些城市都没有实施分区法，其中最著名的例子是休斯敦。

休斯敦的土地利用模式与其他实施分区法的城市并无太大区别，这说明分区法并非必不可少。然而，与美国那些发展较分散的老旧城市相比，休斯敦发展迅速，且其规模较大。在休斯敦，由开发商建设大型住宅，旨在最小化其负外部性，商业区的选址则旨在减少交通的负面效应。因此，与那些发展不太协调，且可能没有考虑外部性的城市相比，是否实施分区法对休斯敦几乎没有影响。然而，休斯敦不进行分区的成功案例并不意味着其他地方可以不实施分区法。

三、土地利用控制效应的实证证据

大量实证文献探讨了土地利用控制对房价的影响。模型表明，UGB、建筑高度限制、其他密度限制和影响费都会提高单位房价 p。目前，最常见的研究方法是（Ihlanfeldt，2007）采用地方政府的调研数据测量土地利用控制的强度。调研数据中包括政府正在实施的限制政策（如是否实施 UGB、征收影响费等），而衡量土地利用控制的强度则是对限制数量进行简单计数。将以上计数结果作为自变量，房价作为因变量，加入各种控制变量后进行回归。这类研究的实证结果与预期结论保持一致：该区域的房价会随着土地限制数量的增加而上涨。

Glaeser、Gyourko 和 Saks（2005）通过测算不同社区的单位房价和单位建筑成本之间的差距来探讨限制政策的影响。他们认为，在竞争市场上单位房价和单位建筑成本应该完全相同。如果两者存在较大差距，说明政府的相关政策限制了住房供应量。

第七节 小结

人口和收入的增加及通勤成本的下降导致城市空间大幅扩张。虽然这些因素的影响效应是有利的，但它们可能会因市场失灵而发生扭曲，从而导致城市过度扩张。导致市场失灵的原因有很多方面，主要包括在规划城市未来发展时未考虑开放空间设施，以及交通拥堵的负外部性。可通过征收开发税和拥堵费等价格工具，解决由上述市场失灵导致的城市过度扩张。城市增长边界作为数量工具，也能解决一些市场失灵问题。但无论使用哪种工具，政策制定者都应意识到对城市扩张的过度限制可能会降低社会福利水平。

除了 UGB 以外，土地利用控制还包括建筑高度限制及其他类型的密度限制。这些工具在实现其他政策目标的同时，还引发了城市扩张。许多城市都实施了分区法，旨在通过区分土地用途来最小化其负外部性。

第五章　道路拥堵

第一节　引言

道路拥堵是一个普遍的问题。世界各地的通勤者和司机每年都要花费大量时间在城市的街道和高速公路上。美国的许多城市都存在严重的交通拥堵问题，有些国家的情况甚至更加糟糕，尤其是一些欠发达地区。交通拥堵造成了数以百万计的个人时间损失，产生了巨大的社会成本。

正如第四章所述，道路拥堵涉及一种外部性：每辆汽车都会使拥堵道路上其他汽车的速度降低一点点，导致其他司机产生更高的时间成本。虽然个人成本损失的较少，但加总后的社会总成本较高，因此不可忽视拥堵的负外部性。为解决这一负外部性，每辆车都须支付与其外部成本相等的拥堵费。第四章表明，在城市模型中，当征收拥堵费时，较高的通勤成本使居民为缩短通勤时间而向市中心迁移，从而使城市更加紧凑。

本章将详细分析拥堵的外部性和拥堵费的征收。与假设居住地可变的模型不同，本章假设通勤路程（Commute Trips）是固定的。假设通勤路线在郊区和市中心之间固定的高速公路上，并会受到拥堵的影响。对于高速公路拥堵收费这一政策，通勤者通常不会改变其通勤距离，而是会选择不同的通勤方式（如铁路）或在不拥堵的时间段出行。在现实生活中，除了上述解决方式外，通勤者可能也会更换其居住区位，因此通勤路程固定的模型更易于分析，也易于拓展到现实生活中。

第二节 拥堵成本

图5-1描述了这样一个场景：一条高速公路将郊区和市中心连接起来，市中心包括城市的所有就业岗位。在早上的高峰期，通勤者沿着高速公路去上班。高速公路在高峰期的拥堵程度取决于道路上的通勤人数[①]。通勤人数越多，高速公路上的行驶速度就越慢（Small and Verhoef，2007）。

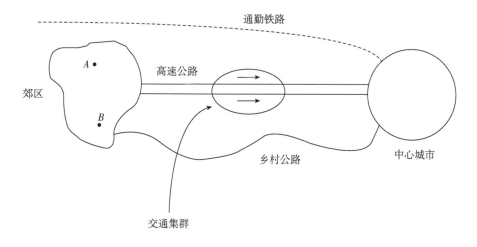

图5-1 都市区

T表示高速公路上车辆的数量或交通集群（Traffic Cluster）的规模。速度s（所有车辆在高速公路上移动的速度）和T之间的关系如图5-2所示。只要T足够小，车辆速度就不会受到车辆数量的影响。这是因为在高速公路不拥堵的情况下，高速公路上多增加一辆汽车对s没有影响，车辆将继续以之前的速度行驶。但是当T增加至高速公路的承载容量$\overline{T}$之上时，速度会慢慢降低，即s下降。当T超过$\overline{T}$时，行驶速度会随着T的增加而急剧下降。

[①] 傍晚会出现与早高峰相对称的返程高峰，无须特别考虑。

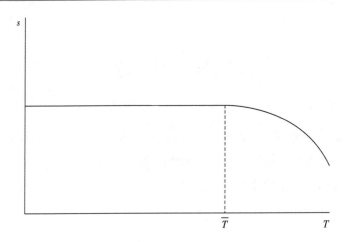

图 5-2　速度与交通集群 T 的关系

为分析通勤成本和 T 之间的关系，假设通勤的总货币成本为 m。用 D 表示高速公路的长度（以英里为单位），则通勤时间为 D/s 小时，等于通勤距离除以行驶速度。如果以每小时工资 w 来衡量，那么时间成本则等于 wD/s。通勤总成本为 $g=m+wD/s$。

由图 5-2 中的 s 与 T 之间的关系可得，通勤成本 g 和 T 之间的关系如图 5-3 所示。当高速公路不拥堵时，T 的增加不会对通勤成本产生任何影响。但在拥堵的情况下，较高的 T 会导致 s 下降，增加通勤时间，进而增加时间成本（在公式 $g=m+wD/s$ 中，g 随 s 的增加而下降）。因此，图 5-3 的通勤成本曲线是图 5-2 的速度曲线的镜像图，即行驶速度下降，通勤成本上升。可将通勤成本写成 T 的函数，即 $g=g(T)$。

当高速公路出现交通拥堵时，函数 $g(T)$ 向上倾斜，即多增加一辆车（增加 T）将会增加每个司机的通勤成本，从而导致拥堵的负外部性。为深刻理解拥堵的负外部性，接下来继续分析 T 的增加对高速公路上所有司机的总通勤成本的影响。总通勤成本等于 $Tg(T)$，即汽车数量乘以每辆车的成本。将上述表达式对 t 求导：$\dfrac{d}{dT}($总通勤成本$)=g(T)+Tg'(T)$。这个公式表明，拥堵的高速公路上每多增加一辆车，就会增加总通勤成本。以下为总通勤成本增加的两个原因：第一，增加的那辆汽车的自身成本为 $g(T)$；第二，那辆汽车增加了高速公路上已有汽车的成本。这些汽车中每辆车增加的成本可以用导数 $g'(T)$ 表示。由于存

在 T 辆车，因此所有车辆的成本共增加了 T 倍，即 $Tg'(T)$，该表达式量化了拥堵的负外部性。

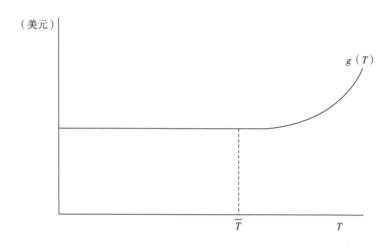

图 5-3　高速公路的使用成本

上述表达式指增加一辆汽车时总成本 $Tg(T)$ 的增加量，即增加一辆汽车的边际成本，用 MC 表示。与 MC 相对应的是平均成本，用 AC 表示。平均成本等于总成本除以车辆数量，即 $Tg(T)/T$ 或用 $g(T)$ 表示。因此，每辆车的单位成本 $AC=g(T)$，而 $MC=g(T)+g'(T)$，且 $MC=AC+g'(T)$。换言之，边际成本等于平均成本与外部性损失（Externality Damage）之和。

MC 和 AC 都取决于交通量 T，如图 5-4 所示（其中曲线 AC 与图 5-3 中的曲线相同）。如果高速公路上不存在交通拥堵，那么多增加一辆车所带来的负外部性为零，此时曲线 MC 和曲线 AC 重合（见上述公式）。但是当高速公路出现交通拥堵时，曲线 MC 就会高于曲线 AC。此外，两条曲线之间的垂直距离等于每增加一辆车所产生的外部性损失。

第四章区分了通勤的个人成本和社会成本。通勤的个人成本是指一辆单独的汽车在高速公路上行驶时产生的成本，即 AC。通勤的社会成本则是指当高速公路上增加一辆车时，总通勤成本的增加量，即 MC。通勤的社会成本由两部分组成，一部分是增加的车辆为其自身带来的成本，用 AC 表示（即个人成本），另一部分是增加的车辆使其他车辆增加的成本，相当于外部性损失。因此，社会成本=个人成本+外部性损失=边际成本。

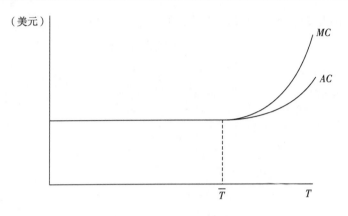

图 5-4　平均成本和边际成本

第三节　高速公路的使用需求

为分析高速公路的使用需求，图 5-1 描绘了一条连接郊区和市中心的铁路，以及一条蜿蜒的、在郊区和市中心之间贯穿的乡村公路。这两条道路是除了高速公路以外可以进入市中心的替代路线。从图 5-1 可以看出，不同的通勤者选择的最佳替代路线可能不同。例如，对于住在郊区 A 的通勤者而言，最优的替代路线可能是铁路；而对于住在郊区 B 的居民而言，最优的替代路线可能是蜿蜒的乡村公路（特别是如果该通勤者拥有一辆汽车）。我们用 g_a 表示最优替代路线的成本（最低），为简化分析，假设每个消费者的 g_a 不同，可能是因为所选路线不同（铁路或乡村公路），也可能因为不同通勤者对最优替代路线的偏好不同[①]。与之相反的是，所有通勤者使用高速公路的成本都是相同的，它由 $g（T）$ 或 AC 表示。

接下来用上述信息推导个人对高速公路的需求曲线。和其他需求曲线一样，该曲线的需求量是成本的函数。通勤者在一天中对高速公路的使用需求为 0 或 1，即通勤者要么使用高速公路，要么不使用高速公路。后者意味着通勤者会采用其

----

① 对很多通勤者而言，乡村公路可能是其最优选择。但是拥有跑车的通勤者其成本也许会更低（开跑车带来的效用降低了他们上班的成本）。

他替代路线。图 5-5 描述了使用高速公路的需求与其成本之间的关系。纵轴表示成本，横轴 R 表示使用高速公路出行的次数（0 或 1）。对通勤者 1 而言，最优替代路线的成本为 g_{a1}。当使用高速公路的成本大于 g_{a1} 时，即替代路线的成本更低，此时通勤者不会使用高速公路，$R=0$。当使用高速公路的成本低于 g_{a1} 时，此时通勤者会使用高速公路，$R=1$。因此，如图 5-5 的实线所示，需求曲线是一个阶梯函数：在 g_{a1} 以上，该曲线与纵轴重合；在 g_{a1} 以下，该曲线在 $R=1$ 处是一条垂直线。这两条垂直线被一条水平线连接起来。

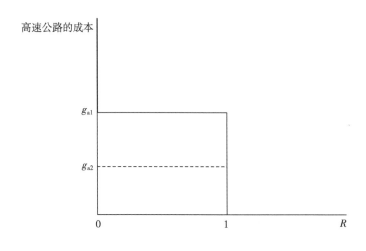

图 5-5 个人需求

通勤者 2 的替代路线成本为 $g_{a2}<g_{a1}$。同理，当使用高速公路的成本大于 g_{a2} 时，需求曲线与纵轴重合。当使用高速公路的成本小于 g_{a2} 时，需求曲线为一条 $R=1$ 的垂直线。两位通勤者的需求曲线的形状相同，只是通勤者 2 的需求曲线的水平线段较低，如图 5-5 中的虚线所示（其高度为 g_{a2}）。

为了确定使用高速公路的通勤者数量，接下来我们由个人需求曲线推导出总需求曲线。假设目前郊区仅有两名通勤者，分别为通勤者 1 和通勤者 2。也就是说，总需求曲线取决于这两名通勤者的使用情况。图 5-6 为总需求曲线，由个人需求曲线的水平部分加总得到。当使用高速公路的成本高于 g_{a1} 时，两位通勤者选择替代路线的通勤成本会更低，因此没有通勤者会选择高速公路，此时 $R=0$。当高速公路的成本在 g_{a1} 和 g_{a2} 之间时，通勤者 1 会选择高速公路出行，但通勤者 2 仍会采用替代路线，此时 $R=1$。然而，当使用高速公路的成本低于 g_{a2} 时，两位通勤者选择高速公路出行的成本变得更低，他们都会选择高速公路，此时 $R=2$。因此，总需求曲线是一个有两个阶梯的函数，一个阶梯位于 g_{a1}，另一个阶梯位于 g_{a2}。

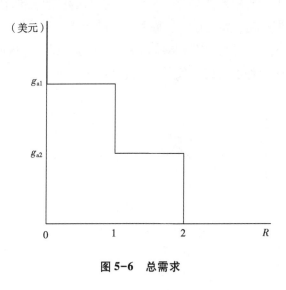

图 5-6　总需求

　　接下来假设郊区存在大量通勤者（通勤者数量为 n），且每个通勤者的替代路线的成本都不同。那么，总需求曲线将是一个类似于图 5-6 的阶梯函数，只是会有更多阶数。对图 5-6 进行少许改动，使每一个阶梯看起来都非常小，以便显示出更多通勤者。由于改动后的总需求曲线中的每一个阶梯都很小，总需求曲线 DC 可被近似视为一条平滑的曲线，如图 5-7 所示。值得注意的是，由于高速公路总出行次数等于 T（高速公路上的车辆数量），所以出行次数 R 也可以由 T 表示。

　　在接下来的分析中，单个通勤者的特征尤为重要。因此，与只有两个通勤者的模型类似，我们基于通勤者的替代路线成本进行编号。通勤者 1 拥有最高的替代成本，通勤者 2 拥有次高的替代成本，通勤者 j 拥有第 j 高的替代成本，而通勤者 n 则拥有第 n 高（最低）的替代成本。采用上述方法编号可以说明总需求曲线的一个重要特征：在 $T=j$ 处，需求曲线的高度等于通勤者 j（$j=1, 2, \cdots, n$）的替代成本（见图 5-7）。为了验证需求曲线的这一特性，结合图 5-6。在图 5-6 中，两名通勤者的总需求曲线在 $R=1$ 处的高度为 g_{a1}（通勤者 1 的替代成本），在 $R=2$ 处的高度为 g_{a2}，与上述结论相吻合。

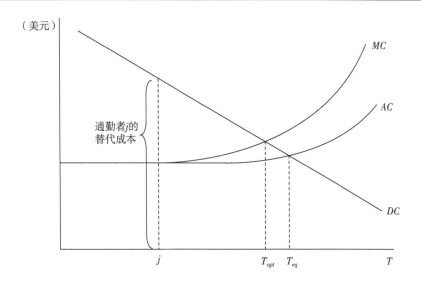

图 5-7　大量通勤者的总需求曲线

第四节　交通资源的配置：均衡与社会最优

图 5-7 不仅展示了平滑的总需求曲线，还展示了曲线 *AC*、曲线 *MC* 以及它们与需求曲线 *DC* 的交点。这些交点至关重要，它们分别是高速公路均衡状态以及社会最优状态下的车辆数量。曲线 *AC* 和曲线 *DC* 的交点代表高速公路的均衡状态，此时高速公路上的车辆数量为 T_{eq}。曲线 *MC* 和曲线 *DC* 的交点代表社会最优状态，此时高速公路上的车辆数量为 T_{opt}。$T_{eq} > T_{opt}$，即在均衡状态下，会有过多车辆使用高速公路。本节将继续分析，这两个交点分别代表了均衡状态和社会最优状态，以及出现过多车辆使用高速公路的现象的原因。

一、均衡

消费者通过比较使用高速公路的个人成本和替代路线的成本决定其通勤路线，因此用曲线 *AC* 和需求曲线 *DC* 的交点表示均衡状态下的车辆数量。虽然该交点为高速公路处于均衡状态时的车辆数量（T_{eq}），但对均衡状态的描述不能只是简单的交通流量统计。除此之外，我们还需明确高速公路使用者以及替代路线使用者的个人特征。在均衡状态下，由于编号排名靠前的通勤者其替代成本更高（高速公路更具吸引力），而排名靠后的通勤者其替代成本更低（替代路线更具吸引力），因此，从通勤者 1 至通勤者 T_{eq} 都将使用高速公路，而从通勤者 $T_{eq}+1$ 至通勤者 n 都将使用替代路线。

接下来我们给予均衡一个明确的定义。在第二章的城市模型中，均衡的关键特征为，所有消费者都不再愿意改变其居住地，在拥堵模型中也是如此。交通模型中的均衡状态具有如下特征：所有通勤者都不再愿意改变其通勤路线。换言之，所有高速公路的使用者都不会因选择替代路线而获益，所有替代路线的使用者也都不会因选择高速公路而获益。

要验证上述交通分配已达到均衡状态，需证明此时所有通勤者都不会改变其通勤路线。接下来将基于图 5-8 进行分析。在给定的交通流量分配下，通勤者使用高速公路的成本是点 $T=T_{eq}$ 到曲线 AC 的垂直距离（在图 5-8 中，由虚线 $T=T_{eq}$ 表示）。假设通勤者 k 选择高速公路出行，他是否愿意转为替代路线出行呢？答案是否定的，如图 5-8 所示，通勤者 k 的替代成本（点 $T=k$ 到需求曲线的垂直距离）大于其使用高速公路的成本（点 $T=T_{eq}$ 处的虚线高度）。同理，排名顺序在 T_{eq} 之前的消费者（如通勤者 k，$k<T_{eq}$）也是如此，他们也会选择高速公路出行。

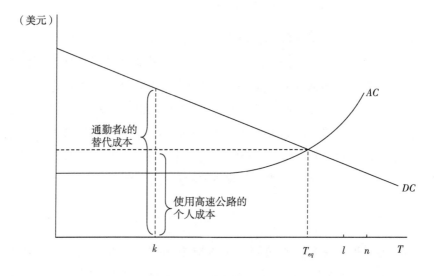

图 5-8　交通的均衡分配

现假设通勤者 l 是替代路线的使用者，他是否愿意转为高速公路出行呢？答案同样是否定的，如图 5-8 所示，通勤者 l 的替代成本（点 $T=l$ 到需求曲线的垂直距离）小于其使用高速公路的成本（点 $T=T_{eq}$ 处的虚线高度）。同理，排名顺序在 T_{eq} 之后的消费者（如通勤者 l，$l>T_{eq}$）也是如此，他们也会选择替代路线出行。

　　由于通勤者 T_{eq} 选择替代路线的成本（图 5-8 中点 $T=T_{eq}$ 到需求曲线的垂直距离）等于选择高速公路的成本（图 5-8 中点 $T=T_{eq}$ 处的虚线高度），通勤者 T_{eq} 选择高速公路或是选择替代路线出行其实并无区别。因此，通勤者 T_{eq} 不会改变其出行路线。

二、社会最优

　　实现社会最优将最小化其总通勤成本，包括高速公路使用者和替代路线使用者的成本。换句话说，社会最优状态意味着总通勤成本不会因任意通勤者出行路线的改变而发生变化。在图 5-8 中，社会最优状态由需求曲线和曲线 MC 的交点表示，此时车辆数量为 T_{opt}，小于均衡车辆数量 T_{eq}。

　　与均衡状态一样，社会最优状态指通勤者在出行路线上的特定分配情况。在社会最优状态下，通勤者 1 到通勤者 T_{opt} 将使用高速公路，而通勤者 $T_{opt}+1$ 到通勤者 n 则使用替代路线。与均衡状态类似，替代成本最高的通勤者选择高速公路，替代成本最低的通勤者选择替代路线。但规划者可能会要求通勤者 $T_{opt}+1$ 到通勤者 T_{eq} 中的一些通勤者从使用高速公路改为使用替代路线，以此实现社会最优。

　　为证实上述交通分配的确是社会最优，即总通勤成本最小，接下来分析图 5-9（与图 5-8 类似）。曲线 MC 是指多增加一辆车，导致高速公路上总通勤成本的增加量。因此，点 $T=T_{opt}$ 到曲线 MC 的垂直距离为，在高速公路已有 T_{opt} 辆车的情况下，多增加一辆车，使用高速公路的总成本的增加量。值得注意的是，这一垂直距离也可以表示为减少一辆车所导致的总成本的减少量。

　　与前文分析类似，假设通勤者 k（社会最优状态下使用高速公路的通勤人数）改选替代路线，或通勤者 l（替代路线使用者）改选高速公路。接下来我们将聚焦于上述变化对总通勤成本的影响。如图 5-9 所示，如果通勤者 l 由使用替代路线转为使用高速公路，高速公路的总成本将会增加，其增加值等于虚线（位于图 5-9 点 $T=T_{opt}$ 处）的高度，但此时不再有通勤者 l 的替代成本（点 $T=l$ 到需求曲线的垂直距离）。由于虚线高度大于垂直距离，所以这一转变将增加通勤的总成本，因而并不可取。

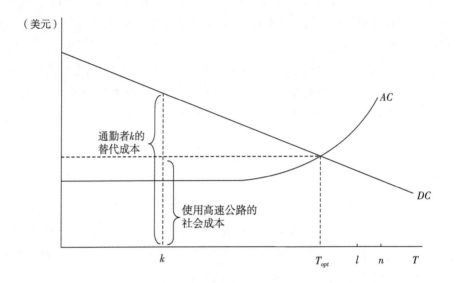

图 5-9　交通的社会最优分配

假设通勤者 k 由使用高速公路转为使用替代路线。高速公路的总成本将会下降，减少量相当于虚线（点 $T=T_{opt}$ 处）的高度（见图 5-9）。但此时通勤者 k 会产生替代路线的成本（点 $T=k$ 到需求曲线的垂直距离）。同理，由于此时的垂直距离大于虚线高度，这一转变会导致总通勤成本增加，同样不可取。其他通勤者也是如此，因此可以得到如下结论：在前文假设的交通分配情况下，无法通过改变消费者的出行路线来降低总通勤成本。因此，上述分配即为社会最优状态①。

三、寻求社会最优的另一种方法

除上述方法外，另一种图示法也有助于得出社会最优状态。假设替代路线成本最高的消费者在高速公路上行驶，然后确定分界值 T（用于区分高速公路使用者和替代路线使用者的数量）。该方法利用了曲线 MC 的基本属性：使用高速公路的总成本等于曲线 MC 以下、分界值 T 左侧封闭区域的面积。

_____

① 习题 5-1 提供了一个简单的数值型案例来解释均衡分配和社会最优分配。

如图5-10所示，假设分界值 T 等于 k，则通勤者1到通勤者 k 都将使用高速公路。此时使用高速公路的总成本是面积 E（曲线 MC 以下，由通勤者0到通勤者 k 的区域面积），而使用替代路线的总成本等于 $Q+G+V+H$（需求曲线以下，由通勤者 k 到通勤者 n 的区域面积）。后者的面积由所有替代路线使用者（通勤者 $k+1$ 到通勤者 n）的需求曲线到 T 轴的区域。将上述两个区域的面积加总，可以得到分界值 T 等于 k 时的总通勤成本，即图5-10中阴影部分的面积。

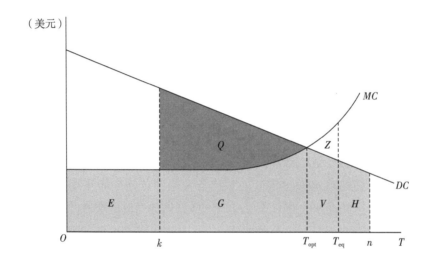

图 5-10　最优状态下的总通勤成本

最优的分界值是使阴影部分的面积最小化的值。从图5-10中可以很容易看出，最优值为 T_{opt}，用曲线 DC 与曲线 MC 的交点表示。究其原因，我们可将分界值由 k 移动至 T_{opt}，此时使用高速公路的总成本增加 G，而使用替代路线的总成本减少 $Q+G$，其净效应为总通勤成本减少 Q，分界值为 T_{opt} 时的总通勤成本为 $E+G+V+H$。

虽然将分界值由 k 增至 T_{opt} 可降低通勤成本，但继续增加车辆仍会增加通勤成本。例如，如果分界值由 T_{opt} 增至 T_{eq}，高速公路总成本将增加 $Z+V$，而替代路线总成本将减少 V，净成本将增加 Z。因此，社会最优状态下的总通勤成本比均衡状态下的总通勤成本减少 Z。

由于曲线 DC 和曲线 MC 相交于 MC 曲线的上升部分，因此在社会最优分配下，高速公路会出现拥堵现象。人们可能会认为，社会的目标在于完全消除交通拥堵现象，即使高速公路上的车辆数量小于 $\overline{T}$。但上述分析表明，该结论并不正确。在决定高速公路上的最优车辆数量时，政策制定者需要在使用替代路线的成本和使用高速公路的拥堵成本之间进行权衡。由于未考虑每个通勤者所产生的外部性损失，因此在均衡状态下，交通拥堵较为严重，要将高速公路上的许多车辆分流至其他路线，从而减少高速公路的拥堵程度，并不符合社会利益。

第五节 拥堵费

一、收费制度

在均衡状态下，所有通勤者都没有将使用高速公路的社会成本考虑在内，因此高速公路上的车辆过多。通勤者往往只在意较低的个人成本而不考虑外部性损失，使用高速公路的成本似乎很低。当社会希望部分通勤者采用替代路线出行时，他们仍然会选择高速公路。这些应该更换路线的通勤者是在均衡状态下，高速公路使用者（消费者 $T_{opt}+1$ 至消费者 T_{eq}）中替代成本最低的那些人。其余的高速公路使用者拥有较高的替代成本，因此他们使用高速公路出行更为便利。

问题在于消费者在做出决策时更关注个人成本（曲线 AC），而社会规划者在进行交通流量分配时更关注社会成本（曲线 MC）。为了让通勤者做出更符合社会利益的决策，可以让他们更多地关注曲线 MC 而不是曲线 AC，从而做出相关决策。

我们可以通过征收拥堵费实现上述目标，即通过征收拥堵费来提高使用高速公路的个人成本，直到它与曲线 MC 重合。要想实现上述目标，征收的拥堵费必须等于曲线 MC 与曲线 AC 之间的垂直距离，从而使新的个人成本曲线（曲线 AC 加上拥堵费）与曲线 MC 相同。曲线 MC 和曲线 AC 之间的垂直距离是指外部性损失，因此应向每个通勤者征收拥堵费。

具体来讲，社会规划者会公布一项收费制度，即将每辆车的拥堵费视为与车辆数量 T 相关的函数。图5-11描述了该收费制度，T 轴上的每一点到曲线的高度都等于曲线 MC 和曲线 AC 之间的垂直距离。该收费制度表明，当车辆数量 T 小于 $\overline{T}$ 且不存在外部性损失时，拥堵费为0；当车辆数量 T 大于 $\overline{T}$ 时，政府将征收拥堵费。

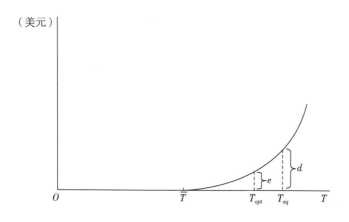

图5-11　收费制度

具体而言，政府部门通过在高速公路沿线安装电子设备来监测交通拥堵程度，以便征收拥堵费。这些电子设备会根据当前的交通状况计算出相应的拥堵费用，并在通勤者（将以电子方式支付）可见的电子屏上显示收费金额。在该系统运行的第一天（通勤者知晓政府要征收拥堵费之前），之前处于均衡状态下的 T_{eq} 辆车仍会驶上高速公路，此时拥堵费为图5-11中的 d。由于拥堵费较高，许多通勤者会后悔选择高速公路出行。第二天高速公路上的车辆数量将会减少，拥堵费也会随之下降（下降程度由收费制度决定）。最终，车辆数量将稳定在 T_{opt} 辆。此时，加上拥堵费的曲线 AC（即曲线 MC）与需求曲线相交，实际收取的拥堵费等于图5-11中的 e[1]。至于 e 所代表的实际金额，第四章中已经提到，拥堵费的金额大约为每英里0.17美元。因此，0.17美元乘以高速公路的长度，即为 e 所代表的实际金额。

收费系统的一个特点是所有的高速公路使用者都将支付相同的拥堵费，而不考虑其替代成本。尽管通勤者的个体特征不太相同，且每个高速公路使用者都对高速公路上的其他通勤者产生了相同的外部成本，因此支付的拥堵费也应该是相

---

[1]　另一种方法与收费制度不同，即无论高速公路上的交通状况如何，都对每辆车征收拥堵费 e。在这种情况下，使用高速公路的个人成本曲线是曲线 AC 向上平移 e 个单位后形成的新曲线。新曲线与需求曲线的交点代表了社会最优状态下的车辆数量（此时 $T=T_{opt}$）。这种方法与庇古税的效果相吻合，虽收费制度与之不同，但更透明。

同的。

二、考虑全天不同时段的通勤

到目前为止，本章一直聚焦于通勤高峰期，并未考虑其他时间段，即高速公路不拥挤的时段。比如，晚上出行的人较少，高速公路的需求曲线 DC 会较低。在这种情况下，曲线 DC 可能会在曲线 AC 及曲线 MC 的平坦部分与其相交，即交点处不存在拥挤现象。此时，不存在外部性损失，也不需征收拥堵费（电子支付屏上将显示拥堵费为 0）。因此，一个理想的拥堵收费系统所征收的拥堵费将会随时间推移发生变化。高峰期的拥堵费较高，其他时段的拥堵费为 0。然而，在现实生活中，为获得额外的拥堵费收入，因此即使在非高峰期，也会征收拥堵费。但为了限制高峰期的车辆数量，高峰期的拥堵费和非高峰期的拥堵费应存在较大差异。

另一个现象与模型中的替代路线有关。除了图 5-1 中提到的通勤铁路和乡村公路外，还可设想其他替代方案。其中一些替代方案可能还包括使用高速公路。例如，高速公路上有一条不拥挤的车道专供快速公交使用。公交上的乘客不会产生拥堵成本，但他们会产生与公共交通出行相关的不便成本（Inconvenience Cost）。替代方案的成本等于不便成本、公交车票价与不拥堵的时间成本之和。类似地，高速公路上或许会有一个汽车共享车道，该车道不存在拥堵现象，也不征收拥堵费。与快速公交车一样，由于需要和其他乘客协调，也会产生不便成本，成为替代成本的一部分。

要想更好地解释替代成本，我们应全面分析一天的所有时段。值得注意的是，一些高速公路使用者可能不是通勤者，而是早晨前往市中心的采购者。选择高峰期出行的采购者可能更偏好在早晨采购，但他们也可以选择在不那么拥挤且通勤成本较低的时段购物。因此，他们的替代路线可能是使用非高峰期的高速公路。对采购者而言，他们的替代成本将由两部分构成：一是在不拥堵的、非高峰期的高速公路上出行所产生的成本；二是被迫在其他时间采购所造成的个人效用损失。拥堵费旨在让那些在高峰期出行的采购者更改其购物时间，即在非高峰期外出购物。类似地，在高峰期出行但工作时间灵活的通勤者也可以推迟上下班时间，以避免支付拥堵费。

三、现实中的拥堵费

自 2000 年以来，主要有伦敦和斯德哥尔摩这两个城市采用了拥堵收费系统。

此外，新加坡的收费系统也已经实施了几十年。在上述几个城市中，进入市中心需要征收拥堵费。斯德哥尔摩采用电子支付系统，而伦敦通过摄像机记录车牌号来核实拥堵费的电子支付情况。

采用拥堵收费系统需要考虑目前被大众忽略的一个问题：对拥堵费的政治支持度。为了得到政治支持，拥堵费（相当于对通勤者征税）必须以某种方式返还给通勤者。否则，支付拥堵费的通勤者其境况会变得更糟，最终难以负担拥堵费。值得注意的是，如果不存在拥堵费，使用高速公路的个人成本等于点 $T = T_{eq}$ 到曲线 AC 的垂直距离；如果存在拥堵费，个人成本则等于点 $T = T_{opt}$ 到曲线 MC 的垂直距离（见图5-7）。因此，当征收拥堵费时，继续使用高速公路的通勤者1到通勤者 T_{opt} 会产生更高的成本，他们的情况也会更糟，所以他们会反对征收拥堵费。但是如果将拥堵费返还给通勤者，如减少每个人（包括不使用高速公路的通勤者）的收入所得税或汽油税，这样大多数通勤者都会同意征收拥堵费。得到通勤者的支持是征收交通拥堵费的必要条件。

四、其他价格机制

由于拥堵费不易实施，是否存在其他与价格相关且易于实施的方案呢？提高汽油税或许会增加使用道路的成本。但是由于所有的道路使用者无论是否在拥堵时段出行，都需支付较高的汽油税，因此汽油税的增加无法只在高峰期及拥堵时段减少车辆数量。相比之下，停车费或许更有效。在早高峰出行后，许多工人会在雇主提供的停车场免费停车。如果工人需要以市场价格支付停车费（大城市的停车费通常很高），且雇主相应提高他们的工资，那么将会取得与在高峰时段征收拥堵费类似的效果。与其支付停车费，员工可能会将多发的工资纳入囊中，然后乘坐公共交通上班。Shoup（2005）提出的这一倡议可以缓解高峰期的拥堵现象。

五、补贴而非拥堵费

虽然可以通过收费来弥补拥堵的负外部性，但对道路使用者进行补贴是否可取呢？接下来通过一个简单的案例来分析补贴是否可行。假设在较小的车流量下，高速公路上有大量的汽车使通勤者从中受益。这可能会发生在一些紧急情况下：当高速公路上的车辆数量增加时，如果通勤者出现车辆故障、爆胎等问题，那么会有更多获取帮助的机会。如果上述情况确实存在，随着 T 的增加，曲线

AC 会在最初时下降。一旦车流量增至一定水平，增加车辆所带来的收益就会消失，此时曲线 *AC* 将变得平缓，最终随着拥堵现象的出现而上升。但为了简化分析，我们可以忽略曲线 *AC* 的水平部分，将其视为 *U* 形，如图 5–12 所示。

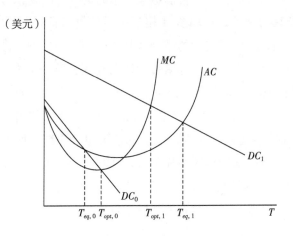

图 5–12   U 形成本曲线

当曲线 *AC* 呈 *U* 形时，曲线 *MC* 同样呈 *U* 形（见图 5–12），并在曲线 *AC* 的最低点与其相交。在车流量较小时，曲线 *MC* 位于曲线 *AC* 之下，此时使用高速公路的社会成本低于个人成本。车辆的增加给其他通勤者带来了好处，降低了个人成本，增加了社会成本。

图 5–12 表明需求曲线可能会有两个位置，分别为 DC_0 和 DC_1。当需求曲线为 DC_1 时，在均衡状态下，高速公路会出现拥堵现象，此时社会最优状态下的车辆数量（$T_{opt,1}$）小于均衡状态下的车辆数量（$T_{eq,1}$）。当需求曲线为 DC_0 时，曲线 *MC* 与需求曲线的交点位于曲线 *AC* 与需求曲线的交点右侧，此时社会最优状态下的车辆数量（$T_{opt,0}$）大于均衡状态下的车辆数量（$T_{eq,0}$）。这是因为通勤者在选择出行路线（高速公路或替代路线）时，未考虑到他们使用高速公路出行时会带来的好处。因此，在这种情况下，虽然通勤者选择高速公路出行更符合社会利益，但他们仍会选择替代路线。

为了在需求较低的情况下实现社会最优，政府部门必须对选择高速公路出行的通勤者给予补贴。与确定拥堵费金额的基本原则相同，每辆车的补贴额应等于其产生的外部收益。在 *T* 给定的情况下，补贴金额为曲线 *AC* 与曲线 *MC* 之间的垂直距离。由于补贴降低了通勤者的通勤成本，使用高速公路的个人成本将由曲线 *MC* 表示，此时均衡点和社会最优点重合。

值得注意的是，图 5-11 中的收费制度变成了补贴/收费制度。当 *T* 较小时，图中的曲线应位于横轴下方而不是与横轴重合，表示负的拥堵费（即补贴）。但当 *T* 较大且需要征收拥堵费时，图中的曲线应位于横轴上方。

分析上述与现实不太相符的案例，旨在阐述一些基本原则。虽然在现实生活中，政府很少对高速公路使用者提供补贴，但提供补贴这一可能性背后的逻辑是具有启发性的[①]。

第六节　道路承载能力的选择

图 5-12 中的曲线 *AC* 和曲线 *MC* 与高速公路的承载能力有关，而承载能力取决于高速公路的宽度或车道数。承载能力决定了交通流量 $\bar{T}$，如果发生拥堵，曲线 *AC* 和曲线 *MC* 将向上倾斜。如图 5-13 所示，当高速公路的承载能力较强时，曲线 *AC* 和曲线 *MC* 将右移，水平部分的高度保持不变。其原因是在不拥堵的情况下，扩建高速公路不会影响交通速度，因此也不会影响通勤成本（*s* 保持在限速范围内）。

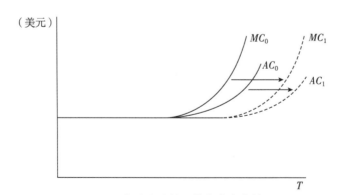

图 5-13　高速公路的承载能力变化情况

---

① 习题 5-2 提供了一个假设相似的数值型案例。这个案例中有一个浴池，就像高速公路和其他设施一样，它可能会受到拥挤的影响。

既然扩建高速公路可以避免拥堵，那么高速公路应该修建多宽呢？如果承载能力提升，以至于需求曲线与移动后的曲线 AC 和曲线 MC 交于其水平部分，那么均衡状态下将不会出现拥堵现象。问题是高速公路应该这么宽吗？修建一条较窄的、会出现一些拥堵的高速公路会不会更好？

事实上，高速公路的最优规模应该是拥堵的。这个结论似乎有违常理，但其逻辑却很简单。虽然扩建高速公路的成本高昂，但这样做能够降低总通勤成本。当高速公路处于最优规模时，略微扩建的成本应该等于扩建带来的好处。若要满足该条件，高速公路只能处于拥堵状态（否则扩建将没有效果）。在扩建仍有好处的情况下，停止扩建是最优的，因此高速公路必然是拥堵的[①]。

该结论可以通过图 5-14 来说明。高速公路略微扩建之前的边际成本为 MC_0，扩建后的边际成本为 MC_1。高速公路扩建前的总通勤成本为 $G+H+I+J$，扩建后的总通勤成本为 $G+J$。因此，扩建导致通勤成本下降为 $H+I$。若其超过高速公路的扩建成本，那么扩建是可取的。然而，如果扩建成本正好等于 $H+I$，那么扩建带来的收益（即下降的通勤成本）就等于扩建成本。在这种情况下，高速公路的宽度是最优的。

重要的是，对于像 $H+I$ 这样的区域，当需求曲线在曲线 MC 向上倾斜的部分与其相交时，表明存在拥堵。如果高速公路太宽以致曲线 DC 在曲线 MC 的水平部分与其相交，那么 H 区域不再存在，说明高速公路已超过其最优宽度。

由于图 5-14 中通过曲线 MC 确定交通流量，所以其隐含条件为征收拥堵费。到目前为止，本章还没有讨论这些收入的用途，但通常用于支付高速公路的建设成本（特别是用于支付债券融资的利息）。那么它是否足以支付这些费用呢？著名的自筹资金定理（Self-financing Theorem）给出了答案，该定理指出，在合理的条件下，征收的费用恰好可以支付高速公路的建设成本（Small and Verhoef，2007）。这需要满足以下两个前提条件：第一，高速公路的建设必须是规模报酬不变的，因此高速公路拓宽一倍，成本也就增加 1 倍；第二，当高速公路的宽度和交通流量增加 1 倍时，交通速度（拥堵状态）必须保持不变。当两个条件成立时，征收的拥堵费恰好等于高速公路的成本，因此不再需要额外的税收收入。

---

① 在预期未来交通流量增长的情况下，若一条新建的高速公路在一开始可能不会拥堵，则这一原则可以修改。值得注意的是，一条最优规模的高速公路在其使用期限内必然出现拥堵现象。

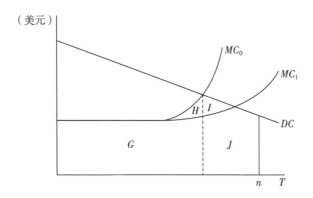

图 5-14　扩建高速公路带来的好处

第七节　在机场拥堵问题上的应用

与高速公路一样，世界各地的机场也存在不同类型的拥堵。当试图降落或起飞的飞机数量超过机场单位时间内的承载能力时，地面或空中的飞机就会出现排队现象，这将导致航班延误，增加乘客的时间成本及航空公司的资源成本。这些资源成本包括更长的机组工作时间、在空中排队等待导致的额外燃油成本，以及流量管制引起的飞机利用率下降。

与高速公路一样，飞机在拥挤的机场起飞或降落，会减慢其他飞机的飞行速度，从而带来外部成本。因此，应该对每架飞机征收拥堵费，以弥补这些外部成本。为解决拥堵问题，一些航空公司可能会将航班转移到同城市的另外一个不拥堵的机场（类似于高速公路案例中的替代路线）。但大部分会在同一日内进行时间上的调整，即航空公司为应对拥堵费的征收，通常将一些航班转移到非高峰时段。

例如，一架从夏威夷起飞，原定于下午 5 点（高峰期）在芝加哥降落的航班，可能会调整时间于晚上 8 点降落，因为乘客（度假的旅客）可能易于接受这种调整。从纽约起飞，原定于下午 5 点到达的航班（乘客都是商务人士）则不然，因为这些乘客希望在纽约工作一整天后，可以在合适的时间段回到家人身边。航空公司了解这一点，因此就不会对航班进行调整。

虽然机场拥堵与高速公路拥堵比较相似，但两者之间存在一个重要的差异。高速公路的通行者是"原子化的"，即每个个体都很小，而航空公司是"非原子化的"。航空公司更倾向于同时运营从一个机场飞往不同目的地的航班，而不是运营某个单一航班。这些航班可能会给彼此造成拥挤，航空公司需要将这种内部原因造成的拥堵考虑在内。由于在高峰时段额外安排航班会降低其他航班的速度，航空公司将会在排班决策中加以考虑，将自身造成的拥堵内部化。因此，收费系统无须就这部分拥堵对航空公司收费，只需征收其对其他航空公司造成的拥堵成本即可①。

　　与高速公路的情况一样，机场拥堵费也会随时间推移发生变化，高峰时段的拥堵费较高，不拥堵的非高峰时段则为零。目前，机场广泛使用的是着陆费制度（Aircraft Landing Fees），即拥堵费取决于飞机的重量，且不随时间推移而变化。虽然拥堵费可以很容易取代着陆费，过去也曾有过一些尝试，但至今世界上没有任何一个机场征收拥堵费。实际上，征收拥堵费只需改变现行着陆费的计费系统，虽然其资源成本很低（与高速公路所需的巨额投资相比），但却能给乘客和航空公司带来巨大收益。

第八节　小结

　　高速公路拥堵往往会带来外部性，通行者没有考虑自身对其他通行者造成的拥堵。高速公路往往被过度使用，因此必须征收拥堵费，从而将交通流量降低到社会最优水平。高速公路在非高峰时段不收费，但在高峰时段征收拥堵费，这将促使一些出行者选择备用路线或在一天中的不同时段出行。扩建高速公路可以缓解拥堵，但将高速公路扩建到完全消除拥堵的程度并不是社会最优解。高速公路征收拥堵费的基本原则也适用于机场，但需要进行一些改动。

---

① 更多讨论与相关资料，请参见 Brueckner（2002）。

第六章 住房需求与租购选择

第一节 引言

住房可能是消费者购置的最重要商品，它为许多活动提供了必要的场所和环境，对家庭而言更是如此。自有住房也是一种投资，从长远来看，它能为房主带来资本收益。虽然住房消费在之前建立的城市模型中发挥了重要作用，但它们忽略了住房的许多重要特征。例如，住房消费等于建筑面积消费的这一观点忽略了住房的其他属性。此外，由于假设城市中每个人都是租房者，住房的租购选择（Tenure Choice）（即在购置和租赁之间的选择）问题也被忽略了。因此，消费者获取住房资本收益的可能性以及影响住房成本的其他因素，如抵押贷款成本也被忽略了。

为了更全面地阐述住房问题，本章介绍了前文忽略的内容。本章首先讨论了传统的住房需求函数，以及如何对其进行实证估计。然后讨论了另一种方法，即将住房视为一系列特征的总和。在这种方法下，研究者感兴趣的是个人对住房属性的需求，先估计特征价格函数，将房屋的销售价格与其属性水平联系起来。然后采用传统方法推导出住房的用户成本。用户成本包含了之前忽略的要素：抵押贷款成本、资本收益、折旧和税收。最后得到每单位住房的有效价格公式。该公式显示了税收和抵押贷款利率如何影响房价，以及乐观的资本收益预期如何导致房地产泡沫。

租赁者租住的住房和业主自住的住房有着不同的用户成本公式。这些公式可用于分析消费者在租房或购房之间如何决策，这涉及更便宜的租购模式的选择。由此可以通过租购选择模型预测经济体住房拥有率的决定因素。此外，本章还将讨论影响租购选择，但未包含在该模型中的其他因素。

第二节　住房需求：传统方法和特征价格法

一、传统方法

传统的住房需求分析方法假定住房消费可以通过单一维度衡量，换言之，就是用一个数字来衡量。在城市模型中，单一维度的衡量标准是住房的建筑面积。然而，实证研究者已经能够估算出住房的需求函数，因此无须精确指定住房消费的衡量方式。

具体而言，假定住房的需求函数为：$q = \alpha p^{\beta} y^{\theta}$，其中，$q$ 是以某种方式衡量的住房消费，p 是住房的单位价格，y 是收入。参数 β（负数）和 θ（正数）分别为需求价格弹性和需求收入弹性。住房研究者的主要目标是估计这些弹性的大小。将上述等式的两边都乘以 p 得到：$pq = \alpha p^{\beta+1} y^{\theta}$。如果需求函数适用于租房者，该等式左侧的表达式 pq 为总租金；如果适用于自住者，那么 p 是住房的单位购买价格，而不是租赁价格，pq 是房屋价值。如果用 E 来表示 pq（住房支出），代表租金或房屋价值，那么前面的等式可写为：$E = \alpha p^{\beta+1} y^{\theta}$。取自然对数后，等式可改写为 $\log E = \gamma + (\beta+1) \log p + \theta \log y$，其中 $\gamma = \log \alpha$。这一新等式表明，住房支出是价格 p 和收入 y 的函数，优点在于不需要对住房消费进行实际测量。具体来说，可以通过使用租金或房价的有关数据，再对价格和收入进行回归得到收入和价格弹性，而不必衡量住房消费 q。

虽然仍然需要衡量 p，即每单位住房的价格，但是实证研究人员通常采用城市级的住房价格指数来代表这一变量，用从不同城市的家庭中获取的个体数据来衡量 E 和 y。在现实生活中，一般更关注自住者而非租房者，因此 E 衡量的往往是房价而不是租金。此类实证研究表明，弹性通常满足 $-1 < \beta < 0$，$0 < \theta < 1$ 的条件。因此，住房需求是缺乏弹性的，即需求对价格变化的反应不敏感。此外，$\theta < 1$，住房消费的增长与收入的增加不成正比，即随着收入的增加，住房

支出占收入的比例越来越小。有关价格和收入弹性的详细说明，请参见 Mayo（1981）。

二、特征价格法

与研究住房需求的传统方法不同，特征价格法认为住房是建筑面积和占地面积等一系列属性的集合，很难用单一变量来衡量住房消费。因此，消费者的效用函数不应该用 $u(c, q)$ 表示，而是用 $u(c, a_1, a_2, \cdots, a_m)$ 表示，其中 a_i 表示住房的第 i 个属性水平，共有 m 种（c 表示面包消费）。通过这种方式来表示消费者偏好，可以明确消费者对某个住房属性的需求。

为逐一分析这些需求，先估计特征价格函数，将房屋的销售价格与各个住房属性联系起来。通过从房地产中介和购买者处获得的数据，我们可以估算出一个包括一系列住房特征的价格函数。不过，函数中使用的是房屋的实际售价，而非卖方的要价。

Grether 和 Mieszkowski（1974）使用 1962～1969 年康涅狄格州纽黑文市的房屋销售数据，估算了最早的特征价格函数之一，以下是他们的估计式：

房价=36+5.2×平方英尺+0.89×占地面积+800×浴室数量+580×家庭房间+830×壁炉+790×单车车库+1270×双车车库−5.2×平均房间面积−0.07×年数×平方英尺+其余属性影响

特征系数被称为属性的隐含价格（Implicit Price），表明了这些属性的价格水平。以现在的房价标准来看，样本中的房价非常低（平均为 22000 美元），因此隐含价格本身并不高。例如，一套住房的建筑面积增加 100 平方英尺，房价将上涨 520 美元；占地面积增加 100 平方英尺，房价相应增加 89 美元。如果增加一间浴室，房价将会上涨 800 美元；一个房间值 580 美元，一座壁炉值 830 美元。与没有车库的住房相比，多一个单车车库房价增加 790 美元，多一个双车车库则增加 1270 美元。如果住房面积相同，房间越小，房价越低。老房子的房价也较低。值得注意的是，房龄和住房面积之间存在相互作用，住房面积越大时，房龄带来的房价折旧越高。Grether 和 Mieszkowski 的特征价格函数包括许多额外变量，这些变量反映了房屋的状况、外部材料和一些内部特征。

一旦估计出特征价格函数，就可以对住房属性的需求进行研究[1]。该方法主

---

① Rosen（1974）在论文中首次提出两步特征定价法。

要是将隐含价格对住房的相关属性水平和购置房屋的家庭特征（收入、家庭规模等）进行回归[1]。属性变量的估计系数确定了属性需求函数的斜率，从而揭示了住房价格对住房属性变化的反馈程度。

第三节　住房的用户成本

一、初步设定

为了更全面地了解购房成本，分析用户在购置和租赁之间的选择，有必要重新研究住房的传统方法，即以单维度衡量住房消费，从而确定单位住房的价格。在租房的情况下，单位价格就是租金，在城市模型中用 p 表示。在自有住房的情况下，单位成本的界定更为复杂。作为住房所有者，消费者将支付贷款、缴纳房产税、产生住房折旧，以及获得住房资本收益。所有权的额外成本还包括修缮费和保险费。

为计算这些成本，用 V 表示房屋价值，i 表示贷款利率，h 表示房产税率，d 表示折旧率，g 表示资本收益率（房屋价值的年度百分比变化）。假定消费者使用100%的抵押贷款买房，没有首付（即使存在首付，以下分析也不会发生变化）。为简化分析，假设抵押贷款仅需支付利息，则消费者的年利息成本为 iV（利率乘以抵押贷款的金额，此处贷款金额为房屋的全部价值）。此外，房产税为 hV（税率乘以房屋价值）[2]。

折旧是指随着房屋的老化，其价值逐年下降。人们通常认为，住房每年会贬值1%~2%，用 d 来表示贬值率，每年的折旧损失为 dV。如果住房升值（如经济体中整体需求的上升），则会产生资本收益，用 g 衡量价值增长的百分比，消费

---

[1]　Grether 和 Mieszkowski 的回归是线性的，即属性的隐含价格是常数。因此，第二步中的因变量是常数，第二步回归没有意义（本书没有尝试做第二步回归，仅对特征价格函数进行了研究）。更灵活的特征方程（如半对数）会产生非常数的隐含价格，这意味着能进行第二步回归。关于两步特征定价法的研究示例详见 Quigley（1982）。

[2]　如果消费者支付首付 D，抵押贷款利息则为 $i（V-D）$。但是，将 D 用于购买房屋时，消费者同时放弃了 iD 的投资收益（假设投资收益率等于贷款利率）。两者相加，总额为 iV，与没有支付首付的情况一样。

者每年的资本收益为 gV，这往往会抵消之前的成本。当然，g 也可能是负数，此时 gV 表示实际成本。由以上分析可知，自住者的年度成本为（$i+h+d-g$）V。为简化分析，该公式忽略了修缮费和保险费，但把它们纳入等式也较为容易。

接下来再次用 q 表示住房消费，在城市模型中，住房消费以建筑面积的平方英尺数来衡量。与租金 p 不同，v 表示住房的单位面积价格。因此房屋价值 V 等于 vq，自住者的成本为（$i+h+d-g$）vq，单位面积的住房成本为（$i+h+d-g$）v。当消费者在购置和租赁之间抉择时，会将单位房价与单位租金进行比较，但比较前必须要进行以下两项调整：第一，应考虑到业主的一些成本可以免税。第二，租房价格 p 取决于单位房价 v，某种程度上又受到税收的影响。因此，在比较购置成本和租赁成本时，必须考虑到这种影响。

二、住房的税收筹划

自住者支付的税收金额会影响他们的住房成本，房东支付的税收金额则会影响单位租金。表 6-1 总结了美国所得税法对自住者和房东各项住房成本的具体规定，明确说明了哪些成本可以免税。其中，抵押贷款利息、房产税可以免税，但只有房东可以享有折旧的免税优惠[①]。

表 6-1　住房成本的税收筹划

成本要素	自住者是否免税	房东是否免税
贷款利息	是	是
房产税	是	是
折旧	否	是

房东的收益包括房屋的租金收入和资本收益。如表 6-2 所示，这两项收益都需要纳税。如前文所述，资本收益是自住者应获得的收益之一，另外自有住房不需要支付租金。该收益可以通过估算租金来衡量，即消费者作为租户必须支付的租金金额。这项收益并不征税，对大多数人来说，资本收益也不征税（除非资本收益超过较高的门槛值）。

---

① 为申请免税，自住者必须在计算其纳税义务时逐项列出减免项，而不是采用标准扣除。此外，还规定了可用于免税的抵押贷款利息额度的上限。

表6-2　住房收益的税收筹划

收益	自住者是否需要缴税	房东是否需要缴税
租金收入或估算租金	否	是
资本收益	否（对大多数纳税人而言）	是

表6-1和表6-2说明政府对自住者和房东的征税情况是不同的。两者相反，自住者的住房收益无须纳税，而住房成本之一（折旧）不可免税。总的来说，这种差异对于自住者是有利的。换言之，自住者无须为住房收益纳税的收益大于无法用折旧免税带来的损失。因此，对于房东而言，现有税法为自住者提供了税收补贴。

如果自住者被视为将房屋租给自己，这种税收补贴将不存在。自住者相当于向自己支付房租（尽管不存在货币转移），这项隐性收入将被征税。此时，自住者可以将折旧作为商业费用扣除，但必须为资本收益纳税。估算租金是自住者税负变化的重要因素，因此不对该收益征税便构成了自住者税收补贴的重要来源①。

三、自住者的住房成本

对抵押贷款利息和房产税免税使我们需要对之前公式中自住者的住房成本进行改动。本节用τ表示自住者的所得税税率②。税收抵扣意味着自住者每支付1美元的抵押贷款利息，就可以抵掉τ美元的税款。因此，单位美元的贷款利息仅为$1-\tau$美元，房产税同理。对上述公式进行修改，得到每年的住房成本为$[(1-\tau)(i+h)+d-g]V$，用税后成本$(1-\tau)(i+h)V$替代贷款利息和房产税成本$(i+h)V$。

和前文一样，将vq替换为V，其中v为每单位住房购买价格。按税率调整后，自住者的每单位住房的成本为：

$$[(1-\tau)(i+h)+d-g]v=自住者的住房成本$$

为切实反映自住者的住房需求，用用户成本的表达式替代需求公式的单位价格p。需求量q将取决于用户成本公式中的所有要素。如果单位住房购买价格v

---

① 一种流行的观点认为，取消抵押贷款利息的扣减是减少税收补贴的有效途径。虽然这一变化会提高房屋的购置成本，但这也会加剧自住者和房东之间税收待遇的不平等。值得注意的是，尽管对估算租金的征税存在一定困难（尤其是估算业主自住房屋的租金），但一些国家特别是意大利，显然需要这样做。

② 为简单起见，该分析对税收做了一个不太实际的假设。特别是，它假定消费者须向政府缴纳固定比例的所得税。后文将假设对高收入者征收更高的税率τ。该假设是为了贴合现实生活中的累进税制度，即边际税率随着收入的增加而上升。完全符合现实将使分析变得复杂，但并不会改变其基本内容。

上升，q 将下降；如果抵押贷款利率 i 或房产税率 h 上升，q 同样会下降。贷款利率 i 的影响效应说明，抵押贷款的成本增加了自住者的住房成本。

此外，更高的折旧率会增加住房成本，导致需求量下降，而资本收益率 g 的影响效应则与之相反。更高的资本收益将会降低住房成本，从而促使消费者购买更多住房。

四、通货膨胀和住房泡沫

虽然资本收益效应是理解住房泡沫的关键，但要分析一个不太引人注目的现象：影响所有商品价格的通货膨胀。假设总通胀率上升一个百分点（如从4%上升到5%），则 g 上升1%，i 上升1%。贷款利率上升的原因是名义利率通常等于实际利率加上通货膨胀率。

这些变化将如何影响自住者的住房成本？本部分用 Δ 表示变化，用户成本的变化为 $[(1-\tau)\Delta i-\Delta g]v=[(1-\tau)(0.01)-0.01]v=-0.01\tau v<0$。

因此，通货膨胀降低了住房成本，促使消费者增加了对自住房的需求。住房成本降低意味着相对于通货膨胀，税收对住房成本的影响并非是中性的。

当人们对高住房资本收益的预期实现时，就会产生房地产泡沫。从住房成本公式中可以看出房地产泡沫是如何产生的。假设消费者开始预期较高的住房资本收益，则 g 增加，但他们并没有预料到通货膨胀，因此 i 不变。这种情况下自住者的住房成本下降，住房需求上升，消费者将增加其消费金额。这种更高的需求反过来又推高了房价，证实了消费者的资本收益预期，甚至使其进一步提高。由此，住房成本进一步下降，需求进一步增加，房地产泡沫产生。上述过程导致2000年至2006年美国房价大幅上涨。消费者越来越难以负担高房价，资本收益预期崩溃，导致住房价格断崖式下跌，以及房地产泡沫破灭。

许多研究者认为，较低的贷款利率也刺激了房地产泡沫，这可以从住房成本公式中看出。综上所述，较低的贷款利率 i 推高了住房需求，导致价格上涨和资本收益预期提升。

五、租房者的住房成本

为计算租房成本，假设房东以单位价格 v 购买了一套住房，并以单位价格 p 将其出租。假设房东与上文中的消费者一样，以全部贷款的方式购房，同时支付房产税并产生折旧。由于这些成本都可以免税，房东购买住房的单位税后成本为：$(1-\lambda)(i+h+d)v$，式中λ是房东的所得税税率；g是资本收益率，由于需要纳税，房东只能留下这些收益中的$(1-\lambda)gv$。最后，每单位住房的租金收入为p，但由于需要纳税，缴税后的收入为$(1-\lambda)p$。房东的单位利润等于税后收入减去税后成本：

$$(1-\lambda)p-[(1-\lambda)(i+h+d)v-(1-\lambda)gv]=(1-\lambda)[p-(i+h+d-g)v]$$

正如第二章所述，房地产市场的竞争导致零利润，这一结论不仅适用于房地产开发商，也适用于房东。因此，上述的利润表达式必定为零，租赁价格p与购置价格v之间必定存在某种特定的联系，即$p=(i+h+d-g)v=$租房成本。因此，租赁价格p类似于自住者的住房成本，但不包括任何所得税项①。

第四节　租购选择

一、租购选择的基本模型

消费者在选择租赁或购置住房时，会偏好于成本更低的租购模式（即住房的单位成本更低）。对比上述成本公式，结果显而易见。自住成本中除$(i+h)(1-\tau)$项外，其余部分均与租房成本相同，所以自住成本相对更低。无论所得税税率多高，只要τ为正（即$1-\tau<1$），上述关系就成立。因此，不管税率高低，消费者总是会选择购置住房。

美国约1/3的家庭选择租房，其余均为自住者，因此普遍购置住房的预测并不准确。到目前为止，上述模型忽略了税收中的一个重要因素，即处理折旧时未考虑现实因素。下一小节将加入该要素进行重新分析。

二、纳入实际折旧因素的租购选择模型

折旧项d表示经济折旧（Economic Depreciation），反映了住房在一段时间内

---

① 如果将维护费用和保险费用纳入模型，它们的处理办法与折旧一致。对房东而言，这部分成本可以免税，对自住者而言则不能。值得注意的是，在维护类别中，税法允许减免维修费用，但不允许扣除房屋的修缮（为延长房屋使用寿命所做的修缮）费用。由于折旧扣除允许房东将房屋损耗视为一种成本，若可以减免修缮费用，将会导致重复计算。

的实际折旧水平。然而，美国政府实施的是加速折旧法，即计算税收时所使用的折旧速度大于实际折旧速度[①]。因此，假定税法规定的折旧率为 $d+e$，其中 e 为超出 d（经济折旧率）的折旧率。

考虑加速折旧后，房东的单位利润为：

$$(1-\lambda)p-\left[(1-\lambda)(i+h+d)v-\lambda ev-(1-\lambda)gv\right]=(1-\lambda)\left[p-(i+h+d-g)v\right]+\lambda ev$$

值得注意的是，加速折旧会降低部分税收（λev），即房东的所得税税率（λ）乘以每单位住房的超额折旧（ev）。第二个利润表达式表明，考虑实际折旧因素后的房东利润比未考虑时增加了 λev。如前文所述，房东的利润必须为 0，代入上述最后一个利润表达式中便可以求解出 p。因此，租金 p 的表达式为：

$$p=(i+h+d-g)v-\lambda ev/(1-\lambda)=\text{新租房成本}$$

因此，新租房成本等于原租房成本减去超额折旧部分，即 $\lambda ev/(1-\lambda)$[②]。

与旧公式相比，新的用户成本公式为租购选择问题提供了更复杂、更符合现实的回答。自住者的用户成本小于上式中的 $(i+h+d-g)v$，但超额折旧同时也降低了租户的用户成本，所以无法直接比较自住者与租户的用户成本。

为比较两者的成本大小，需要明确的是，自住者的用户成本取决于所得税税率 τ，并且不同家庭的所得税税率有所不同。实际上，所得税实行累进税率，即高收入家庭的税率较高，低收入家庭的税率较低[③]。自住者的用户成本随着 τ 的增加而下降。如图 6-1 所示，当 τ 为横轴时，自住成本为一条向下倾斜的直线[④]。由于租房成本与所得税税率无关，所以图中租房成本曲线仅为一条水平线。图 6-1 表明，当 τ 很小时，自住成本高于租房成本；随着 τ 的不断增加，自住者的用户成本逐渐降低，最终将低于租房成本。该结论也可以通过公式得到验证[⑤]。综上所述，可以得到一个重要结论：对于所得税税率 τ 较低的家庭，其租房成本更低；对于 τ 较高的家庭，其购房成本更低。由于 τ 随着收入的增加而提升，因此低收入家庭将选择租房，高收入家庭将选择购房。

图 6-1 描述的是连续税率条件下用户的住房租购选择。此时，租房与购房的

①　税法规定，如果建筑物使用年限达到 27.5 年，将被视为完全折旧状态。然而一般情况下，建筑物的实际经济寿命为 75~100 年。

②　该租房成本的推导参见 Sonstelie 和 Narwold（1994）。

③　回顾上文，模型中假定的比例税与现实不符，实际上所得税实施的是累进税制。

④　由上述成本公式可知，成本曲线是线性的，斜率为 $-(i+h)v$。

⑤　当 $\tau=0$ 时，自住成本 $=(i+h+d-g)v$，大于租房成本。当 $\tau=1$ 时，自住成本 $=(d-g)v$，假定 $(i+h)v-\lambda ev/(1-\lambda)$ 小于 0，则自住成本小于租房成本。

分界税率为$\hat{\tau}$。现实中的政府往往仅规定几种税率，但即便如此，上图的含义也不会发生变化。消费者的税率低于$\hat{\tau}$时将选择租房，反之则选择购房。另一个值得关注的问题是，房东(一般较为富裕)将面临更高的税率。如图6-1所示，房东的税率λ(部分决定租户的用户成本)位于横轴的最右边。

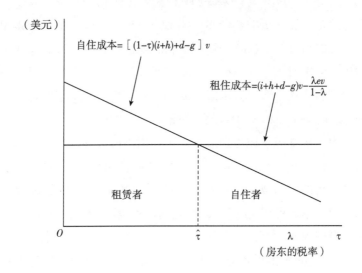

图6-1 住房租购选择

接下来为高、低收入家庭的租购选择提供一个更直观的解释。家庭面临的问题是，应该作为自住者通过贷款利息和财产税抵税，还是应该作为租户从超额折旧中获益(其利益由房东转移)？对低收入家庭而言，其所得税税率较低，其自住获得的税收减免较少，他们更倾向于租房，并从房东的超额折旧中获益。与之相反，高收入家庭税率较高，贷款利息和财产税减免也相对更高，因此他们更愿意成为自住者。

利用上述租购选择模型还可以进行其他预测。如图6-2所示，当房东的所得税税率λ提升时，租户成本公式中的最后一个减项变大，减少了租户的用户成本，导致图6-1中的水平线下移。因此，分界税率$\hat{\tau}$上升，导致选择购置住房的家庭比例下降[①]。其原因在于，较高的所得税税率使房东从超额折旧中获益更多，从而他们会降低租金，使租户受益。因此，租户占比增加，住房拥有率下

---

① 习题6-1提供了一个数值型案例来说明这种影响。

降。Sonstelie 和 Narwold（1994）实证验证了上述预测结论①。

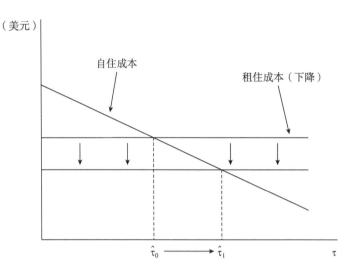

图 6-2 房东税率提升的影响

该模型也能预测其他经济变化，如更高的财产税或更灵活的超额折旧会如何影响住房拥有率。此外，大量实证研究探讨了家庭特征（如关键的所得税税率、家庭规模和户主年龄）对家庭租房或购置住房决策的影响②。

三、影响租购选择的其他因素

上述模型中未考虑的许多因素也可能会影响租购选择。

（1）流动性预期。消费者在买卖房屋时需支付高额的交易成本，包括过户费和房产销售人员的佣金等。偶尔更换住宅时，消费者能够接受这些费用。但是交易次数越多，消费者的负担就越大。因此，对于希望尽快迁居的消费者而言，购置房屋并非最优选择。

（2）所有权满足感。与租房相比，消费者往往因拥有住房而产生满足感，

---

① Sonstelie 和 Narwold 假设一个州对房东征税的税率等于州与联邦的最高边际税率之和。样本包括各个州的家庭，因此各个家庭的房东税率不完全相同，可以衡量房东税率的影响。

② 代表性研究请参见 Goodman（1988）以及 Haurin 和 Gill（2002）。另有一篇文献研究了房主是否能够比租户成为更好的公民，如更有可能参与投票、更了解邻居等。Dietz 和 Haurin（2003）研究了自有住房家庭中的孩子是否更有可能获得较好的教育成果（如高中毕业）。

这种满足感会影响他们的租购选择。在模型中，所有权满足感相当于负成本，使图 6-1 中自住者的成本曲线向下移动。此时，分界税率 $\hat{\tau}$ 降低，即考虑所有权满足感后，住房拥有率将上升。除了纯粹的经济原因，这种心理效应也可能是影响租购选择的重要因素。

（3）风险。一方面，购置住房通常具有一定的投资风险，在某些情况下这种风险会更大。例如，在工资收入与房价呈正相关关系的地区，消费者将面临更大的风险。以底特律这类公司城镇为例，在该地区，汽车行业的不景气会导致收入下降和房地产行业的资本流失。消费者如果意识到这种双重风险，可能会选择购买面积更小的住房，甚至不购置住房。另一方面，一些风险可能会促使消费者购房。例如，消费者可能会通过固定利率的抵押贷款购买住房，以此将住房成本固定，避免年租金变化的风险①。

（4）住房维护厌恶感。有学者认为，部分消费者由于不喜欢修剪草坪等住房维护工作，更倾向于租房而非购置房屋，从而由房东承担此类责任。该观点听上去似乎很有道理，但从经济学角度来看显然不合理。其原因在于，自住者可以雇佣他人从事住房维护工作，以节约个人时间，而房东无疑会将房屋维护费用纳入租金。因此，房屋维护不影响消费者的租购选择。

第五节　首付、租购选择与贷款违约

一、首付与租购选择

购房通常需要支付高额的首付。近年来，受房地产泡沫的影响，首付金额有所降低。但自从房地产市场崩溃以来，首付变得更加重要。上述模型研究了购房和租房的年均成本，将消费者设定为总是选择成本更低的住房方式，忽略了购房决策的一个关键问题——首付。对上述不同选择的成本进行对比后发现，消费者的最优选择可能是购房，但若首付资金不足，消费者便无法按照其偏好做出相关决策，租房将成为唯一选择。

---

① 关于这两方面影响的证据，见 Davidoff（2006）及 Sinai 和 Souleles（2005）。

虽然父母可能会资助子女部分首付款，但高额的首付通常需要购房者拥有一定的储蓄。对消费者储蓄的相关分析表明，影响个人储蓄意愿的一个主要因素是缺乏耐心。从经济学角度来看，缺乏耐心是指受主观贴现系数的影响，消费者对当前消费的需求强度。相对于未来消费，缺乏耐心的消费者更偏好当前消费，因此不愿意储蓄。对于这类消费者，储蓄行为能够增加未来价值较低的消费，却要以减少当前价值较高的消费为代价。对有足够耐心的消费者而言，当前消费和未来消费的需求强度近乎一致，因此更愿意储蓄。

缺乏耐心会影响储蓄意愿，而消费者需要通过储蓄积累首付，因此缺乏耐心与租购选择之间存在联系。缺乏耐心的消费者难以积累足够的储蓄购置住房，而这对耐心的消费者而言不成问题。

将首付纳入上述模型，能够得到以下结论。所得税税率低于$\hat{\tau}$的消费者仍将选择租房，所得税税率高于$\hat{\tau}$的消费者将倾向于购置住房（基于年均成本对比）。但在税率高于$\hat{\tau}$的消费者中，只有"耐心"的家庭能够支付首付。尽管购置住房是更优选择，但缺乏耐心的消费者由于未储蓄足够的首付资金，最终只能选择租房[①]。

二、贷款违约

在上述分析中，消费者一旦成为住房拥有者便不会发生变化。然而，当其拖欠购房贷款时，可能会被迫成为租房者。违约是指消费者停止向贷款人支付每月的应付款项。违约行为通常会导致止赎，即房主因无法按期偿还贷款而被驱逐，贷款人将占有房屋并将其重新出售。违约后，消费者在几年内无法再获得住房贷款，这意味着租房将成为其唯一选择。

本节所讨论的首付，实际上旨在降低消费者违约的可能性。为分析首付如何激励消费者按期偿还贷款，本节将做出如下假设：假设消费者在某一时期期初购买了一套价值为V的住房，购置后一直居住于此。购房时，消费者从贷款人处借款M，并使用自有资金支付首付款D，即$M+D=V$。他会在该时期结束时搬离，并偿还全部贷款[②]。还款资金来源于期末出售住房的收益V^*。

期末价格V^*可能低于初始购买价格V，这会增加消费者的违约概率。值得

---

① 关于此观点及租购选择模型的分析，参见 Brueckner（1986）以及 Artle 和 Varaiya（1978），同时可参考习题 6-2。

② 为简化分析，假设贷款仅要求支付利率为 0 的利息，即消费者只需偿还本金。

注意的是，如果消费者出售房屋并偿还贷款 M，其剩余资金为 V^*-M，这相当于消费者在住房中的权益。如果消费者违约，即没有偿还全部贷款 M，贷款人将没收房屋，消费者将一无所有。若 $V^*-M<0$，即销售价格 V^* 小于贷款金额（即所有者权益为负），则房主在偿还贷款时会"陷入困境"，不得不自付额外的成本。在这种情况下，消费者会选择违约。当存在违约成本（用 C 表示）时，违约条件会发生一些变化。违约成本包括消费者信用评级受损的成本、搬离住房的相关成本以及拖欠贷款可能带来的心理成本（内疚）。此时，只有当 $V^*-M<-C$，即所有者权益小于 $-C$ 时，消费者才会违约。这一违约条件将消费者的自付成本降至最低。

首付减少了贷款金额 $M(M=V-D)$，所有者权益 V^*-M 小于 $-C$ 的可能性便变得更小，消费者的违约概率随之降低。具体而言，V^*-M 可以写为：

$$V^*-(V-D)=D+(V^*-V)$$

因此，V^*-M 等于首付 D 加上房屋的价值变化（当 $V^*<V$ 时，价值变化为负）。消费者的违约条件为：

所有者权益 $=V^*-M=(V^*-V)+D<-C$

若房屋价值保持不变（$V^*=V$），则消费者权益为 D。D 值为正，消费者不会选择违约，并在偿还全部贷款后拿回首付款 D。若房屋贬值，消费者是否选择违约则取决于 D 和 C 的数值。当首付 D 既定时，C 值越小，消费者的违约概率越大。类似地，当违约成本 C 既定时，D 值越小，其违约概率越大。因此，在房屋价值下降的情况下，首付款和违约成本越低，违约越可能发生。

近期，房地产泡沫破裂后，贷款违约和止赎现象较为普遍。这导致众多房屋拥有者再次成为租房者，住房拥有率大幅下降。上述违约条件中的三个因素引发了房地产泡沫后的违约行为。第一，房价严重下跌，使得 V^*-V 为负值且绝对值较大。第二，低首付贷款现象普遍存在，导致 D 值很小。第三，存在很多信用评级较低的借款人，他们通过使用高利率的次级抵押贷款（一种新的金融创新）成为房主。由于信用水平低，这类借款人的违约成本 C 往往很小。受这些因素的影响，大量房主满足违约条件，产生违约行为[①]。出现违约行为后，借款人丧失抵押品赎回权，贷款人将大量没收的房屋转售，进一步使房地产市场供给泛滥，导

---

① 对于违约的决定因素，学者开展了大量的实证研究，如 Foote、Gerardi 和 Willen（2008）。该项研究表明，借款人失业等事件（与房价或首付无关）会影响其违约决策。作者通过模型解释了其内在联系。失业的借款人需迁移至成本更低的住所，使违约成本下降。因为即使在不违约的情况下，更换住所也是必需的。因此，失业会导致 C 下降，从而增加违约概率。

致房地产泡沫破裂后的住房价值大幅下跌。

　　上述分析表明，首付是购房的一个障碍，消费者必须通过储蓄或其他资金来源才能获得足额的首付。然而，消费者一旦攒够首付，即使房价下跌，只要其下跌幅度较小，净资产为正值，消费者就不会选择违约。因此，尽管首付是购房过程中的较大阻碍，但在不利的市场环境下，首付将降低房主的违约概率。

第六节　房屋滥用与租购选择

　　模型忽略的另一个因素是租户是否会滥用房屋财产。不同于房主，租户通常没有妥善维护房屋财产的动机，这也可能影响消费者的租购选择。以下分析将说明，由于租金包含租房者的疏忽成本，所以租房成本往往高于自住成本，这使得购置住房更具吸引力。

　　为分析财产滥用的问题，我们将建立一个减少上文设定的简单模型。与分析贷款违约相似，假定消费者在某一时期期初购置了一套价值为 V 的住房。在这段时期内，消费者在此居住，并于期末出售房屋。不过消费者选择以现金全款购房，即不存在贷款。当居住在房屋中时，自住者需要支付运营成本（Operating Cost），用 O 表示，其中可能包括财产税。此处我们不考虑所得税，因此这些成本不免税。除运营成本外，另一类潜在的额外成本为房屋看护成本，为避免入住期间房屋财产损耗（如避免大型聚会、文明饲养宠物等），用 B 表示。

　　住房的转售价格取决于入住者是否尽到房屋看护义务。若妥善看护，转售价格等于购买价格 V（假定市场条件不变）。然而，若没有妥善看护，转售价格为 $V-Q$，其中 Q 为房屋损耗。

　　接下来分析房主的看护决策。如果妥善看护，房主的自住成本为 $V+O+B-V$，包括最初的购置成本、入住期间的运营成本和看护成本，以及期末出售房屋的收益（即负成本 $-V$）。在房屋价值保持不变的情况下，成本为 $O+B$，即运营成本加上看护成本。若没有妥善看护，房主的自住成本为 $V+O-(V-Q)=O+Q$，即运营成本加上缺乏看护造成的房屋损耗。看护成本 B 在这里省去了，这会导致房屋转售价格因没有妥善看护而下降 Q。

　　因此，看护决策会影响房主的自住成本。当妥善看护时，自住成本为 $O+B$；当未妥善看护时，则为 $O+Q$。由于自住者总会希望最小化其居住成本，所以当 $B<Q$ 时他们会选择妥善看护，而当 $B>Q$ 时则不会如此。也就是说，如果看护成本小于缺乏看护造成的房屋损耗($B<Q$)，房主就会选择妥善看护，此时居住成本为 $O+B$。

接下来分析租房者的决策。P 表示租金，租住成本等于 P 加上看护成本。如果租户选择看护，其租住成本为 $P+B$；如果未选择看护，其租住成本为 P。由于租户不是房产的拥有者，他们无须承担因未妥善看护而造成的转售损失。因此，租户会为了降低租住成本而选择不看护。

事实上，房东收取的租金 P 已经包含了租户不妥善看护导致的损耗。房东的利润为 $-V+P-O+V-Q$，包括最初的购置成本 $-V$、租金收入 P、运营成本 O，以及在租客没有妥善看护时的转售价值 $V-Q$。简化利润表达式，得到 $P-O-Q$。由于房东之间的竞争导致零利润，即租金 $P=O+Q$，因此租金包括运营成本以及缺乏看护导致的房屋损耗。

现在分析消费者的租购选择：购置房屋，还是选择租房。由上述分析可知，自住成本为 $O+B$，而租房成本为 P，即 $O+Q$。但由于 $B<Q$，自住成本更低。因此，所有消费者都不会选择租房[1]。表 6-3 对上述结论进行了总结。

表 6-3　财产滥用的租购选择

考虑看护的自住者成本	看护选择	自住者成本
$O+C$（看护） $O+D$（不看护）	由于 $C<D$，选择看护	$O+C$
考虑看护的租房成本	看护选择	租房成本
$P+C$（看护） P（不看护）	由于 $C>0$，选择不看护	P，零利润下为 $O+D$
租购选择		
由于 $O+C<O+D$，选择购置		

出现上述现象的原因在于，在上述假设条件下，租户没有理由妥善看护房屋。因此，房东必须在租金里纳入由此造成的损失。自住者会选择妥善看护房屋，因为他们需要承担缺乏看护造成的房屋损耗。然而，由于看护成本小于缺乏看护造成的房屋损耗，而租金包括缺乏看护造成的房屋损耗，所以自住成本低于

---

① 更贴近现实生活的模型，请参见 Williams(1993)。

租金。因此，购置住房的成本更低。

房东可以通过收取损耗保证金来避免租户的不良行为。若租户需要支付损耗保证金 Q，且该保证金只有在房屋完好时才会归还，租户将与房主一样，会妥善看护房屋。

然而，保证金通常低于租户能够造成的最大损耗，这意味着租金仍然可能包含超出的损耗费用。因此，上述分析的逻辑仍然适用，消费者更倾向于购置房屋，这种倾向在高端住房市场中体现得尤为明显，因为租户造成的潜在损耗可能很大。此时，租金中附加的损耗费用将非常高，以至于没有租客愿意租住。基于此，高端住房的租房需求一般较低。

第七节　小结

传统的住房需求模型假设通过单一维度来衡量住房消费，而特征价格模型将住房视为一组属性，并确定了这些属性的隐含价格。为研究更精确的住房成本（包括贷款利息和房产税），我们需要借助传统模型，将各项成本加总，得到消费者的自住成本和租房成本表达式。通过比较这两项成本，可以推断出两者中成本更低的一方，进而确定消费者将选择租房还是购置住房。由上述分析可知，高收入家庭更倾向于购置住房，因为高税率意味着拥有住房可使税收减免的更多。低收入家庭则更倾向于租房，从而获益于房东的税收减免。其他因素也会影响消费者的租购选择，如所有权满足感、首付以及租户滥用财产的可能性。

第七章　住房政策

第一节　引言

前几章讨论了一些影响住房问题的政府政策，包括城市增长控制、分区和对自有住房（住房所有者）的税收补贴，本章将重点讨论政府干预住房市场的其他几项政策。首先是租金管控法，即政府对房东向租户收取的租金设限。由于当前世界上许多城市都实施了租金管控法，因此分析其影响具有重要的价值。随后，本章介绍了政府试图让消费者更能承担得起住房成本的另一种方式，即住房补贴计划。与限制租金不同，本项政策将由政府替租户支付部分租金，以分担其住房成本，提高其支付能力。本章最后一节介绍了无家可归的问题及相应的改善政策。

第二节　租金管控

一、作用原理

许多城市实施了租金管控法。美国最著名的例子是纽约市，自"二战"以来纽约就一直实行租金管控。在其他大城市中，洛杉矶也存在某种形式的租金管控。此外，许多小城市也对租金进行了管控。

租金管控法用于限制租户在某一房屋租住期间的房租增长率。当有新租户入住时，法律通常允许租金提高到自由市场的水平，但只要新租户继续在此租住，随后的房租增长率会再次受到限制。新住房通常不受租金管控法的限制（Downs，1988）[1]。

租金管控为相关家庭带来了极大的好处，与居住在不受租金管控的住房中的租户相比，他们为住房支付的费用往往少得多。这些好处使租金管控法得到了政界的支持。尽管如此，租金管控也会产生诸多负面影响，导致其不受经济学家的欢迎。这些负面影响主要包括住房修缮不足、新建住房的动机下降，以及住房与家庭间的错配。

租金管控的第一个负面影响是租金管控法限制房东收入，自然导致房东减少相关开支，从而使住房的修缮费用不足。由于租金受到限制，租金收入的减少会降低收益，因此，房东会试图通过削减成本来弥补损失，其中很容易削减的便是修缮费用。由此可知，相比其他住房，受租金管控的住房维护得更差，即市场通过降低受控住房的质量来应对租金管控。因此，从某种程度上来说，租户面对的是"一分钱一分货"。对此，Gyourko 和 Linneman（1990）提供了有说服力的实证证据。基于纽约的数据，他们发现受租金管控的建筑更有可能变得破旧。

租金管控的第二个负面影响是新建住房的动机下降，即使新住房被排除在租金管控范围外。尽管存在豁免权，开发商仍然可能对在实施租金管控的城市开展项目持谨慎态度。因为他们认为下一届政府可能会修改法律，将新修建筑也纳入租金管控范围。

租金管控的第三个负面影响是住房与家庭间的错配，即支付低租金的家庭不愿搬离。如果这类家庭选择搬走，他们要么入住不受控制的公寓，同时支付自由市场下的租金，要么入住其他租户腾出的另一套受租金管控的住房。不愿搬离低租金住房的行为可能会让受租金管控的公寓被"错误"的消费者所租，而不是使其与最需要该住房的租户匹配。

虽然第二个和第三个负面影响在直觉上较为清晰，但通过明确的模型进行详细分析仍有一定意义。下文的分析将采用住房市场的存量—流量模型，该模型考虑了住房商品的耐用属性。

---

① 有关租金管控经济学的综述可参见 Downs（1988）。

二、存量—流量模型

由于住房是耐用品，一般可以使用几十年，因此住房的现有存量远大于新建住房的流量。在美国，住房的存量约为1亿套，而每年新建住房的流量（在正常时期）在100万至200万套之间。存量—流量模型刻画出了住房存量和新建住房流量之间的差异。为简化分析，该模型假定所有的住房都是出租的，忽略了市场中自有住房的情况。

图7-1的左图描绘了住房市场的存量。住房的数量用建筑面积（平方英尺）衡量，在横轴上用 H 表示，纵轴则表示每平方英尺的价格 p。存量的供给曲线 S_0 垂直于横轴，并与横轴交于 H_0 点，表示住房的现有存量为 H_0。曲线 S_0 表明，现有住房的供应完全无弹性。换句话说，无论每平方英尺的价格如何，现有存量 H_0 平方英尺的住房都能全部出租。其根本逻辑是：对于房东而言，出租一套现有住房总比令其空置好，因为空置不会产生任何租金收入。但在现实中，当租金非常低，甚至低于租赁成本时，房东可能更愿意使住房闲置。在这种情况下，当 p 趋近于零时，供给曲线会向原点弯曲。这种可能性对整体分析没有影响，因此可以忽略。

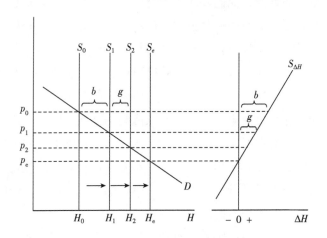

图 7-1　存量—流量模型

图7-1的左图还描绘了住房的总需求曲线 D，其与垂直供给曲线 S_0 交于 (H_0, p_0) 处。在该价格水平下，住房的现有存量恰好被市场吸收，与需求量

(H_0) 相等。

图 7-1 的左图代表市场存量，右图代表流量。向上倾斜的曲线 $S_{\Delta H}$ 为流量供给曲线，表示新建住房进入市场的净流量，在横轴上用 ΔH 表示。当价格 p 较高时，曲线 $S_{\Delta H}$ 表明净流量 ΔH 为正；当价格 p 较低时，$S_{\Delta H}$ 曲线表明净流量 ΔH 为负。其原因在于，拆除现有住房和修建新住房共同决定了存量的净变化。当单位住房价格较高时，现有住房很少被拆除，许多新住房得以建造，因此存量的净变化为正。然而，当价格较低时，住房只能产生少量租金收入，新住房投资缺乏吸引力，促进了现有住房的拆除，导致土地用途发生变化。在这种情况下，存量的净变化为负。当价格为 p_e 时，曲线 $S_{\Delta H}$ 与纵轴相交，表示新建住房的数量与被拆除的现有住房的数量相等，存量保持不变。

市场的存量和流量相互作用，从而产生长期均衡。假设住房的存量始于 H_0，此时高价格 p_0 将促使存量净增长。以 p_0 的价格从图 7-1 的存量图移至流量图，可以看到，存量共增加了 b。这一增量又被加到市场的既有存量 H_0 中，在下一期产生一个新的存量 $H_1(H_1 = H_0 + b)$，以及新的垂直供给曲线 S_1。然而，为了让这一更大的存量被市场吸收，价格必须下降到 p_1。再次移动到流量图，价格 p_1 会产生一个更小的净增长 g，从而存量继续增加，达到 $H_2(H_2 = H_0 + b + g)$，产生了更低的价格 p_2，p_2 又反过来导致存量小幅增加。这一过程不断持续，直至达到均衡状态，此时价格降至 p_e，市场存量规模达到 H_e。

三、需求冲击与租金管控政策的实施

为了理解实行租金管控的原因及租金管控的最终影响，下面分析一个初始阶段处于均衡状态，而后受到需求冲击的住房市场。这种冲击可能来自市场中人口的增加。例如，1980 年马里埃尔船事件后，迈阿密在短短几个月内涌进了 12.5 万古巴难民，其住房市场受到了巨大的需求冲击。

在没有租金管控的情况下，此类需求冲击的影响可通过存量—流量模型展现，具体如图 7-2 所示。需求曲线 D 向右平移至 D'，使每平方英尺的价格上升到 p'。市场需求的增加意味着住房稀缺性的提升，从而导致价格上涨。值得注意的是，此时住房存量尚未因需求冲击而增加，这意味着相同的住房面积需要容纳更多的人口。为此，一些现有租户必须减少住房消费，甚至不得不搬到亲戚家住。

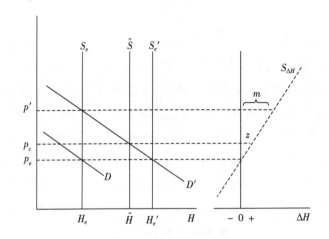

图 7-2　租金管控的影响

租金上涨促使新建住房激增，住房存量净增长 m，如图 7-2 右图所示。之后将沿着图 7-1 所示的路径进行，通过连续几轮的住房建设，存量持续增长，价格持续下降，直至重新回到 p_e 的价格水平。在新的均衡状态下，住房存量达到 H'_e。总的来说，住房市场通过新建住房消除住房短缺，以响应需求冲击及其引致的租金上涨，最终使价格回落至均衡水平。

然而，在向新均衡过渡的过程中，现有租户将面临更高的租房成本。尽管价格最终会回落到 p_e，但在此之前，价格会飙升至 p'，由此产生的负担会引起现有租户的不满。因此，在上述预期的情况下，当需求冲击发生后，租户可能会说服当地政府立即实施租金管控法，以限制价格上涨。假设政府限制每平方英尺的最高租金为 p_c，p_c 小于 p'，但略高于 p_e[①]。同时假设新建住房也被纳入租金管控的范围，这将产生一种更为极端的租金管控效果，但它表达了这样一种观点，即豁免权也许不能完全消除开发商对未来所实施法律的担忧。

四、租金管控对新建住房的影响

在租金管控下，市场对需求冲击的反应可通过图 7-2 来分析，并可将其与没有租金管控时的市场反应相比较。在需求冲击发生后，由于租金管控，价格不

---

① 这种租金管控限制的不是住房的总租金，而是每平方英尺的价格，显得有点不切实际。此外，它没有选择限制价格的增长率，而是选择对价格设置上限，但前者在现实中往往更适用。

会一直上升到 p'，而是上升至 p_c 后便不再上涨。在没有租金管控时，住房存量第一轮的增量为 m，而较低的控制价格 p_c 只会产生一个较小的增量，即图 7-2 中的 z。在住房存量第二轮的变化中，没有租金管控时的增量将略小于 m（相当于图 7-1 中的 g）；在租金管控下，价格仍停留在 p_c，此时住房存量仍然增加 z，z 显然小于 g。由此可见，租金管控减缓了建筑业对需求冲击的反应程度。实际上，租金管控干扰了住房稀缺的市场信号，即市场价格。在需求较高的情况下，市场由于人为压低价格，低估了住房的稀缺程度，从而阻碍了开发商新建合乎市场的住房规模。当缓慢增长的住房存量达到 $\hat{H}$ 时，租金管控法就不再起作用了。换句话说，当住房存量等于 $\hat{H}$，市场将自发调节价格至 p_c，而该价格与租金管控无关。从这点开始，调整路径将与没有租金管控时的路径一致，并最终达到相同的均衡状态，即住房存量为 H'_e，价格为 p_e。然而，如前文所述，租金管控下的存量增长到 $\hat{H}$ 需要更长时间，即市场最终达到新均衡将耗时更久。

这一结论表明，实行租金管控可能适得其反。需求冲击导致住房短缺，其解决办法是新建住房。但是租金管控干扰了新建住房的进程，延长了市场消除住房短缺的时间[①]。

五、租金管控下的资源错配

租金管控的第三个负面影响——资源错配，如图 7-2 所示。这种错配是在租金管控有效期间（即住房存量低于 $\hat{H}$ 时）因存在对住房的过度需求而产生的。例如，在需求冲击发生之后，假设价格为 p_c 时，住房存量仍然是 H_e。从图 7-2 可以看出，p_c 价格下的住房需求量为 $\hat{H}$，而可供出租住房的数量仅为 H_e，从而产生了超额需求量 $\hat{H}-H_e$。

当存在过度需求时，商品的分配不再完全由市场决定，此时对商品支付意愿最高的人不一定会得到它。为了更清楚地阐明这一点，以 1980 年古巴难民大量涌入迈阿密的住房市场为例。假设存在两个家庭：其一为一个长期居住在迈阿密的老太太和她的猫，她们住在一套宽敞的三居室公寓里；其二为有三个孩子和充足经济来源的古巴难民家庭。在没有租金管控的情况下，迈阿密市场上大幅提升的单位住房价格将使三居室公寓的租金超出老太太的支付能力，促使她搬进女儿

---

① 习题 7-1 提供了调整过程的数值型案例。

的房子。而古巴家庭将租下她空出来的公寓，公寓大小与其家庭规模相称，且该家庭能够支付得起公寓的高昂租金。相比之下，如果存在租金管控，老太太的房租只会上涨一点，那样只会略微影响她的预算。通过节省其他不必要的生活支出，她可以继续住在原来的公寓。其他迈阿密租户也会做出相同的决定，导致古巴家庭找不到可供出租的住房，最后只能搬到一个亲戚（一个早先从古巴移民过来的人）家的地下室里，生活在拥挤、不舒服的环境中。古巴家庭愿意以租金管控下的价格 p_c 租赁住房，但却找不到任何可供出租的住房，说明租金管控造成了市场上的过度需求。

上述分析结果反映了家庭与住房间的错配。古巴家庭对住房面积有较高需求，且有相应的支付能力，但却租不到合适的住房，而老太太继续占据过大的公寓，即使这是在需求冲击发生后，住房稀缺性大幅提升的背景下。其问题在于，租金管控阻碍了住房稀缺信号（高市场价格）的传递，使这位老太太继续居住在更适合古巴家庭居住的公寓里[1]。显然，这种局面有利于老太太，因此她会投票赞成租金管控法。但从整个社会的利益出发，这种结果并不是最优的。总之，租金管控政策使特定的利益群体（希望留在现有住房的租户）受益，却以整个社会的利益为代价。

六、实行租金管控的其他理由

可能有人认为，如果租金管控惠及社会想要帮助的群体，如低收入租户，即使它会产生更广泛的负面影响，这项政策可能仍然是值得的。但 Gyourko 和 Linneman（1989）研究指出，纽约市租金管控的福利分配高度非系统化（In a Highly Unsystematic Fashion），并没有集中在某个特定的社会群体。他们认为，租金管控难以作用于特定群体，因此不足以成为一项有针对性的社会政策工具。这意味着如果政府想要降低特定社会群体的租房成本，它应该直接向该群体提供补贴，而不是寄希望于租金管控法，否则不仅无法提高该群体的福利水平，还会扭曲住房市场。

另一个支持租金管控的原因在于，对住房市场中垄断力量的担忧[2]。在一个垄断的住房租赁市场中，一个房东控制着所有住房，从而导致过高的租金和过少

---

① 关于租户不愿搬出租金管控住房的论述在 Krol 和 Svorny（2005）的研究中得到证实，新泽西州的人口普查数据表明，居住在租金管控住房的个体往往通勤时间更长。

② Arnott（1995）认为，租金管控可能会在不完全竞争市场中起作用。

的住房供给。而租金管控法将像自然垄断（如公共事业）中的价格管制一样发挥作用，迫使租金下降，这符合整个社会的利益。但实际上，在大多数市场中，住房所有权非常分散，很少集中在少数人手中。因此，也许没有必要为了应对市场中的垄断力量而实行租金管控。

第三节　住房补贴计划

一、概述

除了实行租金管控，使用政府资金直接补贴租户也能降低住房成本。世界各地存在多种形式的住房补贴，且一般针对低收入群体。在美国，补贴计划不同于联邦政府对自有住房的税收补贴，前者涉及直接补贴，而后者涉及税式支出（Tax Expenditure）（即放弃部分税收收入）。在讨论美国住房补贴的具体内容之前，有必要对住房补贴的可能形式进行一般性分析。

住房补贴计划主要基于两个目标：一是提高低收入家庭的生活水平，二是减少城市中不合格的住房所带来的负外部性。不合格的住房集中区被称为"贫民窟"，它的存在很可能会降低城市生活质量（甚至对集中区外的居民而言也是如此）。因此，当意识到贫民窟减少效应会使得城市更宜居时，非贫困家庭可能愿意纳税以支持住房补贴。鉴于上述目标，本节分析了住房补贴计划在以下两个方面的作用：一是低收入家庭生活水平（效用水平）提升效应，二是贫民窟减少效应。前者的大小取决于住房和面包（非住房商品）的消费数量，而后者仅取决于住房补贴引致的低收入家庭住房消费的增加量。我们将看到，在这两个方面，不同形式的住房补贴效果是不同的。

二、关于住房补贴计划的分析

本节沿用第二章的符号，q 表示住房消费，c 表示面包消费。住房的单位价格为 p，低收入家庭的收入为 y。为简化分析，不考虑通勤成本，则低收入家庭的预算约束为 $c+pq=y$，即 $q=y/p-c/p$。由此得到图 7-3 中的预算线，其中纵轴

表示 q，横轴表示 c，预算线的斜率为 $-1/p$，横轴的截距为 y[①]。低收入家庭在无差异曲线和预算线的切点处达到效用最大化，此时住房消费量 q_0 较小。值得注意的是，q 越大代表住房质量越高，q_0 的消费相当于贫民窟。

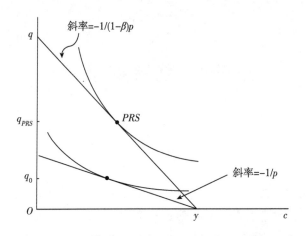

图7-3 比例租金补贴计划

住房补贴的第一种形式为比例租金补贴（Proportional Rent Subsidy，PRS）计划。在该计划下，政府按比例 β 支付家庭租金 pq。此时，预算约束为 $c+(1-\beta)pq=y$，其中 $(1-\beta)pq$ 代表低收入家庭所承担的租金成本。家庭可以自由选择不同的住房消费水平 q，且 PRS 计划实际上将单位住房的价格从 p 降低至 $(1-\beta)p$。在图7-3中，预算线的斜率从 $-1/p$ 变为 $-1/[(1-\beta)p]$，相当于围绕横轴上的截距顺时针旋转[②]，此时预算线变得更为陡峭。新的住房消费水平由旋转后的预算线与无差异曲线的切点决定，用 q_{PRS} 表示。由于住房是一种正常商品，PRS 计划引起的实际价格下降必然导致住房消费增加。这意味着在图7-3中，新的切点必定在初始切点的上方，满足 $q_{PRS}>q_0$，但两点的左右相对位置是不确定的。图7-3描绘了新的切点在右上方的情况，表明在 PRS 计划下，我们假设面包消费量会随着住房消费量的增加而增加。

PRS 计划使低收入家庭位于更高的无差异曲线上，使其效用水平提高。同时，该计划促使低收入家庭的住房消费量从 q_0 增加到 q_{PRS}，产生了贫民窟减少效

---

① 值得注意的是，相比于第二章的相关图表（见图2-2），本章住房和面包所在的坐标轴是相反的。

② 译者注：原文为"逆时针旋转"，疑为错误。

应。在 PRS 计划下，政府对每个低收入家庭的直接补贴为 $\beta p q_{PRS} \equiv G$，它是家庭住房租金的一部分。

现在分析住房补贴的另一种形式：政府向低收入家庭提供收入补贴，该补贴是收入的固定增量，与住房消费无关。假设在收入补贴（Income-Grant，IG）计划下，政府令补贴金额等于 PRS 计划的支出 G，此时家庭的预算约束变为 $c+pq=y+G$。

IG 计划增加了家庭收入，使预算线向右平移，其斜率不变。但是预算线会平移多少呢？由于收入补贴等于 PRS 计划的支出，因此在 PRS 计划下选择的消费点一定在 IG 计划的预算集内。如图 7-4 所示，预算线 IG 必定穿过消费点 PRS。

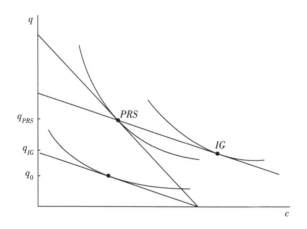

图 7-4 收入补贴计划

IG 计划下选择的消费点为无差异曲线和预算线 IG 的切点。由图 7-4 可知，预算线 IG 比预算线 PRS 更平坦，消费点 PRS 对应的无差异曲线必然与预算线 IG 相交，从而消费点 IG（切点）必然位于预算线 IG 上消费点 PRS 的右下方。由于住房和面包都是正常商品，切点 IG 应位于初始消费点的右上方，即低收入家庭会消费更多的面包和住房（$q_{IG}>q_0$）。

接下来对 PRS 计划和 IG 计划的效应进行比较。从图 7-4 可以看出，IG 计划使低收入家庭位于更高的无差异曲线上，获得了更高的效用水平，而 PRS 计划的贫民窟减少效应更大（$q_{PRS}>q_{IG}$）。上述差异表明，与同等的收入补贴相比，直接对某一特定商品的消费进行补贴，更能增加该商品的消费量，但由此带来的效用增量较少。

与 IG 计划类似的另一类住房补贴为住房优惠券（Housing-Voucher，HV）计划。它向低收入家庭发放住房优惠券，其功能类似于反向食品券，可用于住房消费，但不能用于购买面包。优惠券的货币价值与 IG 计划提供的现金金额 G 相等。

如图 7-5 所示，预算线 HV 由预算线 IG 的上半部分组成。预算线 IG 的虚线部分位于初始预算线截距的右边，超出了 HV 预算集的范围。其原因在于，住房优惠券不能用于购买面包，所以家庭所能获得面包的最大数量与初始预算约束下的数量相同，即 y。此时，家庭将所有现金收入都用于购买面包，仅凭优惠券消费住房，由此产生的消费点位于 (y, 0) 的正上方。但只要家庭在用优惠券消费住房时还使用了现金（即在面包上的花费少于 y），优惠券就与现金没有区别，因此预算线 HV 与预算线 IG 的上半部分是相关的。

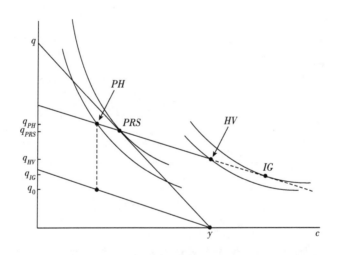

图 7-5　住房优惠券和公共住房计划

在图 7-5 所示的情况下，预算线 HV 上效用最大化的点位于右端点。在 IG 计划下，家庭愿意将其所有的初始现金收入 y 和一部分收入补贴 G 用于购买面包，从而在预算线的虚线部分选择一个消费点。而在 HV 计划下，家庭不能使用住房优惠券购买面包，可选择的消费点不包括虚线部分，但可以通过尽可能接近 IG 的切点来实现效用最大化，因而将预算线 HV 的右端点作为消费点。

从图 7-5 可以看出，HV 计划所产生的效果介于 PRS 计划和 IG 计划之间。

HV 计划产生的效用增量大于 PRS 计划，但小于 IG 计划。相反，由于 $q_{PRS}>q_{HV}>q_{IG}$，HV 计划的贫民窟减少效应大于 IG 计划，但小于 PRS 计划。

值得注意的是，在一些情况下，HV 计划和 IG 计划所产生的效应是一样的。当 IG 的切点位于预算线 IG 的实线而不是虚线部分时，HV 的消费点将与之重合。在这种情况下，低收入家庭不必使用任何收入补贴来购买面包，所以将补贴转换成住房优惠券的形式不会影响其选择。

第四种补贴计划不同于上述的现金或优惠券，而是实物补贴。具体形式为提供公共住房，即政府统一建造比原来（指低收入家庭在没有任何住房支持计划时所住的房屋）更大的住房，并将其以低于市场水平的租金提供给低收入家庭。因此，该群体不是获得政府在财政方面的转移支付，而是直接获得住房。

假设在公共住房（Public Housing，PH）计划下，家庭支付给政府的租金与原来相同（该假设既便于分析，又贴合现实）。政府利用租金收入和 G 数量的额外资金建造更大的住房，并将其提供给租户。在租金相同的情况下，家庭的面包消费与补贴前相同，所以新的消费点在初始消费点的正上方。但是两者相差有多大呢？为了阐明这一差距，假设政府建造住房的单位成本等于市场价格（即零利润情形下私人部门的成本），那么花费 G 来建造住房和使用收入补贴 G 在私人部门增加住房消费便没有区别。因此，如图 7-5 所示，消费点 PH 位于初始消费点向上垂直移动到预算线 IG 的位置。值得注意的是，若政府是一个低效率的住房生产者（大多数人可能会这么认为），那么消费点 PH 将位于预算线 IG 之下。

从图 7-5 可以看出，$q_{PH}>q_{PRS}>q_{HV}>q_{IG}$。其中 PH 计划的贫民窟减少效应最大，但产生的效用增量最小[①]。表 7-1 根据四种计划所产生的家庭效用增长效应和贫民窟减少效应的大小对其进行排序。显然，两方面的排序恰好相反。当给定政府支出时，提升家庭效用水平最明显的计划在减少贫民窟方面表现最差，反之亦然。因此，社会对补贴计划的选择将涉及利益的对立。如果低收入家庭可以自行选择计划的形式，那么毫无疑问，IG 计划或 HV 计划会受到青睐。但若计划形式由非贫困家庭选择，则 PH 计划或 PRS 计划会当选，因为他们最关心贫民窟的负外部性，而不太在乎贫民窟居民的福利。由于支持住房补贴计划的税收收入来源于非贫困家庭，有权做出选择的很可能就是他们。因此，如果这个模

---

① 值得注意的是，如果消费点 PRS 不是位于初始消费点的右上方，而是左上方，那么 PH（译者注：原文为 HV，疑为错误）与 PRS 的排名将会颠倒过来。

型是准确的，那么获得政界支持的住房补贴计划将是使贫民窟减少最多的 PH 计划或 PRS 计划。我们将在下文中看到，该预测结果在一定程度上符合美国的实际情况。

表 7-1　住房补贴计划的排序

家庭效用增长效应	贫民窟减少效应
IG 计划	PH 计划
HV 计划	PRS 计划
PRS 计划	HV 计划
PH 计划	IG 计划

三、住房补贴计划的实际形式

20 世纪五六十年代，地方政府建造了数十万套公共住房，公共住房成为最受欢迎的住房补贴计划。但从那以后，公共住房不再受人青睐，许多住房项目都正在被迫中止。公共住房不再受人青睐的原因在于，贫困家庭的高度集中导致公共住房项目成为滋生犯罪等社会问题的"温床"。人们认为，这些项目不但没能通过改善住房条件以提高低收入家庭的生活质量，反而让他们变得更糟糕。

PRS 计划也存在几种对应的实际形式，只是表面规则与上述模型有所不同。在实际的 PRS 计划中，政府支付的不是部分家庭租金，而是部分建造开发成本，前提是住房必须以较低的租金租给低收入家庭。然而，两者的效果是一样的。早些年，租房支持计划（Rental Housing Assistance Program，简称 Section 236 Program）补贴了开发商的成本，但最近这些补贴由低收入住房税收抵免计划（Low-Income Housing Tax Credit，LIHTC）提供。

目前，除了 LIHTC，住房选择券计划（Housing Choice Voucher Program，简称 Section 8 Program）也提供了住房补贴。它通常被称为住房券项目，但其运作方式不同于食品券。在该项目下，政府将低收入家庭的部分租金直接支付给房东。补贴金额等于公平市场租金与家庭收入的 30% 之间的差额，而公平市场租金根据当地市场情况确定。因此，家庭仅用其（低）收入的 30% 就能获得足够面积的住房。

住房券项目不允许用政府资金购买面包，这在一定程度上限制了低收入家庭的选择。因此，尽管与模型中的任一计划都不完全匹配，但它在效果上与 PH 计划和 PRS 计划类似，大大减少了贫民窟数量。因此，目前主要的住房补贴计划（PH 计划、LIHTC 计划和住房券项目）似乎都优先考虑减少贫民窟，而不是提高低收入家庭的效用水平。

四、住房补贴的邻里效应

美国公共住房的负面影响部分来源于贫困家庭聚集所产生的负面邻里效应（Neighborhood Effects）。一个被称作住房流动计划（Moving to Opportunity，MTO）的社会实验试图通过将部分贫困家庭重新安置到非贫困社区的补贴住房中，以消除这些负面影响。由于这些居民是随机选择的，所以在分析更好的社区环境对家庭行为（心理健康、青少年犯罪、成年人经济独立）的影响时，无须考虑自选择问题。但如果只有那些最有能力的家庭签署了搬迁计划，就会出现自选择问题。Kling、Liebman 和 Katz（2007）研究发现，社区环境的影响并不如预期的那么明显。

此外，还有研究试图不借助 MTO 的实验方法，将社区特征与家庭行为联系起来，以衡量邻里效应的大小。此时，人们居住的社区不是根据实验进行分配，而是自行选择的结果，因此必须考虑自选择问题（Aaronson，1998；Oreopoulos，2003）。

第四节 无家可归者及其治理对策

在美国和欧洲，无家可归者已经成为一个严重的社会问题[①]。他们既没有也租不到住所，往往露宿街头，或许还会在慈善组织提供的免费收容所里待上一段时间。与其他有关住房决策一样，也可通过一个经济模型来分析无家可归问题。

当露宿街头时，无家可归者实际上选择了不消费住房，即 $q=0$。图 7-6 与住房补贴计划分析图类似，阐明了无家可归者的选择情况。在预算约束下，他们将选择使自身效用最大化的消费点，此时效用水平最高的无差异曲线必定与预算线

---

① 关于无家可归问题的一般分析和讨论，可参见 O'Flaherty（1996）。

相交于后者的底部端点处，即 $q=0$。该结果要求无差异曲线是陡峭的，并且与横轴相交[①]。

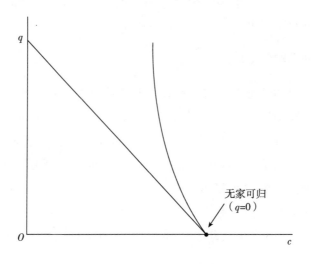

图 7-6　无家可归

　　陡峭的无差异曲线意味着除非通过大面积的住房进行补偿，否则消费者不愿意放弃面包。面包包括使人们上瘾的物质（如酒精或高纯度的可卡因），因此这种不愿意放弃面包的行为可能是出于上瘾。而减少酒精或毒品消费所带来的生理问题使个人无法用有限的资金去消费住房。任何一个亲眼见过大城市街头流浪汉的人都清楚无家可归和滥用毒品之间的联系。

　　精神疾病也与无家可归有关，且通常与成瘾相伴。然而，图 7-6 中陡峭的无差异曲线也可能仅仅是由于极度贫困。在资金严重受限的情况下，他们往往会选择充足的食物，而不是住房。

　　但只要无差异曲线不是垂直的，租金的下降就可能诱使无家可归者将 q 提高到 0 以上。图 7-7 如 PRS 计划一样，将预算线顺时针旋转。当效用最大化时，无差异曲线与预算线相切于坐标轴的内部（即 $q>0$ 处）。因此，足够低的租金可以促使无家可归者消费住房。然而，将补贴对象限定为无家可归者可能是行不通的。

---

　　① 类似的图解分析见 Colwell 和 Trefzger（1992）。

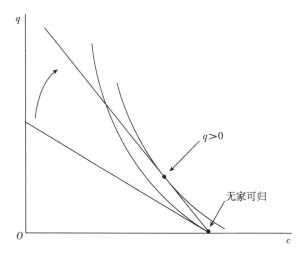

图 7-7　住房补贴与无家可归

一些评论家认为，住房管制可能会加剧无家可归的问题，因此无家可归的现象可能在一定程度上是政府政策所致。有人认为，罪魁祸首是建筑规范制度，它规定了住房出租面积的下限。例如，建筑规范制度可能要求每套住房都必须有一个私人浴室，导致共用浴室（厨房）的宿舍式住房不再合规。然而，允许以极低的租金提供这种单人间（Single-Room-Occupancy，SRO）可能会减少街头的无家可归者。

图 7-8 说明了这一点。当规定住房消费量必须超过最低水平 q_{min} 时，预算线的虚线部分便不在预算集内。在没有管制的情况下，低收入者会选择租赁一套非常小的、面积为 q^* 的住房，但 q_{min} 的门槛限制使低收入者只剩下两个选择：租赁面积为 q_{min} 的住房，或选择无家可归，即 $q=0$。可以看到，当 $q=0$ 时，低收入者所在的无差异曲线更高，所以低收入者成为无家可归者。然而，如果使 SRO 合法化，取消最小面积的限制，无家可归者将离开街道，搬到合适的住房里（$q=q^*$）[1]。

正如上述分析，善意的政策可能适得其反，产生意想不到的负面影响。以最小住房面积为例，政府希望开发商提供"合适的"住房，以达到帮助消费者的目的。然而，该政策却导致低收入者因消费不起住房而变得无家可归。显然，越来

---

[1] 习题 7-2 提供了基于图 7-8 的数值案例。

越多的人认识到了这一点，政策也在发生相应的变化。

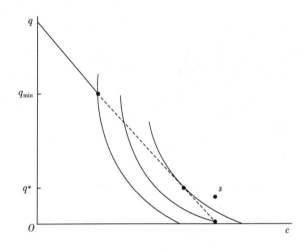

图 7-8　最小住房面积管制的影响

慈善收容所可以解决无家可归的问题，为上述那些因滥用毒品或住房管制而无家可归的人提供庇护。它使无家可归者能够以零成本消费少量住房。如图 7-8 所示，产生的消费点为 s，它位于预算线水平截距的正上方。在住房管制的情况下，消费点 s 使无家可归者获得了更高的效用水平，且该效用水平比消费 q_{min} 住房时更高。在滥用毒品的情况下，消费点 s 也改善了无家可归者的处境。然而，慈善收容所的能力可能受制于有限的私人捐赠。

无家可归者的分布在城市间存在差异。Quigley、Raphael 和 Smolensky（2001）研究发现，租金高、住房空置率低的城市存在更多无家可归者。温和的气候也会加剧无家可归的现象（Honig and Filer，1993）。

第五节　小结

租金管控法限制了房东收取的租金，是政府干预住房市场的常见工具，但却产生了许多负面影响。它使现有住房的修缮不足，并降低了建造新住房的动机。同时，由于租户不愿搬离廉价的租金管控住房，租金管控扭曲了家庭与住房间的匹配。住房补贴计划意在提高租户对住房的支付能力，其效果因具体的补贴形式而异。与其他形式相比，PH 计划和 PRS 计划使低收入家庭的住房消费增量更大。较大的贫民窟减少效应可能会使高收入纳税人（补贴计划的资金来源）更青睐此类计划。无家可归的问题可以通过补贴和慈善收容所来解决，但取消对最小住房面积的管制也有助于解决该问题。

第八章　地方公共产品和服务

第一节　引言

在美国，人们消费的大部分公共产品和服务并不是由联邦或州政府提供的，而是由地方政府提供的。联邦政府提供国防、州际高速公路、国家公园，以及其他不太显眼的公共产品和服务，州政府提供高速公路、公园和高等教育，而地方政府提供小学和中学教育、警察和消防、公共交通、城市街道、娱乐设施、公共卫生设施、下水道和卫生设施等产品和服务。与上级政府提供的公共产品与服务相比，地方政府提供的这些公共产品和服务在日常生活中起着更重要的作用。因此，地方公共产品和服务的经济学分析是城市经济学的重要组成部分。

美国存在多种类型的地方政府，最重要的几类为市、郡和学区，还有一种类型为特区，它提供特定的公共产品（如下水道和卫生设施），其覆盖范围不一定与市、郡的边界相吻合。本章并非致力于阐述地方政府结构的复杂性，而是聚焦于地方公共部门最关键的特征：与单一联邦政府和相对较少（50 个）的州政府相比，地方政府的数量较多。

地方政府的多样性意味着人们可以通过变更居住的行政管辖区来获取相对应的公共产品和服务。例如，在特定的都市圈，一个家庭可以从资金匮乏的学区搬至资金充足的学区，或者从公园少又疏于维护的城市搬到拥有许多漂亮公园的城市。当联邦或州政府提供公共产品和服务时，实现上述目标的难度就会大大提高。例如，要想获得更好的公共高等教育，可能需要搬到另一个州①；要想获得更高水平的国防，则甚至需要移民。

为获得不同质量水平的公共产品和服务而在辖区间迁移的现象被称为"用脚投票"，它在地方公共部门经济学中扮演着重要角色。为进一步阐述该理论，本章首先分析了特殊公共产品：警察保护的社会最优供给量。公共产品的关键特征是，其消费（警察保护）由消费者共享。因此，增加 1 单位公共产品所带来的社会效益为所有共享居民的收益增量之和。当社会边际效益与边际成本相等时，公共产品的供给水平达到社会最优。

在西方国家，民主过程决定公共产品的供给，但不一定会导致社会最优，即公共产品的供给可能会高于或低于社会最优水平。然而，该论点可以通过用脚投票推翻。当人们可以自由地在辖区之间移动，以获得他们想要的公共产品时，自然会达到社会最优。最终，每个管辖区都为其居民提供了最优水平的公共产品。实际上，根据该理论，用脚投票会导致辖区人口结构单一。辖区开始同质化，直到辖区内居民对公共产品的需求程度达到完全一致，即居住在某些辖区的人口都对公共产品有较高的需求，而另一些辖区的居民对公共产品的需求程度都较低。

基于 Charles Tiebout（1956）的研究，第二至第四节阐述了其中的地方公共部门理论，并对该理论进行了完善。第五节讨论了除多数投票外的另一种选择辖区公共产品供给水平的方式：财产价值最大化。第六节讨论了税收和福利竞争。

本章提出的理论适用于部分经济体，即地方政府拥有实质性自治权，可以完全自由地收税和选择公共产品的供给水平。这种自治权存在于美国、加拿大等少数国家，其他国家的地方政府则不尽然。地方政府的大部分收入可能来自上级政府，且上级政府也可能决定了地方公共产品的供给水平②。尽管效仿美国模式在世界各国引发了一些财政分权运动，但值得注意的是，在大多数国家，地方政府的自治权仍小于本章模型中所阐述的自治权。

---

① 一个家庭可以选择不搬家就把孩子送到州外的大学，但费用比在州内上大学高得多。

② 关于各国地方财政安排的调查，可参见 Ter-Minassian（1997）。

第二节　公共产品的社会最优供给水平

接下来通过一个例子来阐述如何选择公共产品的社会最优水平。假设公共产品为警察保护，其供给水平用警队中警察的数量来表示，记为 z。随着 z 的增加，警察保护的水平（公共安全）也会得到提升。假设一辖区只有 3 个居民 A、B、C，他们分别住在大、中、小房子里，都担心发生入室盗窃。入室盗窃导致的损失取决于房子的大小，因为大房子有更多值得偷的东西。

通过减少潜在的盗窃损失，警察为居民带来了金钱收益（见表 8-1）。第一个加入警队的警察每年可以为居民 A、B、C 分别带来 19000 美元、16000 美元、13000 美元的收益，该差异来源于房屋面积的不同。这名警察在整个城市巡逻，会经过每一所房子，从而可以在每个地点制止窃贼。

表 8-1　警察的社会最优规模

警察数量 （z）	A 的边际收益 （美元）	B 的边际收益 （美元）	C 的边际收益 （美元）	社会边际收益 （美元）
1	19000	16000	13000	48000
2	17000	14000	11000	42000
3	15000	12000	9000	36000
4	13000	10000	7000	30000
5	11000	8000	5000	24000
6	9000	6000	3000	18000
7	7000	4000	1000	12000

增加第二名警察可以提高巡逻频率，降低入室盗窃的概率，并产生额外效益。但第二个警察只是在现有基础上提高了保护水平，带来的效益比第一名警察低 2000 美元。此时，居民 A、B、C 分别增加 17000 美元、14000 美元和 11000 美元的收益。继续增加警察会为每位居民带来更多收益，但仍然存在上述模式，即随着警察的增加，边际收益会递减。

由于警察可以保护所有房子，所以产生的社会边际效益为个人边际效益之和。如表 8-1 的最后一列所示，第一名警察产生的社会边际效益为 $19000+16000+13000=48000$ 美元。同理，第二名警察产生的社会边际收益为 42000 美元。

假设一名警察的工资是 24000 美元，那么，只要社会边际收益不小于 24000美元，多增加一名警察就是可取的。根据表 8-1，警察的社会最优规模为五名。第五名警察产生的收益正好等于他的工资，因而雇佣第五名警察是可取的。

表 8-1 的边际收益构成了公共产品的需求曲线。在图 8-1 中，这些需求曲线分别为 D_A、D_B 和 D_C，其高度由增加 z 而产生的边际效益决定。社会边际收益为个人边际收益的总和，社会需求曲线为个人需求曲线的垂直加总，记为 D_Σ（Σ 表示求和），其高度为 D_A、D_B 和 D_C 之和。

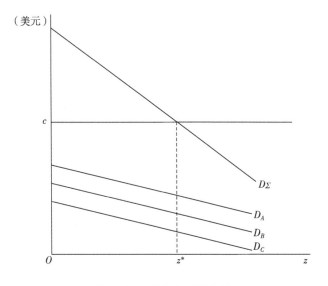

图 8-1　z 的社会最优水平

用 c 表示公共产品的单位成本（上面的例子中为一名警察的工资），可用一条高度为 c 的水平线表示，如图 8-1 所示。z 的社会最优水平（z^*）位于曲线 D_Σ 和 c的交点处。在社会最优水平 z^* 下，社会边际收益（D_Σ 的高度）刚好等于边际成本 c，该结论适用于任意人口数量的辖区。若人口数量增加，D_Σ 曲线则为更多数量的个人需求曲线的垂直加总，但 z^* 仍对应于曲线 D_Σ 和 c 的交点。

第三节 多数投票和用脚投票

一、多数投票

一个万能的社会规划者通常会把公共产品的数量设定在社会最优水平，而在民主社会通常通过投票来决定公共产品的数量 z。为分析这一投票过程，假设消费者支付相同的税款来分担公共产品的成本。如果某辖区包含三个消费者，那么公共产品的总成本（cz）就被等分成三份，需要对每个消费者征收 $cz/3$ 的税，即每个消费者消费单位 z 的成本是 $c/3$。仍然以警察保护为例，每个消费者需要支付警察工资的 1/3，即 24000 美元/3 = 8000 美元。在图 8-2 中，这一人均成本用高度为 $c/3$ 的水平线表示。

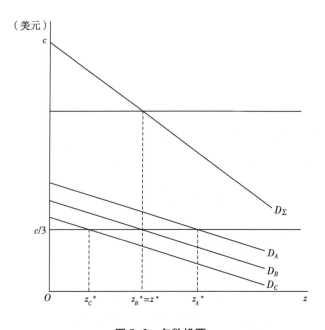

图 8-2 多数投票

消费者所偏好的公共产品水平 z（此处指警力保护规模）位于其需求曲线和

$c/3$ 水平线的交点处。在图 8-2 中，消费者的偏好水平分别用 $z_A{}^*$、$z_B{}^*$ 和 $z_C{}^*$ 表示。例如，在 $z_A{}^*$ 水平上，消费者 A 从额外 1 单位 z 中获得的边际收益（D_A 的高度）等于 1 单位 z 的人均成本（$c/3$），这表明消费者 A 不希望进一步提高 z。

当消费者的偏好水平不一致时，就需要采取投票的方式消除分歧，以决定 z 的最终水平。经济学家和政治学家用来描述投票过程的模型被称为中间选民模型（Median Voter Model）。该模型描绘了两党制下的选举过程，即两名候选人通过承诺当选后为选民提供特定水平的公共产品来竞争选票。选民会投票给所承诺的 z 值与其偏好水平最接近的候选人，此时候选人可通过向"中间"移动来获得更多票数，即把 z 值设定为选民偏好区间的中位数。事实上，在两党制下，上述策略可使候选人立于不败之地。因此，该模型预测投票程序决出的 z 值即为选民偏好区间的中位数。如图 8-2 所示，投票过程决定了公共产品供给水平 $z_B{}^*$，该值为三位选民偏好的中位数，即"中间选民"决定最终结果。

为了评判该投票过程的具体效果，将偏好区间的中位数与社会最优水平 z^* 进行比较。在图 8-2 描述的情形中，这两个水平恰好相同。其原因在于，个人需求曲线的间隔恰巧是均匀分布的，即 D_C 和 D_B 之间的垂直距离与 D_B 和 D_A 之间的垂直距离相等。因此，曲线 D_Σ 的高度正好是中间选民的需求曲线 D_B 高度的三倍。由此可以得出，曲线 D_B 与 $c/3$ 水平线交点处的 z 值（投票过程决出的）和曲线 D_Σ（高度为 D_B 的 3 倍）与 c 水平线交点处的 z 值相等。当 $z_B{}^*$ 和 z^* 相等时，投票结果为社会最优水平。

然而，这种结果只是一种偶然现象。例如，在图 8-2 中，假设将表 8-1 中第二列边际收益的值都增加 2000 美元，就能得到一条更高的曲线 D_A。当曲线 D_A 更高时，通过垂直加总可以得到更高的曲线 D_Σ 和更大的 z^* 值。在图 8-3 中，将新曲线标记为 $D_A{}^+$ 和 $D_\Sigma{}^+$，新的 z^* 值标记为 z^{*+}。曲线 D_B 没有变化，选民偏好的中位数仍然是 $z_B{}^*$，而社会最优水平上升为 z^{*+}，此时投票结果将导致公共产品供给不足。

相反，也可能出现公共产品供给过剩的情况。例如，如果较低的需求曲线 D_C 下移（通过减少表 8-1 中消费者 C 的边际收益来实现），社会最优水平 z^* 会下降，而 $z_B{}^*$ 仍然保持不变。此时，$z^* < z_B{}^*$，表明投票结果会导致提供的公共产品过多①。

---

① 习题 8-1 为这些可能性提供了数值型案例说明。

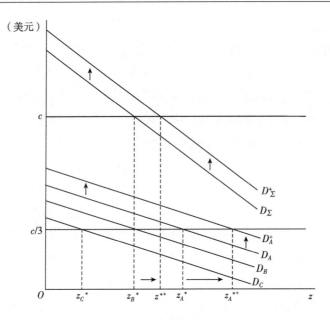

图 8-3　多数投票的无效率

投票过程的问题在于，它没有考虑非中间选民的偏好强度。与此相反的是，社会管理者在决定 z^* 时会将所有选民的偏好考虑在内。在上述第一种情况下，不同选民的需求结构相对称，即低需求强度与高需求强度相互平衡时，投票结果就不会偏离社会最优水平。如果像后面两种情况那样，需求结构非对称，那么忽视需求强度就会导致偏离社会最优水平。换句话说，当 z 的中位数等于平均数时，即需求结构对称时，投票结果达到最优。如若不然，投票结果就会偏离社会最优水平[①]。

二、用脚投票

根据投票结果，消费者 C 得到的公共产品比他想要的更多，消费者 A 得到的公共产品比他想要的更少。与期望公共产品数量的差异使人们更倾向于用脚投票。在没有其他迁移阻碍的情况下，消费者会迁至能够提供其偏好水平 z 的辖区。

---

① 三人情况下的平均需求曲线是 $D_\Sigma/3$，这条曲线的高度是 D_Σ 曲线的 1/3。当该曲线与中间选民的需求曲线重合时，投票结果满足 $D_\Sigma/3 = c/3$。这一条件简化成了社会最优条件，即 $D_\Sigma = c$。对于投票过程中无效率的一般性分析，可参见 Bergstrom(1979)。

为了说明这一点，以下分析只有两种消费者类型的情况：具有高需求的 A 类消费者和具有低需求的 C 类消费者。假设有两个辖区，每个辖区的人口皆为 100 人，但 A 类和 C 类消费者的比例不同。辖区 I 有 10 个 A 类消费者和 90 个 C 类消费者，辖区 II 有 90 个 A 类消费者和 10 个 C 类消费者。假设人口规模为 100 人，每个辖区中每单位 z 的人均成本则为 $c/100$。

图 8-4 描绘了两个辖区的情形。在辖区 I 中，中间选民是 C 类消费者，因此辖区 I 提供的公共产品数量为 $z_I = z_C{}^*$。在辖区 II 中，中间选民是 A 类消费者，因此辖区 II 提供的公共产品数量为 $z_{II} = z_A{}^*$。这里没有给出两个辖区的曲线 D_Σ，由于辖区 I 的投票结果未将更高的 A 类偏好考虑在内（因为 C 类消费者是大多数），所以对 A 类消费者而言，公共产品供给不足。与此相反，由于辖区 II 未将更低的 C 类偏好考虑在内（因为中间选民是 A 类消费者），所以对 C 类消费者而言，公共产品供给过剩。

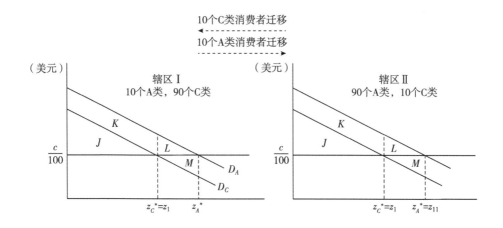

图 8-4　用脚投票

在这种情况下，居民更愿意选择用脚投票。辖区 I 内的 A 类选民通过迁至辖区 II，可以将他们的消费水平从 $z_I = z_C{}^*$ 提升至自身偏好水平 $z_A{}^*$。辖区 II 内的 C 类选民通过迁至辖区 I，可以将他们的消费水平从 $z_{II} = z_A{}^*$ 降低至偏好水平 $z_C{}^*$。因此，每种类型的 10 个选民将互换区位，最终两个辖区都变得同质，即辖区 I 包含 100 个 C 类消费者，辖区 II 包含 100 个 A 类消费者。从图 8-4 可以看出，迁移后，A 类消费者的消费者剩余由 $J+K$ 增加到 $J+K+L$，C 类消费者的消费者剩余

由 $J-M$ 增加到 J。

在每个新的同质辖区，所有消费者都满意当地 z 的水平。另外，每个辖区公共产品的供给水平都达到社会最优。其原因在于，各地区的选民对 z 具有相同需求，则平均需求和中间需求必然是相同的，此时投票过程会产生社会最优结果。换句话说，投票过程中不存在没有考虑到的非中间选民需求，所以投票过程是有效的。有趣的是，辖区中 z 的水平并没有改变，而是通过改变辖区内的人口结构实现了社会最优，从而使现有的 z 的水平与居民需求完全匹配。

三、用脚投票结果的观测

在多数投票制下，个人在某种意义上缺乏选择自由，即他们很可能必须接受自身并不偏好的公共产品供给水平。然而用脚投票可实现选择自由，模拟了市场机制下的结果。换句话说，尽管选民通常不能满足自身偏好，但消费者可以通过选择居住地来"购买"其偏好的公共产品水平，等同于 z 在市场中能被购买。

该理论认为，这种"购物"过程最终会使辖区同质，即每个辖区的居民都具有相同的公共产品需求。如果需求差异来源于消费者收入间的差异，可以预测各辖区居民的收入将是同质的，即有些辖区内都是穷人，有些辖区内都是富人。富裕的辖区将提供高水平的公共产品，其居民将支付高税收。贫穷的辖区将提供更低水平的 z，并征收更少的税，与其居民较低的支付能力相匹配。

该理论的预测准确吗？不同城市的收入水平确实有所不同，根据收入水平的高低，城市被分为高收入、中等收入和低收入地区。但是这种差距并不明显，因为大多数城市的内部仍存在多个收入层级[①]。

由于该模型高度理论化，忽略了现实生活的许多方面，所以它的预测结果不能完全符合现实情况。例如，该模型假设公共产品是决定区位选择的唯一因素，但实际上还有许多其他因素在起作用。例如，即使另一个城市提供了消费者更偏好的公共产品水平，但该消费者的工作可能使其无法迁移。当城市的规模较小且相对孤立时，公共产品以外的因素就显得尤为重要。然而，在大都市圈，工作这一因素可能不会成为用脚投票的阻碍。如果一个消费者在都市圈的中心商业区工作，他可以在不更换工作的情况下从一个郊外住宅区搬到另一个郊外住宅区（只

---

① 关于辖区同质化的现实证据较为复杂。具体例子见 Strumpf 和 Rhode（2003）以及 Pack 和 Pack（1978）。

需改变通勤路线），以改变公共产品的消费水平。也可能存在其他阻碍用脚投票的因素，如家庭关系的限制、对便利设施（宁静的乡村环境或海景）的偏好。

尽管存在以上障碍，公共产品和服务似乎仍然在许多家庭的选址决策中发挥着重大作用。例如，有学龄儿童的家庭在大都市圈选择居住地时，往往会密切关注学校质量，尽可能选择有最好学校的区域（取决于税收和住房的支付能力）。由此可以看出，尽管现实情况与模型的同质性预测不完全匹配，但用脚投票理论仍然有着坚实的现实基础。

四、财产税制度下的用脚投票

目前的分析都假设消费者支付的人头税（cz/n）等于他们在公共产品供给成本中所占的人均份额。辖区中的居民无论贫富，都要缴纳相同额度的税收。然而，在现实中，地方政府用于提供公共产品的大部分资金来于财产税，其纳税额取决于消费者的住房面积，本质上取决于消费者的收入[①]。

在财产税和人头税下，用脚投票的结果是一样的吗？富人和穷人是否仍有形成同质辖区的动机。在征收人头税时，尽管富裕辖区较高的公共产品水平很有吸引力，但贫穷的消费者不愿意搬到富裕的辖区，这是因为相对于他们的低收入而言，那里的税收负担太大。然而在征收财产税时，税收减免使情况有所不同。迁移到富裕辖区后，穷人住在小房子里，承担的公共产品成本低于人均份额。尽管他们因丧失多数派地位而不得不接受富人选择的公共产品水平，但税收减免使上述迁移变得值得。

为了分析迁移动机，假设富人 R 和穷人 P 生活在人口规模为 100 的同质辖区。如果一个辖区是同质的，那么实行人头税或财产税便无关紧要，因为两者的税负都为 $cz/100$。因此，如图 8-4 所示，在财产税下这两个辖区每单位 z 的人均成本是 $c/100$，公共产品水平分别为 z_R^* 和 z_P^*，如图 8-5 所示。

假设现在有一个穷人考虑迁移至富裕的辖区。经推导可得，该穷人消费 z 单位的成本应为 $\alpha c/100$，其中，α 是穷人和富人的住房面积之比（等于 $q_P/q_R<1$）。由于穷人的房子较小，他支付的费用将低于人均公共产品成本，用图 8-5 中较低的水平线表示。因为只有一个穷人搬来，所以尽管富人需要承担穷人减免的税收，但其

---

① 关于辖区同质化的现实证据较为复杂。具体例子见 Strumpf 和 Rhode（2003）以及 Pack 和 Pack（1978）。

人均成本的增长量很小。因此，富裕家庭每单位 z 的成本仍会保持在 $c/100$。

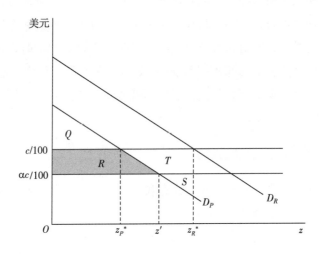

图 8-5　在财产税下用脚投票

进一步分析贫穷家庭是否会因向富裕辖区迁移而受益。他在原先的同质贫困辖区中 ($z=z_P^*$) 的剩余水平为 Q。在富裕的辖区中，穷人将获得由富人选择的 z_R^* 数量的公共产品，但他对每单位 z 只需要支付 $\alpha c/100$ 的费用，此时消费者剩余为 $Q+R-S$。由于成本的减少，穷人会从 z' 数量产品中获得额外剩余 R，同时，从 z' 到 z_R^* 数量的产品中遭受损失 S。然而在如图 8-5 所示的情况下，$R>S$，穷人获得了比 Q 更多的消费者剩余。因此，穷人有动机迁移到富裕的辖区，原有同质辖区的局面将被打破。如果实行人头税制度，穷人会因迁移到富裕辖区而遭受损失。他的剩余水平将从 Q 下降到 $Q-(T+S)$，因此这一迁移是不可取的[1]。

不难看出，如果穷人和富人的住房面积差距缩小，比率 α 上升，图 8-5 中的两条水平线就会靠近，S 面积增大，R 面积减小，即穷人享有的税收减免力度下降。这种变化可能会造成剩余损失，从而消除了迁移动机[2]。如果富人的需求曲线向外移动，即富裕家庭对公共产品的需求相对更高，也会产生同样的结果，即尽管 R 面积不变，但 S 面积会增加，最终可能会给穷人带来剩余损失。此时，由

---

① 值得注意的是，在分析贫穷居民的迁移时，忽略了他对富裕辖区人口的影响，富裕辖区的人口将从 100 增加到 101。

② 习题 8-2 为这些不同的结果提供了数值型案例。

于富人要求更多的公共产品，而穷人必须接受富人所选择的公共产品数量，由此带来的更大的负面影响可能会消除穷人的迁移动机。

以上分析表明，在财产税制度下，用脚投票可能不再导致同质辖区的形成[①]。穷人可能具备向富裕辖区迁移的动机，以便从税收减免中获益。然而，富裕辖区可能会采取相关措施阻止穷人进入，从而强制分隔这两种收入群体[②]。这些措施包括实施财政分区，其有效限制了一个辖区内所允许的最小住房面积。财政分区通过迫使穷人住在超出其负担能力的大房子里，消除了他们进入富裕辖区的动机。在实践中，一般是通过限制最小土地面积来实施财政分区的，这使低收入消费者承担不起符合富裕辖区标准的住房。

五、用脚投票的公平问题

由于每一类消费者都得到了其偏好的公共产品水平，所以将富人和穷人划分到同质辖区是有效率的，但结果似乎是不公平的。例如，如果我们分析的公共产品是教育，那么穷人最终会生活在与其低收入匹配的税收低、学校质量差的辖区。从社会角度来说，这种结果不公平且不可取。

对于这种不公平的教育安排，一种被广泛采用的补救办法是州政府对当地学区进行补助。一些州的税收收入（通过州所得税和销售税征收）被分配给各个学区，贫困地区能比富裕地区得到更多的补助。其目的是平衡不同地区学校质量上的差异，这样低收入家庭的孩子就不会因为居住地的低税收而受到不公平的教育。然而，尽管存在国家援助系统，学校质量的差异仍然存在，从而消费者依然有用脚投票的动机。

六、用脚投票和城市蔓延

将消费者被划分到同质辖区的动机可能会产生空间影响。当消费者用脚投票时，一个既有富裕家庭又有贫穷家庭的中心城市可能会不再有富裕居民，富裕居民将迁至同质的富裕辖区。这些新的辖区会设在哪里？最有可能的情况是，它们将以新城郊社区的形式出现在城市边缘。城郊社区的出现将扩大都市圈的空间规模，促使城市蔓延。因此，用脚投票可能是城市蔓延的罪魁祸首（Nechyba and

---

① 有关该问题的一般分析，可参见 Wheaton（1993）。

② 尽管在上述分析中，第一个进入的穷人对富裕居民的影响可以忽略不计，但随后穷人的不断进入会提高富人的每单位成本 z，使他们的生活变得更糟。

Walsh，2004）。

富裕家庭从中心城市搬离可能会导致城市财政困境。该中心城市以前的公共支出水平可能反映了贫富群体需求的折中，高收入居民离开后自然无法维持，随之而来的便是削减中心城市财政预算。

解决这种财政困境的办法之一是获得更高一级政府的援助。虽然国家援助系统可以帮助中心城市应对富裕家庭的流失，但更好的补救办法是建立都市圈层级的政府结构，这样资源就能在郊区和中心城市之间进行转移。然而，这种补救办法可能会缺乏政界支持，因为它消除了富裕家庭通过形成自己的同质辖区而获得的一些收益。

七、用脚投票和同群效应

用脚投票可能会减少同群效应的好处——邻里效应（见第七章），这种效应通常出现在教育领域。在班级里，如果贫困学生有来自高收入家庭的同伴，他们通常会表现得更好。因为高收入家庭的学生因参加昂贵的课外活动（课外辅导、电脑的使用、音乐课等）获益，如提高他们的常识水平，使他们乐于学习[1]。然而，由于用脚投票往往会将不同收入群体划分到不同的同质辖区，同群效应给低收入学生带来的好处可能会减少。不同群体的分离还可能减少与教育不直接相关的同群效应，例如会减小低收入群体和成功的高收入群体混居所带来的榜样效应[2]。

第四节　公共产品拥挤和辖区规模

一、初步分析

在上述三人辖区的讨论中，消耗 z 数量公共产品的人均成本为 $cz/3$，而在100人的辖区内，人均成本仅为 $cz/100$。成本大幅降低暗含着 z 是一种纯公共产

---

① 最近的实证研究见 Hanushek 等（2003）。

② 关于这些损失的理论分析，见 de Bartolome（1990）和 Benabou（1993）。

品的假设，说明随着人口的增长，固定的公共产品支出可以会分摊到越来越多的人身上，且公共产品的消费水平不会下降。该假设对于大多数公共产品而言是不现实的，因为为了维持公共消费，总支出必然随着辖区人口的增长而增加。

为了理解这一点，再次以上述的警察保护为例。在三人辖区内，假设三名消费者的住房相距足够远，以至于一名警察在巡逻时需要 1 小时才能经过每栋房子。如果辖区只有一名警察，他每小时经过每栋房子一次。如果有两名警察轮流巡逻，那么每小时就会有两名警察经过每栋房子，以此类推。每小时巡逻的人数（警察保护力度）等于警察的人数。

现在假设辖区规模翻倍，增加到六名消费者，其空间面积也因此增加 1 倍。此时，一名警察需走更远的路，每 2 个小时才能经过每栋房子一次。如果只有一名警察，每小时的巡逻次数将为 1/2；如果有两名警察，每小时的巡逻次数将为 1。为了维持一定水平的警察保护力度，如每小时巡逻一次，当辖区人口规模翻倍时，警察人数必须从 1 人翻倍成 2 人。若要保持每小时巡逻 2 次，警察人数必须再次加倍（从 2 名警察增至 4 名警察）。对于其他目标值，以此类推。

或者，随着人口规模的翻倍，城市可能变得更加密集，其空间面积将不到原来的 2 倍。此时，若要维持每小时特定数量的警察巡逻次数，警力的规模可能不需要翻倍。

当随着某一辖区的人口增长，政府需要增加额外的资源来维持之前的公共消费水平时，此时公共产品就具备了拥挤性。为说明提供拥挤性公共产品的成本，用 n 表示该辖区的人口规模，将上述成本参数 c 表示为一个依赖于 n 的递增函数 $c(n)$，因此为该辖区的 n 个居民提供 z 水平公共产品的成本就为 $c(n)z$。在上述警察保护的例子中，z 表示每小时巡逻的次数；在城市空间面积随着人口规模翻倍而翻倍的情况下，$c(n)$ 与 n 成比例增加[①]；在城市人口密度上升的情况下，$c(n)$ 增加的幅度小于成比例增加时的幅度。

虽然以上论述列举了几种不同的辖区规模（$n=3$，$n=100$），但若公共产品具有拥挤性，通常会存在一个最优的辖区规模，此时公共产品的人均成本达到最小。人均成本即为 $c(n)z/n$，对于任意 z 值，使 $c(n)/n$ 最小的 n 自然使人均成本

---

　　①　由于每小时向三名居民提供一次巡逻的成本为 24000 美元（一名警察的薪金），因此每小时向 n 名居民提供一次巡逻的费用为 $(n/3)24000$，提供 z 次巡逻的成本等于 $(n/3)24000z=8000nz$。此时，$c(n)=8000n$。虽然上述公式要求 $c(n)z$ 与 z 成比例，但更普通的方法是将为 n 名居民提供 z 水平公共产品的成本表示为 $c(z,n)$，而不强制要求成比例。在这种情况下，最优的辖区规模（见下文分析）可能取决于 z。

最小。图 8-6 给出了 $c(n)/n$ 的"U"形图，其中最优辖区面积用 n^* 表示。也就是说，消费者如果生活在规模为 n^* 的辖区，就能以最低的成本获得公共产品。

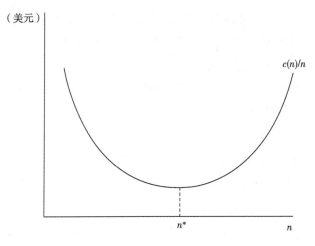

图 8-6 最优辖区规模

两种相反的因素在最优辖区规模上正好相互平衡，拥挤和成本分摊。当 n 增加时，$c(n)$ 也会随之增加，这意味着提供 z 单位公共产品的成本会增加。但是，公共产品的成本也会分摊到更多的居民身上，这可以从 $c(n)/n$ 分母中的 n 得到体现。在最优辖区规模 n^* 上，两种力量正好达到平衡，额外的拥挤所造成的损失刚好与更多居民分摊成本所带来的收益抵消。

$c(n)/n$ 的图形可能不同于图 8-6 所示的"U"形。它可能会在整个人口规模范围内都递减（在这种情况下，辖区所能达到的最大规模就是最优的），也可能是一条水平线（在这种情况下，所有辖区规模都一样好）[①]。Hirsch（1970）的调查证据表明，这些可能性与特定的公共产品有关：$c(n)/n$ 在某些情况下呈"U"形，在其他情况下则趋于平缓或递减；或者最初在一定范围内下降，之后趋于平缓。他参考的一项研究表明，消防的 $c(n)/n$ 图形属于最后一类，当人口达到 30 万时，$c(n)/n$ 开始趋于水平。关于消防的最新研究结果与上述结论大体一致

---

① 第一种情况是纯公共产品，其函数 $c(n)$ 只是一个与 n 无关的常数。如图 8-1 至图 8-3 所示，此时 $c(n)/n$ 随 n 的增加而递减。在第二种情况下，$c(n)/n$ 是常数，$c(n)$ 与 n 成比例。其中，$c(n) = 8000n$，所以 $c(n)/n = 8000$。此时，公共产品被称为"公共提供的私人产品"。

（Brueckner，1981）①。

二、再论用脚投票

从图 8-4 可以看出，用脚投票会导致两个辖区同质化。高需求和低需求居民最初都只是各自辖区内的少数，但他们最终都会迁移到不同的辖区，随之形成规模为 100 的同质辖区。然而，人口规模是任意的，所以辖区同质化这一论点必须加以拓展，从而能够认识到某些辖区的规模优于其他辖区的规模。为了使同质化的假设在一般情况下同样有效，所有辖区都必须具有最优规模 n^*。

为理解具体原因，我们假设 n^* 等于 500，那么规模为 100 的小辖区将会有更高的人均成本，如图 8-6 所示。再假设除了图 8-4 中两个 100 人的 A 型和 C 型同质辖区之外，还有一个最优规模为 500 人，只包括 A 类消费者的辖区。那么两个较小同质辖区的居民在有了这样一个可替代的选择后，是否会满足于现状。A 类消费者一定想搬到更大的辖区，因为他们在那里能得到自己的偏好水平 z，同时只需承担更低的人均成本。那 C 类消费者呢？搬到较大的辖区后，他们将不能得到他们的偏好水平 z（因其在较大规模辖区中属于少数），但他们所承担的人均成本更低。因此，C 类消费者也可能想要迁至更大的辖区。该结果将推翻之前"用脚投票形成了能提供有效公共产品水平的同质辖区"的结论。

为使用脚投票理论更稳健，所有的辖区都必须保持在最优规模。这样一来，C 类消费者就不会为了降低人均成本而迁移至 A 类消费者所在的更大辖区。如果每个辖区都是同质的，且都处于最优规模 n^*，那么没有消费者会愿意迁移，而是与其他类型的消费者居住。因此，只要存在某种因素推动人口规模达到 n^*，根据上述逻辑，用脚投票将形成同质辖区②。此时，人口被划分到同质的最优规模辖区，辖区中的数量 z 满足了居民的偏好，代表了社会最优水平。当地公共产品和服务的消费实现了社会最优③。

---

① Brueckner 的实证研究允许 $c(n)/n$ 是水平的、递增的或递减的，最后的估计值与递减的情况一致。若人均成本曲线一开始下降，后趋于平缓，就会得出 Brueckner 的结论。

② Tiebout（1956）提出了这一论点。对此，将 Tiebout 思想一般化的现代文献勾勒了一个更具体的制度结构，以得出这个结果。其中，每个辖区都由一个竞争性的、利润最大化的社区开发者管理，他们控制辖区的人口，设定辖区的公共产品水平并征税。从某种意义上说，用脚投票仍然存在，因为消费者可以自由地在辖区之间移动。但是由于开发者控制了 z 的水平，多数投票过程就不再有效了。有关这一文献的总结，可参见 Wildasin（1986）和 Scotchmer（1994）。

③ 习题 8-3 提供了一个数值型案例。习题 8-4 需要计算当经济活动位于非最优规模辖区时的损失。

三、多种公共产品和特殊区域

如前文所述，美国地方政府的空间结构较为复杂，不同等级的辖区相互重叠。最优辖区规模的概念有助于我们了解这些模式。图 8-7 描绘了警力保护和城市排水系统这两种公共产品的 $c(n)/n$ 图像。两者的最优辖区规模分别是 n_P^* 和更大的 n_{ss}^*。图 8-7 中 n_{ss}^* 的值正好是 n_P^* 的 3 倍。鉴于这种差异，大都市圈最优的辖区组织结构应如图 8-8 所示。警力保护将由城市提供（实际上是警力保护区域），而排水设施将由排水设施区域提供，其面积为警力保护区域的 3 倍。因此，如图 8-8 所示，每个排水设施区域将覆盖三个城市。这个例子并不符合现实，但它提供了一个关键的思路，即不同辖区的相互重叠是为了应对公共产品最优辖区规模的差异。

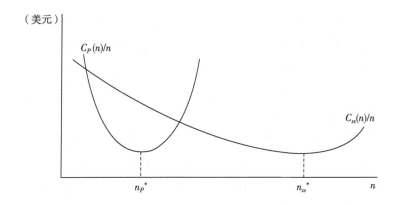

图 8-7 警力保护和排水系统的最优辖区规模

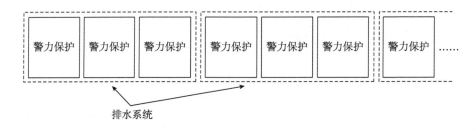

图 8-8 最优辖区

在某些情况下，多种公共产品由单一类型的辖区提供。例如，警力保护和消防通常由共同辖区的市政府提供。然而，若这些公共产品由不同的辖区提供，则它们的最优规模 n^* 可能不同。因此，要解释现有的市级模式，必须要说明将警力和消防的供给服务集中于同一人口规模（即一个城市）能形成一些收益。其原因可能在于范围经济（The Economies of Scope）：当由一家公司提供两种不同产品（此处指公共产品）的总成本比分别由几家不同的公司提供更低时，就存在范围经济。在消防和警力保护方面似乎存在范围经济，这是因为共享通信网络能提高效率，且在共同的空间范围内更容易协调警察和消防。这些好处可能有助于解释城市层面的警察和消防的共同供给，但如果另外一些公共产品由不同空间尺度的辖区分别提供，则可能是因为它们之间不存在范围经济。

第五节　资本化和财产价值最大化

一、资本化

第三节对财产税下用脚投票的分析，是将公共产品与住房市场联系起来。这一直是公共经济学的研究热点，其中资本化现象受到广泛关注。这里的资本化是指补偿性差异引起的房价和公共产品水平之间的关系[1]，与第二章的城市模型类似。家庭愿意在公共产品水平更高的辖区支付更高的租金，因此能够花费在面包上的钱变少，导致高 z 值和低 z 值辖区的居民效用相同。虽然资本化可能会降低用脚投票的动机，但我们可预测到，当用脚投票发生时，仍会出现同质社区。

Sonstelie 和 Narwold（1984）给出了资本化影响租金的证据。就像在第六章中讨论的那样，他们将对公共产品水平和住房属性进行特征回归。结果显示，公共产品系数为正，表明在相关住房属性保持不变的条件下，高 z 值辖区的租金确实更高。

大多数关于资本化的实证研究并非聚焦于租金，而是研究房屋价值和公共产品之间的关系。事实上，房屋价值只是房屋所有者净收入的折现。如果没有运营成本，那么房屋价值刚好是租金流的现值。用 R_j 表示房屋 j 的租金，θ 表示利

---

[1]　译者注：这里的"资本化"与在一部分经济学教科书中出现的"公共价值捕获"一词含义相似。

率，则房屋 j 的价值等于 R_j/θ①。然而实际上，房屋所有者面临着各种各样的运营成本，其中最主要的便是每年需缴纳的财产税。如果 T_j 表示房屋 j 的财产税，其净收入则为 $R_j - T_j$，此时房屋 j 的价值为 $(R_j - T_j)/\theta$。

由于租金仍取决于公共产品的水平，因此由上述公式可知，房屋价值也取决于公共产品水平。但是该式表明，另一个公共部门的变量——财产税也会影响房价。更高的税负减少了房主的收入，从而降低了房屋价值。

既然资本化的影响包括财产税和公共产品水平，那么需要对 Sonstelie 和 Portne 的特征模型做出改动。新的回归模型以房屋价值而不是以租金为被解释变量，以房屋的财产税支出（或辖区的财产税税率）和公共产品水平为解释变量。继 Oates（1969）的开创性研究后，许多实证研究也对此类回归进行了估计，结果发现公共产品水平具有正向影响，而财产税具有负向影响。

二、财产价值最大化

第三节阐明了多数投票过程的低效性，表明用脚投票是一种可能的补救方法。然而，是否还有其他无须人口大规模重组的解决方案呢？事实上，资本化现象为地方政府设定社会最优的公共产品水平提供了一种可行的方法。

这种方法主要利用政府很容易获取到的信息：辖区内用于计算个人财产税的财产价值。在该方法下，政府通过设置 z 值来使辖区内总财产价值最大化。事实上，该 z 值为社会最优公共产品水平 z^*。

为论证上述结论，假设辖区内的所有住房都由租户居住（若所有住房都为所有者居住，分析结果是一样的）。由上述分析可知，房屋 j 的价值等于 $(R_j - T_j)/\theta$，其中 θ 是利率。由于利率在以下分析中无关紧要，简单假设利率为 1，则房屋 j 的价值为 $R_j - T_j$，总财产价值为：

$$V = \sum_{j=1}^{n}(R_j - T_j) = \sum_{j=1}^{n}R_j - \sum_{j=1}^{n}T_j = \sum_{j=1}^{n}R_j - c(n)z$$

该等式成立的条件为个人的财产税负总和等于公共产品的成本 $c(n)z$。从而，上述等式表明总财产价值等于辖区内的总租金减去公共产品成本。

如前文所述，当一个辖区的公共产品水平 z 上升时，房租随之上涨，这反映出了人们更高的支付意愿。可通过表 8-1 论证，假设整个辖区没有警察保护，住

---

① 值得注意的是，R 是指总租金，而不是单位面积的租金。

房 A(消费者 A 在此居住)的租金为 G_A。如果只雇佣一名警察，该警察为 A 带来了 19000 美元的收益，那么每年上涨的租金应该与之相等，租金会从 G_A 增至 $G_A+19000$。如果继续雇佣第二名警察，该警察产生了 17000 美元的额外收益，则租金应增至 $G_A+36000$，以此类推。表 8-2 的第 2 列给出了房屋 A 在不同 z 值下的租金水平。随后两列，结合表 8-1 中的数据，同样得出了住房 B 和住房 C 在不同 z 值下的租金，其中 G_B 和 G_C 表示房屋的基本租金。之后又列出了租金总额和公共产品总成本。总财产价值为总租金和公共产品成本之差，如表 8-2 的最后一列所示。

当 $z=5$ 时，总财产价值实现了最大化，达到 60000 美元。警力为 5 时，该 z 值与表 8-1 中的社会最优水平 z^* 相等[①]。因此，使财产价值最大化的 z 值就是社会最优水平[②]。出现这种巧合的原因显而易见。如表 8-2 所示，额外雇佣一名警察所增加的总租金刚好等于该警察带来的总边际收益。由于总财产价值的变化量等于总租金的变化量减去警察的工资(公共产品成本的变化量)，因此只有当总边际收益超过警察的工资时，总财产价值才会增加。从社会的角度来看，只有在这种情况下，警察才值得雇佣。因此，当总财产价值不再增加，即达到最大值时，边际收益的总和(边际社会收益)等于额外雇佣一名警察的成本，此时 z 的水平为社会最优。

表 8-2　财产价值最大化

序号	房屋 A 的租金 $G_A+\cdots$	房屋 B 的租金 $G_B+\cdots$	房屋 C 的租金 $G_C+\cdots$	总租金 $G_A+G_B+G_C+\cdots$	公共产品成本 24000z	总财产价值
1	19000	16000	13000	48000	24000	24000
2	36000	30000	24000	90000	48000	42000[③]
3	51000	42000	33000	126000	72000	54000
4	64000	52000	40000	156000	96000	60000
5	75000	60000	45000	180000	120000	60000
6	84000	66000	48000	198000	144000	54000
7	91000	70000	49000	210000	168000	42000

①　当 $z=4$ 时，总财产价值也等于 60000 美元，但最终会选择其中更大的 z 值($z=5$)。这一结果也可见于表 8-1，其中雇佣第五名警察的净收益实际上为 0，此时边际社会收益等于雇佣第五名警察的成本。

②　关于这一点的一般化论证，可参见 Brueckner(1982)。

③　译者注：原文为 32000，疑为错误。

上述分析表明,如果赋予辖区政府自主设定公共产品水平的权力,且选民放弃该权利,则可以通过使财产价值最大化来实现社会最优。但是考虑到选民往往会珍惜参与公共事务的权利,这种放弃决策权的做法似乎难以令人信服。但地方政府确实有权在没有直接获得选民同意的情况下进行一些支出调整,而财产价值最大化可使其做出更优的决策。更一般地说,上述分析表明,可通过财产价值的变化来评估公共政策的可行性。在许多城市,当地商会经常主张这一点,事实上他们的主张是正确的。

第六节 税收竞争与福利竞争

一、税收竞争

到目前为止,许多辖区提供不同的公共产品水平,并进行人才争夺大战(以达到最优规模),这种做法被认为是有益的,因为其实现了社会最优。但经济学家也认识到,辖区之间的竞争也有不利的一面,这是由税收的特殊影响造成的,但迄今为止都没有将这些特殊影响考虑在内。当辖区依赖财产税而不是人头税来为公共支出提供资金时,税收就会产生特殊影响。

财产税会造成不平等的税收负担,这可能会促使富人和穷人混居在一起(如第三节所述)。但是,财产税也可能影响一个辖区的住房投资规模。高财产税降低了开发商从住房投资中获得的收益,这可能导致开发商为获得更高收益,将住房开发资本(用于生产房屋的建筑材料)转移到另一个税收较低的辖区。因此,房产税率高的辖区其税基(住房投资水平)反而低。意识到这一点后,地方政府将不愿意设定高房产税率,每个政府都倾向于维持在较低的房产税率下。在此过程中,每个辖区都参与了所谓的"税收竞争"。但是由于需要财产税收入来支付公共产品支出,这些低税率就导致了低公共产品水平。每个辖区都知道由此产生的公共产品水平低于消费者偏好水平,但同时也知道为了提高公共产品而提高税率将会导致税基的损失。

如果各辖区能以某种方式达成一致(同时提高税率),那么住房开发资本便不会流动,公共产品就能提高到社会偏好的水平上。但由于这种税收协调通常行不通，所以公共产品水平也就维持在较低水平。根据上述分析可知，税收竞争会导致公共产品供给不足[1]。

因此，尽管用脚投票使地方政府对公共产品供给的控制是有益的，但它也可能导致税收竞争及其不良影响。那么取消地方政府在公共产品供给方面的自治权会更好吗？中央政府是否可以在所有辖区中设定统一的财产税税率和公共产品水平。若实行中央集权制，用脚投票便不再可能发生，税收竞争也就不再出现。对此，Brueckner（2004）认为应视情况而定。他认为，在某些情况下，中央集权可能比地方自治好，反之亦然。

二、福利竞争

福利竞争类似于税收竞争。要了解其原因，首先要介绍美国的福利制度，该制度在州一级实施，主要补助有孩子的贫困家庭。每个州都可以自由设定其福利水平，由此产生的部分支出由联邦政府资助。因此，州与州之间的福利水平存在差异。

州际福利差异可能会导致"福利移民"现象，即贫困家庭为追求更高的生活水平而迁往福利更好的州。这种可能性导致的结果与税收竞争非常类似，此时迁移的穷人扮演着类似于住房资本的角色。当存在福利移民时，一个州如果提高其福利水平，将会吸引更多贫困人口。由于需要为新移民和原有贫困居民支付更高的福利费用，这种人口流入给纳税人带来了额外负担。因此，相比不存在福利移民的情况，各州会相对更加不愿提高福利水平。最终，福利供给不足，正如税收竞争下公共产品供给不足一样。

福利供给不足可以通过实施联邦拨款制度来补救。如果联邦补助采取匹配形式，即联邦政府为各州支付一定比例的福利费用，那么各州福利每增加1美元所引起的边际成本将低于1美元。如果匹配率设定合理，尽管福利移民会带来阻力，各州的福利也会上升到社会最优水平。20世纪90年代中期以前，福利制度还包括联邦匹配补助金（Federal Matching Grants）。但是福利改革取代了这种制度，取而代之的是一种无法为各州带来正激励的整体补助体系（Brueckner，2000）[2]。

---

[1]　对于税收竞争的理论文献综述可参见 Wilson（1999）。

[2]　有关福利竞争相关问题的研究请参见 Brueckner（2000c）。

三、作为惩戒手段的辖区间竞争

尽管到目前为止，地方政府一直被认为是为居民的最大利益服务，但它也可能做出其他不良行为。例如，地方政府的漠不关心和懒政怠政，可能会导致公共产品生产效率低下。或者，地方政府也可能是高效的生产者，但它们会参与寻租，即将部分税收用于政府自身（漂亮的办公室、高额的退休金等），而不是为消费者创造利益。

辖区之间的竞争可能有助于限制这种不良行为。如果低效率或寻租行为导致征税过高（相对于公共物品供给水平而言），辖区就无法吸引用脚投票的居民，也无法吸引房地产开发商，他们将在税负较低的辖区建设项目。由此造成的损失有利于惩罚和消除政府的不良行为，进而提高辖区间竞争的积极影响[1]。

第七节　小结

在公共产品的社会最优水平上，多增加1单位供给的边际社会收益等于这1单位的成本。多数投票通常能决出公共支出水平，却不能得出公共产品的社会最优水平。然而用脚投票，即消费者在不同辖区"购买"其偏好的公共产品，可以产生社会最优结果。在理想情况下，此过程会使消费者迁至具有最优规模的同质辖区，此时每个辖区的居民对公共产品都有相同的需求。但是现实世界的摩擦使这种理想化的预测结果难以实现。财产价值最大化给地方政府提供了一种实现公共产品最优供给水平的途径，尽管它不太可能取代投票程序。由于辖区担心住房投资资本流失，税收竞争可能会导致当地税收过低，从而抵消了用脚投票的好处。与之类似，福利竞争同样可能导致福利水平过低。

---

[1]　Hoxby（2000）试图衡量这种竞争效应。

第九章 污染

第一节 引言

数百年来，尤其是自工业革命以来，污染一直在降低人们的生活质量。有的污染物会影响空气质量，有的污染物会影响地下水和河流的水质。除了污染造成的局部影响外，各种燃烧所产生的温室气体还会加剧全球变暖，并对环境产生潜在的长期有害影响。

在发达国家，随着工厂、发电厂和汽车变得更加清洁，城市的空气污染有所改善，河流和小溪的污染相对减少。但是，发达国家的一些城市（如洛杉矶）依然存在严重的空气质量问题，发展中国家的许多城市（如墨西哥城）也受到严重的空气污染影响。

因此，空气污染应该在城市问题的清单上占据重要位置，了解旨在减少空气污染的政策是很有必要的。本章通过分析污染的形成过程和相关防控政策，让读者对污染有更深刻的了解。第二节分析了一个简单化、一般化的场景：一个社区内有一家污染工厂，该工厂会对社区居民产生危害。分析表明，该工厂产生的空气污染高于社会最优水平。本节介绍了两种消除过度污染的方法：政府直接管制工厂的污染水平和向企业征收污染税。第三节分析了另一种解决方案：拥有工厂的企业和社区居民进行谈判，并从中得出了著名的科斯定理：在某些情况下，社会最优污染水平由污染者和受影响方之间的谈判决定。第四节分析了地区内存在多个工厂同时排放污染的情况，该设定更符合现实。在这种情况下，可以建立一套总量管制与交易制度以减少污染。

第二节 单一工厂的污染及其公共治理

一、边际损益曲线

首先分析如图9-1所示的情况：一个工厂产生的有害烟雾损害了周围社区居民的健康，并且弄脏了他们的房子、花园和汽车，用 P 表示工厂的污染水平。由于评估居民的健康受损程度较为困难，本章假设污染造成的损害可以用美元衡量。以 $D(P)$ 表示 P 水平的污染给社区居民带来的损害，$D(P)$ 是污染的递增函数。每1单位污染的损害用边际损害函数 $MD(P)$ 表示。图9-2描绘了曲线 $MD(P)$，它随着 P 的增加而增加，即随着污染水平的提高，每1单位额外的污染带来的损害加大。对于任意污染水平 P'，曲线 MD 下的区域等于该污染水平导致的总损害 $D(P')$。该区域将所有连续单位的污染所造成的损害增量累加起来，用0到 P' 之间的曲线 MD 的高度表示。

图9-1 工厂污染

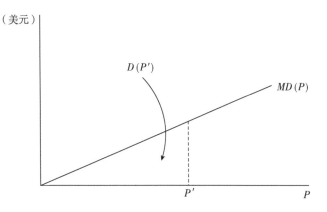

图 9-2 边际损害曲线

污染的排放尽管会对居民产生危害，但却对拥有这家工厂的企业有利。原因是，治理污染使其达到排放标准十分昂贵，而排放污染可以减少企业的污染治理成本，从而增加利润。这一利润增长用图 9-3 中的边际收益曲线 $MB(P)$ 表示。在某一给定的污染水平 P 处，曲线 MB 的高度显示了在该污染水平下额外增加 1 单位污染给企业带来的收益。之所以会产生这种收益，是因为相比于治理污染，企业选择排放污染的成本更低。值得注意的是，曲线 MB 的高度也能表示企业降低污染水平 P 所带来的损失。如果企业降低 P 而不是增加 P，那么之前的收益就会消失，导致减排成本增加，利润下降。因此，曲线 MP 既表示了 P 上升时排放污染所带来的收益，又表示了 P 下降时治理污染所导致的利润损失。

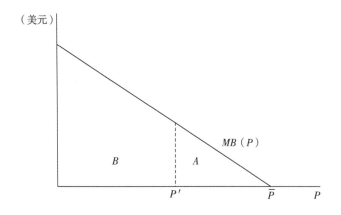

图 9-3 边际收益曲线

另一种情况有助于解释图 9-3 中曲线 MB 的形状。$\overline{P}$ 是企业不对污染进行任何处理时的污染水平。从 $\overline{P}$ 开始，减少第 1 个单位的污染水平很容易实现，所需成本也很少。因此，MB 曲线在 $\overline{P}$ 处的高度为 0，当 P 略低于 $\overline{P}$ 时，其高度会高于 0，但仍然保持在较低水平。随着 P 变小，进一步减少污染变得越来越困难，成本越来越高。因此，随着 P 变得更小，边际收益曲线的高度不断上升。

在图 9-3 中，将污染水平从 $\overline{P}$ 降至 P' 的减排支出是多少呢？该成本等于图 9-3 中区域 A，它等于 $\overline{P}$ 和 P' 之间减排成本的总和（也是该区间边际收益曲线高度的总和）。相反，A 也能表示工厂将污染水平从 P' 增加至 $\overline{P}$ 时的总收益，该收益（以更高的利润显示）等于企业节省下来的总减排成本。

根据这一逻辑，彻底清除污染，也就是将污染水平从 $\overline{P}$ 降低为 0，产生的费用等于 $A+B$。有学者认为，任意减排支出都不可能将污染减少为 0，在这种情况下，曲线 MB 就是错的。为表示这种情况，曲线 MB 应随着 P 的下降以递增的速率增加，并在 P 接近 0 时发散到无穷大，表明不可能完全清除污染。然而，由于采用图 9-3 所示的形式绘制曲线不会影响后续分析，所以将使用图 9-3 中的线性曲线①。在这种假设下，企业选择排放的污染水平为 $\overline{P}$，能获得的收益（节省的所有减排支出）为 $A+B$。

二、社会最优污染水平

如果排放污染不会受到惩罚，企业将继续增加污染，直到增加 1 单位污染水平的边际收益为 0。因此，该企业会选择自由污染水平 $\overline{P}$，此时边际收益为 0，企业没有减排支出。但是该污染水平并不是社会最优，因为企业只考虑自身利益，忽略了对附近居民的损害。在图 9-4 中，总损害等于污染水平为 $\overline{P}$ 时曲线 MD 下的区域，即 $C+E+F$。因此，与负外部性的情况一样，产生外部性的活动发生在过高的污染水平下。

为确定社会最优污染水平，必须同时考虑企业和居民的利益。从社会的角度来看，当额外 1 单位污染给企业带来的收益超过了对消费者的损害，排放这 1 单位的污染就是"可取的"。只要曲线 MB 高于曲线 MD，这种关系就成立。因此，

---

① 同样，也可以认为污染造成的边际损害应以越来越快的速度增加，但这种可能性对本书分析没有任何影响。

从 $P=0$ 开始，污染水平应该增加到曲线 MB 和曲线 MD 的交点 P^* 处。此时，污染水平是社会最优的，因为从增加额外 1 单位污染中获得的收益恰好等于它所造成的损害。可见，社会最优污染水平远低于自由污染水平 $\overline{P}$。

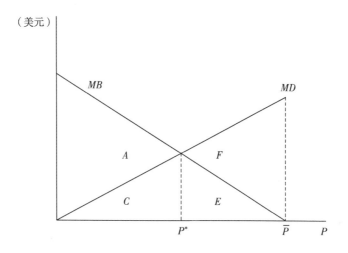

图 9-4　社会最优污染水平

过度污染造成的社会损失见图 9-4。当污染从 P^* 增加到 $\overline{P}$ 时，对居民的损害增量等于 $E+F$，而企业的收益增量为 E。这意味着过度污染带来的损失超过了企业所获的收益，F 表示将污染从 P^* 增加到 $\overline{P}$ 时所造成的社会剩余损失。

实现社会剩余最大化的要求是选择 P^* 作为最佳污染水平。当污染水平 $P=0$ 时，$MB>MD$，P 提升会使社会剩余增加。当 $P=P^*$ 时，实现社会剩余最大化，此时社会剩余等于 A，它是企业获得的总收益($A+C$)与居民受到的总损害(C)之间的差额。

可能有人会问，为什么在决定社会最优污染水平时，企业和居民被同等考虑？限制企业污染对居民的损害不应该是社会需要做到的吗？如果是这样，最佳污染水平应是 0。

有以下两种方法可以证明这种想法是错误的。显而易见的是，消除最后几单位的污染成本非常高(当 P 接近零时，曲线 MB 很高)，而这几单位的污染造成的损害很小(曲线 MD 在这个范围内很低)。因此，可以适当容忍少许污染存在。假设拥有工厂的企业的所有股东都住在附近社区，并且公司将所有利润以股利的形式支付给股东。这样，从 $P=0$ 开始，提高污染水平会使企业的利润增加，从而增加股东的股息收入，同时也对附近居民造成了一定的健康损失。只要他们从企业获得的利润超过损失，也就是 $MB>MD$，这些居民作为公司的股东将愿意承受增加污染所造成的损害。因此，从这些股东居民的角度来看，P^* 将会是最优污染水平。上述逻辑也更广泛地适用于产生污染的工厂是公有资产这一情况，这样一来，工厂所有者也是污染的受害者。

三、实现社会最优

虽然在工业化时代的很长一段时间里，工厂都在肆意地污染环境，但如今企业更加注重自身企业形象，对污染排放也进行了控制。虽然这一点可以用来论证企业不会将污染水平定为 $\overline{P}$，但几乎可以肯定的是，如果政府不进行干预或采取其他行动，社会最优水平 P^* 是无法实现的。

政府可以采用以下两种方式进行干预：一方面，政府可以制定一个与社会最优污染水平 P^* 相等的污染标准，直接管控企业的排污水平。企业为了最小化其减排成本，会选择被允许的最大污染水平 P，该值等于 P^*。为了实施直接管控，政府必须知道 P^* 的具体数值，因此必须了解曲线 MD 和曲线 MB。为获取这些信息，政府不得不雇佣医学专家来计算污染对居民造成的健康损害，同时还要雇佣工程师来计算实现不同的 P 所需要的减排成本。有了这些信息，政府才能推导出上述两条曲线，从而得到 P^*。

另一方面，政府还可以采用一种税收机制来纠正污染的外部性，从而达到社会最优。该方法依赖于以英国经济学家阿瑟·庇古命名的庇古税。在这种税收机制下，公司会被征收一种污染税，用 t 表示每单位污染的税收，因此 P 污染水平将产生 tP 的税收。政府同样需要获得计算 P^* 所需的信息，然后将 t 设定为曲线 MD 和曲线 MB 在 P^* 处的高度，如图 9-5 所示。企业只要缴纳了相应的税收，就可以自由选择污染水平。

现在，由于每增加 1 单位污染都要交税，企业从增加污染中得到的收益将比以前更低。当污染水平为 P 时，企业增加 1 单位污染的边际收益在去除税收后为 $MB(P)-t$。在没有税收的情况下，企业将选择 $MB(P)=0$ 所对应的 P；在存在税收的情况下，企业会选择 $MB(P)-t=0$ 所对应的 P，这意味 $MB(P)=t$。如图 9-5 所示，只有在 P^* 处才有 $MB(P)=t$。因此，企业自愿将 P 设定为庇古税下的社会最优水平 P^*。

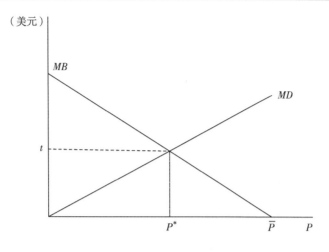

图 9-5 庇古税

对于政府来说，计算庇古税和直接管控污染所需要的信息是一样的。政府必须了解曲线 MD 和曲线 MB，并从两条曲线的交点处得到 P^*，从而计算出 P^* 的值。然而，另一种税收方案对信息的要求更低。在该方案下，政府公布一个纳税额度表，它规定了每一级别的 P 所需缴纳的税收额。该金额等于污染对居民的总损害，因此在污染水平 P 下的税收额等于 $D(P)$，即在 $[0, P]$ 区间内曲线 MD 与横轴所围成的区域。此时，每增加 1 单位的污染水平，所需缴纳的额外税收刚好等于边际损害 $MD(P)$。因此，每增加 1 单位污染的边际收益在扣除税收后，为 $MB-MD$。公司会不断提高污染水平，直到净边际收益等于零，即 $MB=MD$，此时企业将 P 设定在社会最优水平 P^* 处。

该税收方案对信息的要求比庇古税方案下的要求更低，因为政府只需要了解曲线 MD。也就是说，政府不再需要雇佣工程师来估算曲线 MB，只需要雇佣医学专家估计污染对居民造成的损害。值得注意的是，对企业征收的总税收等于居民受到的总损失，因此，如果把这部分税收收入转移给居民，居民因为污染受到的损失就能被完全抵消。此外，企业在社会最优污染水平下的效益等于其纳税后的净额，即图 9-4 中的总收益 $(A+C)$ 减去 C。因此，企业的收益为 A，相当于最优社会剩余。

当工厂存在多种类型时，如清洁型工厂和污染型工厂，非庇古税方案的优势就更能体现出来了。用 c 表示清洁型工厂，d 表示污染型工厂，清洁型工厂彻底清理污染的成本低于污染型工厂。如图 9-6 所示，清洁型工厂的曲线 MB 会更低。假设清洁型工厂 c 和污染型工厂 d 位于同一个社区，则这两个工厂具有相同的曲线 MD，但存在不同的最优污染水平，分别为图9-6中的 P_c^* 和 P_d^*。在庇古税方案下，政府需要同时了解曲线 MB 和曲线 MD，由此计算工厂 c 和工厂 d 应缴纳的庇古税 t_c^* 和 t_d^*。然而，在非庇古税方案下，政府只需要了解曲线 MD 即可，这体现了非庇古税方案在信息要求方面的优势。

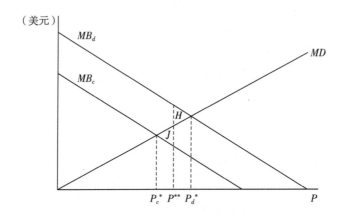

图9-6 共同污染标准

另一种方案是为清洁型工厂和污染型工厂分别制定污染标准，但这种方案和庇古税方案一样，对信息有较高的要求。政府可能会以经验法则为所有社区制定一个共同的污染标准。共同的污染标准将会被设定在 P^{**} 水平，而不是分别设定两个工厂的最佳污染水平 P_c^* 和 P_d^*。即使经验法则能够很好地运行，政府将污染标准设定为 P^{**} 仍然会造成社会剩余损失，可用图9-6中的 $H+J$ 表示。其中，H 为污染水平低于污染型工厂的最佳污染水平 P_d^* 所产生的损失，J 为污染水平高于清洁型工厂的最佳污染水平 P_c^* 所产生的损失[1]。

尽管上述分析表明，在图9-4和图9-5所示的简单情形下，制定污染标准和庇古税这两种方案的效果是相同的，但当曲线 MD 和曲线 MB 在经济冲击的影响下在不同时期随机变化时，两种方案的效果便不再相同。此时，哪种方案的效果更好，取决于经济冲击的性质（它对曲线 MD 及曲线 MB 影响程度的相对大小）以及曲线的形状。Weitzman（1974）首次进行了相关分析，但是很难用简单的图

---

① 习题9-1阐明了这个结果。

表来说明。

迄今为止，该模型可以在很大程度上简化污染管控问题。但事实上，一个社区内往往有许多污染者（而不是只有一家工厂），它们所排放的污染都会影响到当地消费者。此外，在现实情况中，测算曲线 *MD* 和曲线 *MB* 也是困难重重。第四节将在更贴合现实的背景下讨论污染政策。

第三节　通过谈判实现社会最优：科斯定理

在 1960 年发表的一篇著名且有影响力的文章中，罗纳德·科斯（Ronald Coase）指出，在某些情况下，产生外部性与受外部性影响的双方当事人可通过谈判达到社会最优。谈判能使产生外部性的活动被设定在社会最优水平。

科斯认为，通过谈判达到社会最优必须满足以下两个条件。第一个条件是，谈判成本必须足够低。如果只有少数人受到外部性的影响，并且只有一方产生外部性，那么就能以较低的成本安排一次谈判会议。但是，如果成千上万的人受到外部性的影响，组织一次代表所有受害者利益的谈判将会十分困难，此时谈判可能就行不通了。在本章给出的一个简单的例子中，一个工厂对周围社区造成了污染，假设受影响的人数足够少，以至于谈判的成本可以忽略不计，那么就能满足科斯定理的第一个条件。

科斯定理的第二个条件是必须明确产权。这个条件听起来很抽象，但是在工厂—社区案例中很容易理解。在本案例中，产权有两种分配方式。第一种分配方式是将产权分配给企业，即企业有污染排放权。第二种分配方式是将产权分配给社区居民，即社区居民有享受清洁空气的权利。明确产权的归属非常必要，因为产权的归属决定了谈判的初始状态。

当企业拥有污染排放权时，起点为自由污染水平 $\overline{P}$。为了降低污染水平，社区居民必须向企业支付费用来弥补企业因降低污染水平所造成的损失。相反，当居民拥有大气管控权时，初始点 P 将变为 0，即无污染排放。为了避免支付清理污染的高昂成本，企业必须向社区居民支付费用，进而让居民愿意接受更高的污染水平。

为了理解产权的作用，现在分析没有明确产权时的情况。公司可能会选择自

由污染水平 $\bar{P}$，但居民会质疑企业是否有权产生如此多的污染。虽然向企业支付一定金额就能让其降低污染水平，但居民认为企业排放污染是不合法的，也就不愿意给企业付钱。明确的产权分配会使企业排污变得合法，为居民和企业的谈判提供一个明确的起点。

为分析谈判过程，假设企业有污染权，那么初始点将为自由污染水平 $\bar{P}$，如图 9-7 所示。为减少 1 单位污染，居民愿意向企业支付一笔费用，这笔费用等于曲线 MD 在 $\bar{P}$ 处的高度，表示他们因污染损害降低而获得的以美元衡量的收益。相反，为减少 1 单位污染，工厂将需要支付一笔费用，这笔费用等于曲线 MB 在 $\bar{P}$ 处的高度，代表减少 1 单位污染需要耗费的减排成本。在污染水平 $\bar{P}$ 处，企业减少 1 单位污染的成本（MB 的高度）小于居民愿意支付的最大金额（MD 的高度），所以企业和居民之间会发生交易，进而降低污染水平。只要曲线 MD 保持在曲线 MB 之上，就有可能进一步减少污染。然而，一旦 P 达到 P^* 水平，MD 和 MB 的高度相等，居民将不再愿意向企业支付足够的费用使其进一步减少污染。因此，谈判结果为污染水平 P^* 即社会最优水平。

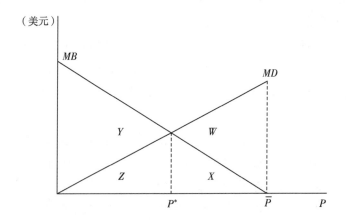

图 9-7　有关污染的谈判

社区居民实际支付给企业的金额取决于双方的谈判实力，表 9-1 给出了 2 种可能的情况。假设企业的谈判能力很强，而居民较弱，如表 9-1 所示。此时，企业可以获得居民为消除每 1 单位污染愿意支付的最大金额，该金额等于曲线 MD 的高度。要将污染水平从 $\bar{P}$ 降低到 P^*，居民需要向企业支付费用（$W+X$）。由表 9-1 可知，居民向企业支付的费用恰好等于降低污染带给居民的收益，因此，居民并未因污染减少而获益。然而，企业将污染水平从 $\overline{P}$ 降至 P^* 只耗费了 X 的成本，却从居民那儿获得了（$W+X$）的收益。因此，企业从降低污染的过程中获得了 W 的收益，也就是减少污染带来的社会剩余，这种社会剩余完全被企业占有。

表 9-1　企业拥有排污权时的谈判结果

	居民对企业的支付	居民收益	企业收益	社会收益
企业强，居民弱	$W+X$	$W+X-(W+X)=0$	$W+X-X=W$	W
企业弱，居民强	X	$W+X-X=W$	$X-X=0$	W

注：初始状态：$P=\overline{P}$。

现在假设社区居民的谈判能力很强，企业较弱，如表 9-1 所示。此时，居民向企业支付的费用是企业消除 1 单位污染所需的最小成本，即曲线 MB 的高度。当污染从 $\overline{P}$ 减少到 P^* 时，居民最终向企业支付的费用为 X。该费用刚好弥补企业的减排成本，因此企业没有得到任何好处。而居民的收益是 W，等于减少的损失（$W+X$）减去支付给企业的费用 X。在这种情况下，由于污染减少而产生的社会剩余完全由居民获得。

表 9-2 给出了居民有权获得清洁空气时的谈判过程。此时，初始污染水平 $P=0$，企业要想合法排放污染，就必须向居民支付一定的费用。只要曲线 MB 的高度（企业为获得利润，每多排放 1 单位污染所需支付的最大补偿）大于曲线 MD 的高度（居民每多接受 1 单位污染损害所需的最小补偿），企业和居民就愿意达成交易，进而提高污染水平。最终，当事人之间的谈判会将污染提高到 P^*，即两条曲线的交点处。

表 9-2　当居民有权获得清洁空气时的谈判结果

	企业对居民的支付	居民收益	企业收益	社会收益
企业强，居民弱	Z	$Z-Z=0$	$Y+Z-Z=Y$	Y
企业弱，居民强	$Y+Z$	$Y+Z-Z=Y$	$Y+Z-(Y+Z)=0$	Y

注：初始状态：$P=0$。

如果企业的谈判能力很强，而居民较弱，则企业只需向居民支付费用 Z，便能将污染水平从 0 提高到 P^*。居民在这个过程中没有受益，而企业获得了全部的社会剩余 Y，它等于企业节省下来的减排成本（$Y+Z$）减去向居民支付的费用 Z。相反，如果居民的谈判能力很强，而企业较弱，那么企业需要支付的费用就为（$Y+Z$）。企业在这个过程中没有受益，而居民获得了全部的社会剩余 Y，它等于居民收到的企业支付（$Y+Z$）减去污染损害 Z[①]。

结合表 9-1 和表 9-2 可得，谈判最终都实现了社会最优的污染水平。双方当事人之间所支付金额的流向和大小取决于产权的分配及相对议价能力，但最终都能通过谈判实现污染水平 P^*。对于目前这一例子，其结论与科斯定理相符。科斯定理认为，当存在外部性且产权明确时，谈判可以实现社会最优。

第四节　总量管制与排污权交易

一、背景

到目前为止所讨论的一般式污染场景并不能准确地描述现实中大多数污染的情况。例如，在洛杉矶市区，空气污染主要来源于街道和高速公路上数百万辆汽车、卡车和公共汽车。因此，污染不是由单一的来源产生的，而是由许多小的来源和几个大的污染者共同产生的。此外，污染的影响范围并非只有一个社区，而是数百平方英里土地上的数百万居民。例如，影响美国东海岸大部分地区的酸雨就是由美国东部的燃煤电厂和工厂污染所致。在这种情况下，污染者和受害者之间的谈判显然不能作为解决污染外部性的办法。

为了控制汽车污染，美国政府转而选择直接监管。美国通过设立汽车排放标准，在很大程度上遏制了汽车排放的污染量。燃油经济性标准则通过减少汽油燃烧量来使这些成果更加显著。

从原则上来讲，可以通过征收庇古税来限制大型工厂的污染量。政府监管机构测量污染源的排污总量，并对产生的每单位污染征税。在这种情况下，工厂所有者会在税收的压力下自愿安装烟囱过滤器等减排设备，从而减少需要为污染缴

---

① 习题 9-2 根据表 9-1 和表 9-2 生成了一个数值示例。

纳的税收。

尽管征收污染税是可行的，但美国和欧洲却用另一种制度控制大型工厂的污染。该制度与前面讨论的污染标准有一些共同之处，被称为总量管制与交易制度。在这种制度下，工厂或发电厂必须获得排污权证书才能排放污染。每单位排污权可使持有人有权排放1单位（如1吨）污染物，因此，工厂或发电厂必须获得与其排污总量相匹配的排污权。

在总量管制与交易制度下，政府要先确定某地区的排污总量，然后给该地区的工厂和发电厂（免费）分配相应的排污权。由于排污总量不能超过所分配的排污权数量，因此政府便能直接管制污染。该制度的另一个特点是允许排污权在持有者之间进行交易。通过这种方式，那些产生污染较多的企业就可以在排污权交易市场上购买排污权，从而获得比政府分配更多的排污权。排污较少的企业可能通过政府分配获得超出自身所需的排污权，因此它们将在市场上出售部分政府分配所得的排污权。在另一种总量管制与交易制度下，政府将不在最初进行排污权分配，而是出售固定数量的排污权，通过调整价格使污染者的需求等于固定供给。

二、分析

总量管制与交易制度在实现社会最优方面有着良好的特性，要理解这种特性，需要进一步进行分析。假设一个地区包含 n 个固定污染者，如工厂或发电厂。污染者 i 的污染水平用 P_i 表示，其中 $i=1, 2, \cdots, n$。假设这些污染者排放的污染不会扩散到该区域以外，只会在当地区域内（可能有数百人）扩散，那么由此产生的总污染水平为 $P = \sum_{i=1}^{n} P_i$。污染的边际损害仍由 $MD(P)$ 代指，表示对所有受影响者的总边际损害。每个污染者都有一个边际收益函数，它表示每多排放1单位污染给企业带来的利润增量。有些污染源的污染程度较高，其边际收益曲线很高；而有些污染源污染程度较低，其边际收益曲线相应也较低，如图9-6所示。污染者 i 的边际收益函数是 $MB_i(P_i)$。

在这种情况下，社会最优水平比之前的简单模型更加复杂。现在社会最优的特征是总污染水平为 P^*，并且总污染水平 P^* 在 n 个污染者之间分配。每个污染者都有一个最优污染水平，用 P_i^* 表示污染者 i 的最优污染水平，则 $\sum_{i=1}^{n} P_i^* = P^*$。

可分两步得到社会最优水平。第一步，对于任意给定的总污染水平 P，必须使总污染在所有污染者间的分配是最优的，即在总污染水平固定不变时，应选取一个使总减排成本尽可能小的分配方案。

为了解污染的最优分配需满足哪些条件，假设每个污染者被分配的污染量为 P_i，$\sum_{i=1}^{n} P_i = P$。此外，假设两个污染者 k 和 j 的边际收益不同，且 $MB_k > MB_j$。当污染者之间的边际收益不同时，污染水平在污染者之间的分配就不可能是最优的。为了解其原因，假设允许污染者 k 多排污 1 单位，而污染者 j 少排污 1 单位，总污染仍保持在 P 的水平上。那么，污染者 k 的减排成本就降低了，污染者 j 的减排成本就增加了。由于 $MB_k > MB_j$，污染者 k 的成本减少量大于污染者 j 的成本增加量，所以总减排成本下降。这意味着，只要污染者之间的边际收益不相等，那么总污染的分配就不可能是最优的。因此，所有污染者的边际收益必须相等，即：

$$MB_1 = MB_2 = \cdots = MB_{n-1} = MB_n$$

第二步，选择最优的总污染水平 P^*。可通过前面的方法得出总污染水平 P^*，即选择污染者的曲线 MB 和曲线 MD 的交点。和以前一样，计算总污染水平 P^* 和单个污染者的污染水平 P_i^* 的值需要获取大量信息，包括每个污染者的曲线 MB 和曲线 MD。有了这些信息，政府就可以通过限制每一个污染者的最高污染水平或采取庇古税制度来实现社会最优。

在实践中，政府无法获取所有信息，因此也不能计算出最优的总污染水平。实际上，政府将选择"猜测" P 的合适水平，以此来决定它将容忍的总污染水平。在做出这样的猜测之后，下一个难题则是以最优方式为所有污染者分配各自的污染量，从而使减排成本尽可能低。总量管制与交易制度的绝妙之处在于它实现了这一目标。

假设政府规定总污染水平为 $\widehat{P}$。分配给污染者 i 的排污权数量为 R_i，且 $\sum_{i=1}^{n} R_i = \widehat{P}$，则分配的排污权总数等于政府规定的总污染水平，于是形成了排污权市场，那些需要更多排污权的污染者就可以购买这些权利，而拥有多余排污权的污染者就可以出售这些权利。

最初，每个污染者只能排放与其被分配的排污权相符的污染量。假设排污权的市场价格为 s，如果污染者 i 想排放的污染量 P_i 高于 R_i，那么它必须以 s 的价格在市场上购买更多的排污权。污染者每多排放 1 单位污染的收益是 MB_i，但它必须支付 s 来获得额外 1 单位的排污权。因此，额外 1 单位污染的净收益是 $MB_i - s$。污染者将增加其污染水平 P_i，直到净收益等于 0，也就是 $MB_i = s$。

如果污染者 j 拥有过多的排污权，并想出售其中一部分，又会发生什么呢？在这种情况下，污染企业可以以 s 的价格出售多余的排污权，但自身必须减少污染，从而产生额外的减排费用 MB_j。因此，出售排污权的净收益是 $s - MB_j$，企业将出售多余的排污权，直到净收益为 0，也就是 $MB_j = s$。因此，无论污染者是购买还是出售排污权，都将根据边际效益是否等于 s 来确定其污染水平。

如果所有不同的污染者其 MB 都等于 s，则有 $MB_1 = MB_2 = \cdots = MB_{n-1} = MB_n$，满足了上述污染的最优分配条件。因此，在政府已经决定总污染水平 P 的条件下，总量管制与交易制度就能实现社会最优。换句话说，总量管制与交易制度能确保总污染水平 P 下的最低总减排成本[①]。

值得注意的是，在市场出清的价格下，排污权市场的运行能够确保排污权的买卖交易完全平衡。此外，如果污染者一开始就没有排污权，并且必须从政府那里购买，那么最终也能实现（有条件的）社会最优。此时，每个污染者都是买家，他们都将根据 $MB = s$ 来选择其污染水平。和前文分析一样，最终所有污染者的 MB 都相等。

当排污权是免费分配时，这种分配模式将使一些污染企业致富，同时给另一些污染企业带来负担。具体来说，被分配到超过其所需排污权的企业将出售多余的污染权，从而获得利润。而那些排污权相对不足的企业，由于最初分配到的污染权太少，就需要额外购买排污权，因此降低了自身利润。

三、现实情况下的总量管制与排污权交易

1990 年的《清洁空气法》提出了酸雨计划这一总量管制和排污权交易制度，即管控美国发电厂使用化石燃料（煤炭、石油和天然气）所产生的二氧化硫排放量。起初，该计划要求 21 个州的 261 个发电厂减少污染排放量，以缓解美国东部地区的酸雨情况。这些工厂获得了排放配额（排污权），为了达到预期的减排目标，排污权的总配额会随着时间的推移不断减少。到 2007 年，该项目已经使二氧化硫降至 1980 年的 50%（美国环境保护署，2009）。

---

① 习题 9-3 阐明了排污权市场的运作情况。

2005 年，欧盟建立了一个与之类似的限额交易体系，其主要关注温室气体的排放。该制度限制了发电厂和工厂等大型污染源的排放，涉及欧盟很大一部分二氧化碳的排放量。

第五节　关于空气污染和房产价值的证据

空气污染导致的损失原则上可通过健康专家的评估来衡量，还有另一种方法是利用住房市场的信息来衡量。如果城市居民受到了空气污染的伤害，那么他们愿意为污染地区的住房所支付的价格会低于为空气质量较好地区的住房所支付的价格。因此，由第二章分析可知，在空气质量好的地区和空气质量差的地区之间会出现一种补偿差异，而这一差异可以用第六章提到的特征价格模型来衡量。估计得到的房价之差就是以美元来衡量消费者在较好空气质量区域的效用值。

Ridker 和 Henning（1967）最早将特征价格法应用于空气质量研究，他们使用了圣路易斯都市区人口普查区的平均销售价格、房产特征和社区空气质量数据。在这项研究之后，出现了大量相关文献，Smith 和 Huang（1995）对这些文献进行了总结：在不同研究中，空气质量的估计值往往有很大差异，但有时在数值上差异很小。Chay 和 Greenstone（2005）采用了另一种方法，他们使用县级数据，包括该县住房的平均价值、平均空气质量和其他变量，而不是使用更细分的数据[1]。与之前的研究相比，他们运用了更好的统计方法，控制了各县消费者根据空气质量进行自选择的可能性[2]。

上述研究发现，空气质量对房屋价值的影响要比大多数早期研究结果更大，估计弹性为 -0.20 到 -0.35。这意味着空气污染每增加 1%，房屋的价值会下降 1/5～1/3。本书由此计算得到，在 20 世纪 70 年代，美国严格的空气质量标准使房地产总价值增加了 450 亿美元，可代表空气质量改善给消费者带来的效益。

---

①　这些研究用到的空气质量指标是总悬浮微粒（TSP），它是空气污染（除臭氧外）的一个主要组成部分。

②　回顾第四章，自选择是评估城市扩张对肥胖影响时存在的一个问题。就空气质量而言，类似的问题在于，那些强烈厌恶空气污染的居民可能会选择不住在污染严重的地区，最终剩下不那么在意污染的居民居住在这些地区。最终测量出的空气污染对房价的影响可能主要反映了对污染不敏感的消费者偏好，因此该研究规模较小且不具有代表性。

第六节 小结

由于污染影响着世界各地的城市环境，因此了解那些应对过度污染的政策显得尤为重要。对于单一固定污染源（如一个工厂），制定污染标准是控制其过度污染的一种方法，即制定一个社会最优水平的污染标准。另一种方法则是征收庇古税，即污染者按每单位污染缴纳一笔税。但是制定污染标准和使用庇古税对信息的要求都很高，一种更简单的方法是实施非庇古税。在这种制度下，排放任意污染水平所需缴纳的税额都等于污染所造成的总损害。当谈判成本较低，并分配污染外部性的产权时，双方当事人可通过谈判来消除过度污染。这一结论（科斯定理）意味着可能不需要政府的干预来减少污染。在涉及多个污染源的更复杂、更现实的情况下，政府可能很难计算出社会最优污染水平。不过，政府可通过制定预期的总污染水平，并实施总量管制与排污权交易制度，以尽可能低的总减排成本实现社会最优。

第十章　犯罪

第一节　引言

犯罪通常集中在城市，和污染一样，犯罪同样会降低城市居民的生活质量。在犯罪率高的城市，犯罪除了给受害者造成巨大损失外，还影响着每个人的日常生活。居民会避开某些危险区域，并且不愿在夜间外出。很多犯罪行为都与财产盗窃或经济利益有关，而其他以伤害受害者为目标的犯罪行为（袭击、谋杀、强奸等）对行凶者来说无关乎任何经济利益。

财产犯罪的部分原因是潜在罪犯不能合法获得足够收入来维持生计，这可能是因为他们自身能力不足、受教育水平低，或是存在反社会倾向。上述观点是犯罪经济学理论的基础，也是本章的重点。财产犯罪的前提条件是社会上存在弱势群体，该弱势群体因受到富人财产的刺激而产生犯罪动机。因此，财富与贫穷一样，在财产犯罪的过程中起着重要作用。一个社会的行为标准至关重要，因为从事犯罪活动可能会使罪犯受到同龄人的蔑视，这在一定程度上能够预防个人犯罪。

犯罪还取决于受到惩罚的可能性和惩罚的严厉程度。这些因素取决于城市警力的规模（决定了罪犯被抓的可能性）以及用于监狱的资金（这决定了对已定罪的罪犯执行长期监禁的能力）。当罪犯有机会获得枪支时，犯罪也变得更加容易。当获取枪支较为困难时，就更难实施银行或商店抢劫等犯罪活动了。

犯罪经济学理论上包含了上述所有因素：弱势群体的存在、财富的存在、惩罚的可能性及其严厉程度、实施犯罪的难易程度，以及社会行为准则。该理论起源于 Becker 在 1968 年发表的一篇论文，第二节对该理论进行了详细解释。第三节对该理论进行了扩展，并阐述了一种最新的分析犯罪的方法，该方法重点关注邻里效应和社交网络。在第八章公共部门分析的基础上，第四节分析了一个与犯罪相关的资源分配问题：如何在一个城市的富民区和贫民区之间分配警力？

第二节　犯罪的经济理论

一、一个简单的模型

为了更清楚地了解经济因素如何影响一个城市的犯罪水平，接下来建立一个简单的模型进行分析。这个模型建立在 Becker（1968）的研究基础上，并使用了由 Edward Glaeser（1999）建立的分析框架。该方法关注个人的职业选择，询问他们是选择成为合法职工还是罪犯。在做出职业选择后，罪犯还会决定其犯罪活动的"强度"，即每个时期的犯罪次数。为简化分析，该模型不考虑后者，而是假设每个罪犯在每个时期只犯罪一次（这意味着犯罪数量与罪犯人数相同）。此外，该模型最初侧重于财产犯罪研究，但通过微小的调整后，它也适用于其他类型的犯罪。

假设一个城市有 $\bar{n}$ 个居民，并用 $n = 1, 2, \cdots, \bar{n}$ 表示。由于个人技能、受教育水平和社交能力的差异，每个人将在合法的工作岗位上获得不同的收入。假设居民的编号按照其合法收入从小到大排序，即编号为 1 的居民收入最低，编号为 $\bar{n}$ 的居民收入最高。图 10-1 描述了合法收入与个人编号之间的关系。这条合法收入曲线在 $n = k$ 处的高度就等于居民 k 的合法收入，它代表着一个人在合法工作中获得的收入[1]。

---

[1]　这种编排索引的方法和第五章对通勤者的替代成本进行分类的方法很类似。

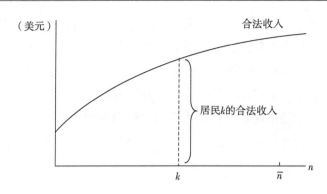

图 10-1　合法收入曲线

为简化分析，假设所有人在犯罪活动中都拥有相同的技能，也就是说，犯罪收入对每个人来说都是一样的，犯罪收入的多少主要取决于罪犯每次可以非法获得多少赃物。用 L 来表示罪犯获得的赃物，该数量可能取决于城市的特征，将在下文进一步解释。

罪犯可能在犯罪期间或犯罪之后被逮捕，在这种情况下，他们就无法获得赃物。如果用 a 表示罪犯被逮捕的概率，则罪犯所获赃物的期望值为 $(1-a)L$。除了失去赃物，被捕的罪犯被司法机关依法判罪后还会被关进监狱。假设监禁会使一个罪犯付出 J 美元的代价。那么对罪犯而言，被惩罚的预期成本为 aJ，即用罪犯被逮捕的概率乘以被监禁的成本。

罪犯被逮捕的概率 a 取决于其所在城市的警力规模。此外，被监禁的成本将取决于监禁刑期的长短。监禁的刑期越长，监狱本身要支付的费用越多，因此罪犯被监禁的成本取决于监狱的资金预算。下文将进一步分析 a 和 J 之间的关系。

罪犯还需承担犯罪的其他成本，包括为实施犯罪所付出的精力及社会名誉损失。用 e 表示罪犯的其他犯罪成本，它取决于获取枪支的难易程度，以及社会行为规范的严苛程度。综合上述所有要素，犯罪预期净收入等于 $(1-a)L-aJ-e$。

由于这种犯罪收入不由个体的特征所决定，所以它在图 10-2 中是一条水平线，并在 $n=n_c$ 处与合法收入曲线相交。

从图 10-2 中可以清楚地看到个体进行职业选择的结果。当居民编号大于曲线交点对应的 n_c 时，合法就业给居民带来的收入会高于从事犯罪活动带来的收入。因此，这些个体将选择成为合法职工。对于编号小于 n_c 的居民来说，从事犯罪活动获得的收入比合法就业获得的收入更高，因此他们会选择成为罪犯。编

号 n_c 代表着选择从事犯罪活动的居民数量，同时可知该市有 $\bar{n}-n_c$ 名合法职工和 n_c 名罪犯。若每名罪犯犯罪一次，则该市的犯罪水平等于 n_c。

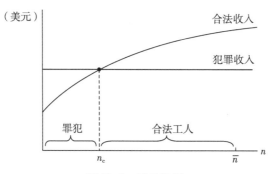

图 10-2 职业选择

因此，该模型的预测结果为，一个城市内部的弱势群体最有可能成为罪犯。因为他们缺乏技能、受教育水平低，或是存在反社会倾向，无法以合法职工的身份获得高收入，因此他们选择通过犯罪来获得更多收入。

二、城市特征如何影响犯罪

该模型预测，一个城市的罪犯人数和犯罪数量是由城市特征决定的。假设城市弱势群体的技能和受教育水平下降，合法收入较少的曲线部分由此向下移动，如图 10-3 所示。合法收入曲线与犯罪收入曲线的交点从 n_c 移至 n_c'。因此，如果城市的弱势群体变得更加弱势，罪犯人数和犯罪数量就会增加。

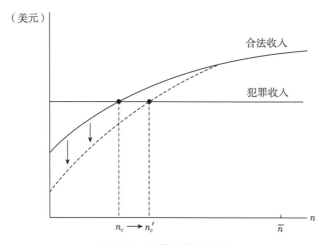

图 10-3 弱势群体的影响

城市相关特征发生变化也有可能减少犯罪分子的收入，进而影响罪犯人数和犯罪数量。假设警察队伍的规模扩大，罪犯被逮捕的概率 a 就会增加。根据上述犯罪预期净收入公式可知，这一变化使犯罪收入减少。犯罪收入曲线由此向下移动，其与合法收入曲线的交点向左移至 n_c''，如图 10-4 所示。因此，增加警察数量可通过提高逮捕率来降低犯罪的收入，从而减少城市的罪犯人数和犯罪数量。如果政府在监狱上投入更多资金（可充分保证对罪犯判处的长期监禁），也会产生同样的效果。这是因为监禁成本 J 的提高使犯罪收入减少，从而令犯罪水平 n_c 下降。另外，更严格的枪支管制也会产生同样的效果。当获取枪支困难时，犯罪分子不得不使用低效率的武器实施犯罪行为，这将提高犯罪所需的努力水平 e。因此，犯罪收入曲线将再次向下移动，使城市罪犯人数和犯罪数量减少。此外，加强社会行为规范，强化社会对犯罪活动的抵触意识也可以产生同样的效果。

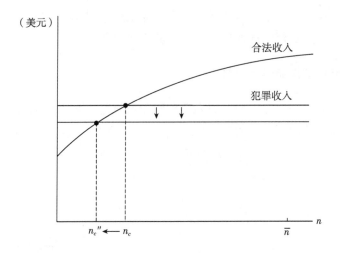

图 10-4　增加警力的影响

假设罪犯偷走的赃物来自城市内收入最高的居民群体（他们均为合法职工）。此时，如果这些居民的收入增加，会产生以下两种效应：第一，合法收入较高的曲线部分由此向上移动。如图 10-5 所示，这种变化对曲线的交点没有影响。第二，随着潜在受害者变得更富有，罪犯能偷到的赃物价值也更高，使犯罪收入曲线向上移动，交点由此向右移动到 n_c'。因此，该模型的预测结果为，一个城市中的高收入群体越富有，该城市中的罪犯人数和犯罪数量就越多。

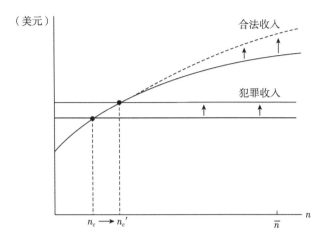

图 10-5　财富增长的影响

上述影响因素都很直观，并说明了犯罪经济学理论的实用性。但是，该模型及其预测结果是否适用于其他类型的犯罪，如那些不是为了谋取财产利益的犯罪。事实上，对该模型进行少许修改，便可适用于冲动型犯罪、强奸，以及其他非经济型犯罪。需先对 L 变量重新定义。L 不再代表赃物，而是罪犯从犯罪中获得的利益。在冲动犯罪的情况下，这种利益可能是通过对某个人造成伤害而获得的满足感。即使被逮捕，罪犯也能获得此项利益，因此 L 变量不需要乘以逮捕概率 a。

更重要的是，由于此时所讨论的犯罪不属于经济型犯罪，因此犯罪带来的收入和职业选择不再相关。将犯罪预期净收入的公式改写为 $L-aJ-e$，此时该公式表示犯罪的净收益，而非犯罪的净收入。如果净收益为正，那么他就有动机进行非经济型犯罪。与前文一致，加大警力投入，增加监狱预算，以及提高犯罪成本都能降低犯罪的净收益，从而降低犯罪发生的概率。然而警察数量再多，似乎也不能阻止冲动犯罪。当个体在相关动机的激励下欲实施犯罪时，会在行动之前考虑被逮捕的概率。

三、预防犯罪的最优支出

该模型表明，增加警力规模可以减少罪犯人数和犯罪数量。如图 10-6 所示，C 表示犯罪数量，并且其与城市警力成本之间呈负相关关系[①]。预防犯罪成本曲

---

① 在该模型中，犯罪数量与罪犯人数相同。

线向下倾斜的趋势表明，预防犯罪的成本越低，警力规模就越小，犯罪数量就越多。图 10-6 表明，随着犯罪数量的下降，该曲线以越来越快的速度上升。这表明，犯罪数量不断减少的目标变得越来越难以实现，因为其间需要不断增加警察人数，犯罪预防成本也越来越高。图 10-6 中的第二条曲线描绘了受害者的被施害成本，代表他们因受害而造成的损失。这条受害者成本曲线被绘制成线性的，这表示每次犯罪给受害者造成的损失大小是相同的。

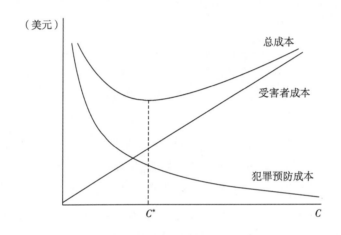

图 10-6　社会最优犯罪水平

结合这两条曲线，就可以确定社会最优犯罪水平。该最优水平并不是像直觉认为的那样为零，而是等于 C^*。C^* 是将犯罪预防成本和受害者成本的总和降至最低时的犯罪水平。将犯罪预防成本曲线和受害者成本曲线纵向相加，得到第三条曲线，这条曲线显示了不同犯罪数量水平下的总成本。社会最优犯罪水平对应总成本曲线上的最低点，如图 10-6 所示。

通过上述模型，我们很容易理解为什么一些犯罪的存在反而对社会是有利的。虽然犯罪数量的减少于潜在受害者而言总是更好的，但是从犯罪预防成本的角度出发，将犯罪减少到零的过程需要大幅增加警力投入，成本收益比不甚合理。这一结论与第九章的观点类似：考虑到高昂的环境治理成本，将污染减少到零绝不是最优选择。

虽然上述分析只关注到作为预防犯罪手段的警力支出，但也可以将监狱的支出考虑在内。第一步是找到与每一犯罪水平相对应的最少警力和监狱支出的组合。第二步是找到总成本最小化时的犯罪水平，这里的总成本等于受害者成本加上警力和监狱支出成本。

第三节　犯罪理论的其他方面

一、多重犯罪均衡

犯罪活动的空间集聚现象有时令人费解。在同一个城市，可能某些社区只有少量犯罪活动，而与之高度相似的社区却存在大量犯罪活动。为什么犯罪活动会发生空间集聚现象呢？为什么犯罪活动在空间内部不是均匀分布呢？

将部分因素纳入简化的犯罪经济学理论模型后，上述问题得以解释。这些因素与第八章介绍的公共物品拥挤概念密切相关。假设模型适用于城市内部的任一社区，那么该模型能够分别决定每个社区的犯罪水平。此外，犯罪分子之间对于赃物的竞争可能会导致拥挤效应。换言之，如果每个社区可供偷盗的财物数量是固定的，随着犯罪人数的增加，每个犯罪分子能够获得的赃物将会减少。因此，赃物 L 随着犯罪人数 n_c 的增加而减少，犯罪收入[同前文的 $(1-a)L-aJ-e$]也随之减少。

但是，警察尽力逮捕罪犯时会受到另一种相反的拥挤效应的影响，即更多罪犯的出现降低了单个罪犯被抓捕的概率。因此，随着 n_c 的增加，逮捕率 a 将下降。这与赃物拥挤效应的影响方向相反，即 n_c 的增加使罪犯收入增加。

当考虑这两种影响方向完全相反的拥挤效应时，其净效应是不确定的。所以，我们假设罪犯数量较少时，逮捕的拥挤效应占主导地位，犯罪收入最初随着 n_c 的增加而增加。最终，赃物拥挤效应会占据主导地位，即当罪犯数量足够多时，犯罪收入开始下降。因此，这两种效应产生了如图 10-7 所示的 S 形犯罪收入曲线[1]。

---

[1]　图 10-7 的水平轴一方面代表着个体；另一方面为了衡量拥挤效应，它也代表着罪犯数量。可参见 Freeman 等（1996）与 Conley 和 Wang（2006）。

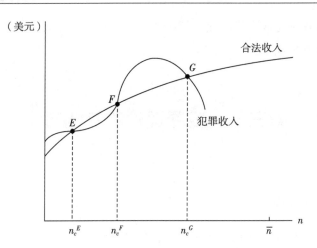

图 10-7 多重均衡

不同于前文中提到的一个交点，犯罪收入曲线与合法收入曲线之间有三个交点。对社区居民群体进行分类后，三个不同的交点（E、F、G）表示可能的罪犯与合法职工的均衡数量组合。然而，我们对中间的交点（F）并不感兴趣，因为它是一个不稳定的均衡。为了进一步了解拓展模型的原理并解释上述问题，我们假设某个社区正处于均衡点 F 上，罪犯数量为 n_c^F。每名罪犯都对自己的职业选择很满意，因为他的犯罪收入（对应于犯罪收入曲线在 $n=n_c^F$ 时的垂直高度 h）比他能赚到的合法收入要高（对应于合法收入曲线在 $n=n_c^F$ 偏左处点对应的垂直高度）。每个合法职工也对自己的职业选择很满意，因为他们通过合法工作赚取的收入高于犯罪收入 h。尽管我们假设每个人都对自己的职业选择很满意，但是一些职工（对应的数值大于 n_c^F）仍然会实施犯罪活动。其原因在于，在点 F 右侧，犯罪收入曲线位于合法收入曲线的上方，所以这些抛弃合法工作转向犯罪活动的职工会继续实施犯罪，随后更多合法职工将会走向犯罪的道路，罪犯人数会不断增加，直至达到交点 G。

当罪犯人数发生小范围变动时，均衡点 F 并不稳定，但这个结论不适用于 G 点，因为在该点每个人都对自己的职业选择很满意。我们假设一些合法职工（其人数略高于 n_c^G）实施了犯罪活动，这些职工将会为这一举动感到后悔，因为在 G 点右侧合法收入曲线高于犯罪收入曲线。这些原先守法却转而实施犯罪的职工意识到初始的合法收入更高，因此将会回到初始的合法工作中去，均衡点恢复为 G。这种特性同样适用于 E 点。E 点和 G 点的关键特征是犯罪收入曲线从上方穿过合法收入曲线，但是在不稳定的均衡点 F 处，犯罪收入曲线从下方穿过合法收入曲线。

社区出现了两个关于犯罪的稳定均衡点，其代表着犯罪活动的不同水平。均衡点 E 表示存在相对较少的罪犯和犯罪活动，而均衡点 G 表示存在较多的罪犯和犯罪活动。显然，一个社区最终可能会达到这两个均衡中的任一均衡水平。因此，两个具有相同特征（收入曲线也相同）的社区，其犯罪水平可能显著不同，这与现实中观察到的现象相吻合。

剩下的问题是两个社区最终如何达到不同的均衡。此时，针对社区的外部冲击为回答该问题提供了一个视角。例如，假设两个社区都处在犯罪数量水平较低的均衡点 F 上，在一个社区中，一些合法职工与罪犯关系日渐友好，这些罪犯会劝说合法职工实施犯罪，尽管犯罪可能无法立刻带来收益。如果足够多的合法职工转而选择犯罪，罪犯的数量将会达到 F 点的右侧，在该处，更多合法职工（根据上文关于稳定性的讨论）存在犯罪的动机。

二、邻里效应、社交网络与犯罪

第七章曾指出，当贫困家庭能通过搬家来摆脱贫困地区所产生的负邻里效应时，结果将是成年人能够找到更好的工作，孩子能够接受更好的教育。住房流动计划（Moving to Opportunity Program）的结果在一定程度上能够证实上述改进。与之相反，对于仍然留在原来贫困地区的家庭，负邻里效应可能会使他们的生活更加糟糕。

犯罪就是负邻里效应带来的不良后果之一。社交网络可能会在社区内建立个人与犯罪分子之间的联系，使人们走向犯罪之路。其中可能的传导机制便是犯罪指导（Criminal Tutoring），即犯罪分子在社交过程中传授成功犯罪所需的技巧。在模型中，通过接受犯罪分析指导并掌握高超的犯罪技巧能够减少犯罪所需付出的努力，由此提高犯罪收入，使犯罪活动更具吸引力。此外，人们与犯罪分子的日常交往可能会减少社会对犯罪行为的厌恶感，也就是说 e 会减少。

通过社交纽带发展起来的犯罪网络通常依赖于一个关键人物。虽然在社交网络中很多罪犯并不认识彼此，但是他们很有可能通过认识社交网络中的关键人物而和众多罪犯间接联系起来。因此，如果警方能够识别并逮捕关键人物，犯罪网络将会被瓦解，从而减少城市的犯罪。Ballester、Calvo - Armengol 和 Zenou（2003）基于网络理论给出了一种通过测量个人网络中心性来识别关键人物的方法。

社交网络的影响还能解释为何两个高度相似的社区之间的犯罪率存在巨大差异，从而加强了多重均衡的解释力。Zenou（2003）曾提出该逻辑。在 Glaeser 等（1996）提出的较为复杂的模型基础上，Zenou（2003）认为当人们模仿他人的犯罪行为（通过社交网络完成），而不是独立做出是否犯罪的决定时，犯罪水平要么过高或要么过低的可能性更大。假设有两个潜在罪犯，在单独决定的情形下，让他们掷硬币来决定是否从事犯罪活动。而在模仿他人的情形下，让一个人掷硬币，另一个人模仿别人的选择。虽然每种情形的预期犯罪人数都是 1，但是在模仿他人的情况下，出现极端结果的概率更大，即罪犯的数量要么是 2，要么是 0。因此，社交网络中的模仿犯罪行为会导致社区之间巨大的犯罪水平差异。

三、犯罪背景下的辖区间竞争

第八章分析了税收和福利竞争，其中政府当局担心商业投资的损失以及贫困移民的迁入会使公共物品和福利支出变得效率更低。在有关预防犯罪支出的分析中，如果犯罪分子可以跨辖区流动，也会出现与此类似的结果。在犯罪分子可跨辖区流动的情况下，如果一个辖区增加了犯罪预防支出，那么犯罪分子将因为被捕概率的增加以及监禁刑期的延长而迁至其他辖区，最终导致罪犯流入辖区内的犯罪活动增加。但由于原管辖区不考虑该负面影响，只关注自身犯罪活动的减少，所以往往会将犯罪预防支出定得过高。因此，当犯罪分子可以跨辖区流动时，辖区将在预防犯罪方面支出过多。有趣的是，该结论与在税收和福利竞争下出现的支出不足的结果正好相反。

四、预防犯罪的相关支出真的能减少犯罪吗

前文讨论过的犯罪经济理论中一个基本假设是犯罪活动的数量随着预防犯罪支出的增加而减少。这个假设看起来无可争议，但是我们很难找到支撑它的相关经验证据。多年来众多研究表明，警力支出对犯罪活动没有影响，两者之间也不存在反直觉的正相关关系。其问题在于未能考虑到警力支出的内生性。换言之，城市在力求减少犯罪活动时会将大量警力投入到犯罪多发的辖区，这可能会导致犯罪与警力之间的正相关关系。

Levitt（1997）首次控制了这种内生性。他发现，选举前警力支出会增加，

因为现任政客希望凭借减少犯罪活动来增加他们的连任概率。Levitt 使用选举期间的数据分离出与当地基本犯罪水平不相符的警力支出。他发现，以这种方式衡量的警力支出确实会导致预期的犯罪活动减少。

Levitt（2004）也试图探索导致美国过去 20 年犯罪率（一定时间范围内犯罪者与人口总数的比率）下降的其他因素。他识别了模型中包含的几个因素，这些因素能够解释 1990 年至 2000 年犯罪率为何会下降。其中一个因素是警力规模的扩大，另外两个因素是监狱容量的扩大和囚犯的增加。如前文所述，这些模型中的因素能够增加被逮捕概率 a 和监禁成本 J，因此将其考虑在内。Levitt 认为，枪支管制（提高了 e）以及劳动力市场的改善（将提高图 10-3 中的合法收入曲线）都不重要。但是，他提出了一个富有争议的观点：20 世纪 70 年代实施的堕胎合法化令 20 年后的犯罪率下降了。他认为，随着越来越少的弃婴长大成年，90 年代的年轻人群体能够更好地适应社会且更有能力从事合法工作赚取收入。图 10-3 中的合法收入曲线向上移动代表了这种变化，犯罪活动数量由此减少。

第四节　如何在贫民区与富人区之间分配警力

一、初步分析

第八章曾提到，公共物品的一个重要特征是它们统一提供给辖区内的所有居民。虽然某些公共物品（如国防）的性质决定了它的供给不可能是有差别的，但事实上许多公共物品的供给在本质上就是不平等的。预防犯罪支出便是其中一个例子。尽管政府当局希望为各个社区提供相同的警力保护水平，但原则上是允许将警力从一个社区撤出而服务于其他社区的。鉴于这种可能性，利用犯罪经济学理论的相关要素，对警力分配问题进行更详细的研究是很有意义的①。

假设一个城市由人口数量相等的贫民区和富人区组成。该城市拥有固定的警察总数 $\overline{P}$，它可以任意分配于两个社区。P_r 和 P_p 分别表示分配于富人区和贫民

① 该分析以 Shoup（1964）的著作为基础，对于使用了同一分析框架的实证研究，可参见 Behrman 和 Craig（1987）。

区的警察数量，因此有 $P_r + P_p = \overline{P}$。我们感兴趣的问题是如何在不同社区之间分配警力。

为了便于分析，假设社区的所有犯罪都是"内部的"，即罪犯指向的犯罪对象为其所在社区的居民。因此，贫民区的罪犯只侵害贫民区的居民，而富人区的罪犯只侵害富人区的居民。这种模式排除了贫民区的罪犯在富人区犯罪（如入室盗窃）的情形。排除了交叉犯罪的情况后，发生在富人区的犯罪活动可能包括青少年破坏公物、挪用公款等。发生在贫民区的犯罪活动可能包括武装劫持、与毒品有关的谋杀等其他更严重的罪行。尽管现实生活中存在交叉犯罪，但是内部犯罪的假设并非完全不切实际。

当犯罪活动只限于社区内部时，犯罪水平则仅取决于该社区的警察人数。因此，一个社区的犯罪水平与另一个社区的警力无关。交叉犯罪使这种简化分析不成立：当交叉犯罪存在时，贫民区的警察可以减少富人区的犯罪活动，如贫民区的警察抓捕了在富人区实施入室盗窃的跨区罪犯。当交叉犯罪不存在时，贫民区的犯罪水平（C_p）仅取决于 P_p，富人区的犯罪水平（C_r）仅取决于 P_r。此时警察数量与犯罪水平呈负相关关系，即社区中警察数量的增加能够降低该社区的犯罪水平。

图 10-8 描绘了两条向下倾斜的曲线，上方的曲线代表贫民区的犯罪曲线，下方的曲线代表富人区的犯罪曲线[①]。对该曲线进行分析时，我们暂且忽略 $P_r + P_p = \overline{P}$，但稍后会重新分析这一点。

犯罪曲线有几个值得注意的特征：第一个特征：曲线是凸向原点的，表示犯罪数量下降的速度随着警察数量的递增而递减。该特征表明，增加一名警察的效率（它导致犯罪数量下降的程度）随着警察数量的增加而减少。当社区的警察数量很少时，增加一名警察可以带来显著的边际收益，显著降低了犯罪水平；但当警察数量很多时，增加一名警察所降低的犯罪水平并没有那么明显。

第二个特征：在 $P_p = P_r$ 的任一警力水平上，贫民区的犯罪曲线高于富人区的犯罪曲线。因此，如果两个社区的警察人数相同，则会出现 $C_p > C_r$，贫民区的犯罪数量更多。其原因在于，如果警察人数保持不变，弱势群体更有可能实施犯罪，正如在第二节中所讨论的那样。

---

① 犯罪曲线是犯罪预防成本曲线的镜像形式（见图 10-6）。该曲线表明，犯罪预防成本（与警察人数成比例关系）是犯罪活动的函数。图 10-8 中的 y 轴为犯罪水平，x 轴为警察数量。

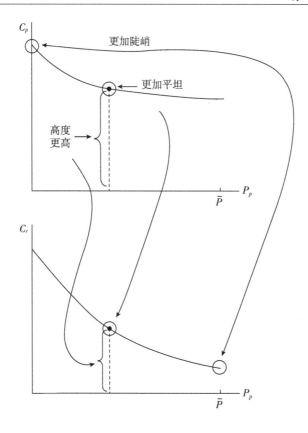

图 10-8 犯罪曲线

第三个特征：在 $P_p = P_r$ 的任一警力水平上，贫民区的犯罪曲线比富人区的犯罪曲线更加平坦。该差异表明，如果两个社区的警察数量相同，贫民区增加一名警察的效率（增加一名警察导致犯罪数量下降的程度）低于富人区增加一名警察的效率。该差异再次揭示了警察在贫民区的威慑作用更弱。相比于富人区，贫民区的居民更可能通过犯罪来获得足够的收入，因此贫民区的犯罪活动数量更多，也很难通过增加额外的警力去减少贫民区的犯罪。

第四个特征：在 $P_p = 0$ 处贫民区的犯罪曲线比在 $P_r = \overline{P}$ 处富人区的犯罪曲线更陡峭。换言之，分配到贫民区的第一个警察所产生的效率高于把第 $\overline{P}$ 个警察投入到富人区后产生的效率。因此，当富人区与贫民区初始的警力配备相同时，贫民区增加一名警察产生的效率较低，但是如果初始的警力配备数量不同，这种情况就会反过来。当贫民区一开始没有警察时，第一个警力的投入会显著降低犯罪数量，这远比把第 $\overline{P}$ 个警察配备到富人区以减少犯罪的效果明显。

二、转换曲线

鉴于要把总量为 $\overline{P}$ 的警察在富人区和穷人区之间分配，我们不得不权衡两个社区之间的犯罪活动。换言之，要降低 C_p，则需要增加贫民区的警察数量，那么 C_r 会增加（富人区的警察数量减少）。这种权衡如图 10-9 所示。曲线是向下倾斜的（反映了对犯罪活动的权衡）和凸的（反映了犯罪曲线的凸性）。

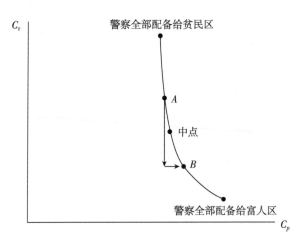

图 10-9 转换曲线

犯罪曲线如何生成转换曲线呢？要回答该问题需先考虑曲线的端点。在图 10-9 的上端点，C_p 已尽可能地小，这意味着所有的警察都在贫民区，因此 $P_p = P\overline{P}$，$P_r = 0$。具体而言，上端点的 C_p 值与图 10-8 中贫民区犯罪曲线底部代表的犯罪水平相对应，此时 $P_p = \overline{P}$。反之，上端点的 C_r 值与富人区犯罪曲线顶部代表的犯罪水平相一致，此时 $P_r = 0$。

与之相反，在转换曲线的下端点处，C_r 已尽可能地小，意味着所有的警察都在富人区，因此 $P_r = \overline{P}$，$P_p = 0$。下端点的坐标和图 10-8 对应的解读方式与上端点的解读方式相同，在此不再赘述。在转换曲线的中点处，警力平均分配在两个社区之间，即 $P_r = P_p = \overline{P}/2$。此时，贫民区的犯罪活动较多，即 $C_p > C_r$，如图 10-9 所示。

转换曲线是凸的，并且在大部分范围内也很陡峭。这个特征反映了这样一个事实：在富人区多增加一名警察的效益通常高于在贫民区额外增加一名警察的效益。假设警力的分配方式对应于图 10-9 中转换曲线上的点 A，该点高于转换曲线的中点（中点处警力平均分配），因此有 $P_p > P_r$。此时，假设一批警察从贫民区分配到富人区，富人区的犯罪数量因此而减少，如图 10-9 中的垂直箭头所示。此外，贫民区的犯罪数量因此而增加，如图 10-9 中的水平箭头所示，最终移动到转换曲线上的点 B 处。可以观察到的是，由于警察在富人区的效率更高，所以当一定数量的警察从贫民区调到富人区后，富人区内犯罪活动减少的数量大于贫民区内犯罪活动增加的数量。换言之，图 10-9 中垂直箭头比水平箭头长，但是这种差异仅仅意味着在 A、B 点之间的转换曲线是陡峭的。

回想一下前文分析过的内容，即分配给贫民区的第一个警察比分配给富人区的最后一个警察产生的效益更高。这意味着在转换曲线底部（警察全部配备给富人区），两个社区之间产生的效益是相反的。在此范围内，贫民区多增加一名警察比在富人区更有效。因此，如果从 A 点运动到 B 点的轨迹曲线位于转换曲线底部，图 10-9 中垂直和水平箭头的长度关系将发生逆转。所以，转换曲线在接近底部时趋于平缓，斜率的绝对值小于 1。

三、警力分配的选择

图 10-10 中重新绘制的转换曲线描绘了在给定的警力总量下，两个社区之间可行的犯罪活动数量组合。我们更加关注应选择哪种犯罪组合（以及相关的警力分配）。在这种情况下，共有三种看似合理的分配方案。从某种意义上说，与转换曲线的中点相对应的警力分配方案是最合理的，此时两个社区的警察数量相等。在图 10-10 中，转换曲线上的中点被称为警力分配均等点，该点处贫民区的犯罪活动多于富人区。

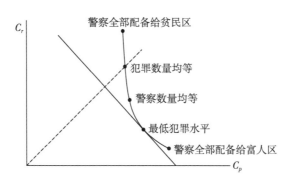

图 10-10 警力的分配

另一种合理的分配方案也依赖于均等的概念，但此时聚焦于犯罪数量而不是警察人数。调整富人区和贫民区的警察数量，使富人区和贫民区达到犯罪数量均等的状态。而在图 10-10 中，该犯罪数量均等点对应于代表 $C_r = C_p$ 的 45°线与转换曲线的交点，且其位于警察数量均等点之上，此时 $P_p > P_r$。因为贫民区居民的犯罪倾向更大，所以必须给贫民区配备更多的警察以使富人区和贫民区的犯罪率相同（即犯罪数量相同，因为犯罪率等于罪犯数量占人口的比重。模型已做出如下假设：犯罪数量等于罪犯人数，两个社区的居民人数相同）[①]。

　　这两种基于平等的分配方案存在根本性的差异。警力的均等分配实现了机会平等，即由于各社区中的警察数量完全相同，其受到保护的机会也是相同的。相反，在某种意义上，犯罪数量的均等分配实现了结果平等，即社区中的每个人感知与经历的犯罪水平是相同的。然而，结果的平等却意味着机会的不平等，因为必须向贫民区分配更多的警察以平衡两个社区的犯罪数量。反之，机会的平等将导致结果的不平等，因为相同的警力分配会致使贫民区发生更多的犯罪活动。

　　机会平等和结果平等两者之间的抉择往往是制定公共政策时的重要议题。例如，平权运动法则赋予了少数族裔求职者在应聘方面的优势，它代表着一种通过不平等的机会产生平等结果的制度性尝试。几十年来，自由派和保守派一直在争论社会应该提供平等的结果还是平等的机会（自由派更倾向于前者），但这场辩论没有正确的答案。

　　除了这两种基于平等的分配方案之外，另一种可行的方法是使用衡量社会福利的指标来分配警力。总犯罪率是一种天然的用来衡量福利的指标，此时旨在如何分配警察以使总犯罪率最小化。

　　使用企业成本最小化理论并借助图形回答该问题。企业关注等成本线（回想第二章中的住房生产案例），在犯罪领域中的相关结构是等犯罪率线。该线上所有点的总犯罪率是相同的，与方程 $C_r + C_p = k$ 相对应，k 代表某个常数。因为该方程可改写为 $C_r = k - C_p$，所以等犯罪率线相互平行且向下倾斜，其中斜率等于-1。

　　为了使总犯罪率最小化，我们的目标是找到转换曲线上的某个点，同时该点位于最小的等犯罪率线上。由于转换曲线是凸向原点的，所以我们的目标点是转换曲线和等犯罪率曲线之间的切点，如图 10-10 所示。由于转换曲线在大部分范

---

　　① 也许难以实现犯罪率均等，即使贫民区配备了所有警力，其仍然可能具有更高的犯罪率。在这种情况下，转换曲线的上端点将位于 45°线以下。

围内都是陡峭的，这个最小犯罪率分配的点将在转换曲线的底部，并且斜率为
-1，与等犯罪率线的斜率相同。在该点上，警察的效率在富人区与贫民区之间完
全相同（即前文所描绘的箭头长度是相同的）。

为了使效率相等，几乎需要将所有的警察配备到富人区，从而降低富人区警察
的效率。因此，最低犯罪率的点接近于转换曲线上"警察全部配备给富人区"的
点。实际上，出现这种倾斜的结果是因为发生在富人区的犯罪活动更容易被制止，
这意味着如果目标是总犯罪率最小化，那么大部分警察应该被分配在富人区。

人们普遍认为，在富人区犯罪更容易被制止，这可能是因为人们认为这些犯
罪的性质不太严重。然而，一旦意识到不同犯罪行为之间存在差异，那么可能需
要改变将所有罪行一视同仁、减少总犯罪率的目标。假设贫民区犯罪的危害程度
是富人区的两倍，那么正确的目标不应是总犯罪率最小化，而是犯罪率加权总和
最小化，即 C_r+2C_p。对应的图形为等加权犯罪率线，来自于方程 $C_r=k-2C_p$。等
加权犯罪率线的斜率等于-2，比图 10-10 中所示的等犯罪率线更为陡峭。切点将
会位于转换曲线上斜率等于-2的点，该点位于最小犯罪率点的上方，如图 10-11
所示。上述解决方案使两个社区的警力分配数量更加平等。

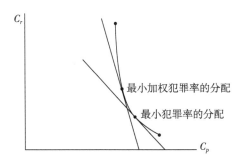

图 10-11 最小加权犯罪率的分配

在存在效率差异的背景下，在不同社区之间分配公共支出并不仅限于预防犯
罪方面。例如，一座城市的教育预算支出是固定的，它必须在富人区和贫民区之
间进行分配，而在这两个社区，学校支出的增加导致考试成绩提高的效率是不同
的[①]。又如，一座城市具有固定的医疗健康预算支出，也需在社区之间进行分

① 有关学校支出分配的案例，可参见习题 10-1。

配，而不同社区医疗健康支出的增加对于健康的改善程度也是不同的。前文分析所用到的原理将会在这些例子中再次体现。

第五节 小结

犯罪经济学理论描绘了个人如何在从事犯罪活动和合法就业这两者之间抉择，以确保获得最高收入。弱势群体由于在合法就业中赚取的收入较低，从而更容易走上犯罪道路。因此，城市中犯罪分子的数量将随着弱势群体数量的增加而增加，随着预防犯罪支出（使犯罪分子的收入减少）的增加而减少。将拥挤效应纳入模型后，可能会出现多重均衡。两个高度相似的社区可能在犯罪方面表现出巨大差异，这与现实生活中的情况保持一致。社交网络中存在模仿行为，个人模仿他人的犯罪行为会使不同社区的犯罪率产生大幅波动。基于犯罪经济学理论，我们可以分析如何在不同社区之间分配固定数量的警力。根据社会的目标，可能会有不同的解决方案。

第十一章　城市生活质量的测度

第一节　引言

在关于美国房地产市场的热门讨论中，享乐效应（Amenity Effects）常常被提及。例如，人们通常认为西海岸房价较高的部分原因在于，其具备气候温和、邻近海洋等宜居的性质。更为普遍的是，许多人认为西海岸或东海岸的地理位置优于内陆地区，这证实了沿海地区住房溢价的合理性。

许多人可能会质疑沿海地区更宜居的说法，尤其是那些在内陆地区生活很幸福的人。然而，根据第二章中提出的补偿性差异可知，如果沿海地区优于内陆地区的观点被人们广泛接受，其对房价差异性的解释是合乎逻辑的。换句话说，居住在理想地区的消费者必须为此付出更高的住房成本，而居住在不够理想地区的消费者则必须通过低房价得到补偿。因此，房价似乎成了一个衡量地区生活质量的直接指标。通过比较两个地区的标准化住房（相同的面积、地段位置等）价格，就能够确定哪个地区更加宜居。

虽然上述分析合乎逻辑，但现在下结论还为时过早。在跨区域的背景下，补偿性差异存在于许多方面，而在单个城市内部，我们只分析了房价这一单一维度，会产生以偏概全的问题。要理解这一点，我们需要回顾一下第二章的基本城市模型，其中每个人的收入完全相同，价格差异用于弥补区位劣势（住在郊区所导致的较高通勤费用）。但由于不同城市间的居民收入存在差异，此时房价差异不能完全弥补城市间的宜居差异。房价以及收入的差异或许能够共同补偿不同城市间或不同地区间消费者在生活质量方面的差异。

一旦意识到房价与收入可同时进行补偿，似乎就可以揭晓上述逻辑的答案。有人认为，具备区位优势的住房其房价应该更高，但收入难道不是一种补偿因素吗？换句话说，居住在更宜居地区的人们以其较低的收入抵消掉了宜居的住房带来的正效用，最终所有地区的居民效用相同。然而关于该问题，在没有更多信息的情况下，我们还是无法得到答案。

解决这个问题的关键是，要意识到不同区域间房价和收入差异的影响对象并非只有消费者。商业企业尤其关心房地产价格以及建筑面积，前者反映了一项重要投入要素的成本。此外，企业成本还取决于消费者的收入，该收入代表了劳动力成本。如第二章所述，补偿性差异是使同一城市内部不同区位上企业的利润相同（回顾一下郊区的低地租）。因此，在跨区域背景下，房地产价格和收入的变化应使各地区的企业利润相同，同时还要确保各地区的消费者效用相同。

房价与收入的双重补偿使不同宜居度地区的住房价格和收入均发生了变化，从而解答了我们的疑惑。也许会存在这样一种符合直觉的模式：一个宜居度高的地区应同时拥有高房价和低收入，这样两种补偿因素才能协同作用。在理论方面，可能存在着其他模式对这些模式的分析可参考 Roback（1982）的开创性论文，此部分将在第二节中进行分析。

一旦认识到区域房价和收入可能会因宜居度不同而发生变化，那么基于市场的生活质量测度标准也就不再显而易见了。房价不再是一个衡量该区位是否宜居的完美指标，因为收入也在变化。因此问题在于如何利用市场信息以确定哪些地方最好。Roback（1982）提供了相关理论证据，Blomquist 等（1988）进一步开展了实证研究。第三节阐述了他们所采用的方法，以及基于该方法的实际生活质量排名[1]。第四节分析了其他问题。

第二节　Roback 模型

一、消费者分析

在第二章的城市模型中，消费者效用取决于面包和住房的消费量，用 c 和 q

---

[1]　与本章介绍的理论及其用途类似的概述见 Blomquist（2006）。

表示。当我们的关注点转为宜居特征时，效用函数也将取决于宜居度变量，用 a 表示。a 通常是一个向量，包括平均温度、降雨量、犯罪率和其他变量，为简化分析，本部分在构建模型时将其作为单一指标处理。

给定某一区位，消费者将选择 c 和 q 的消费量，以最大化效用，写为 $u(c, q, a)$。效用水平将取决于收入 y、每平方英尺的住宅价格 p，以及宜居程度，接下来用间接效用函数来表示，即 $V(y, p, a)$。当收入较高时，效用水平也较高；当房价较高时，效用水平将会下降。所以，函数 V 与 y 呈正相关关系，与 p 呈负相关关系。如果宜居特征是正向的（如适宜的气候），那么间接效用函数与 a 呈正相关关系。

如第二章的城市模型所述，达到基本均衡的条件时，所有地方的消费者效用相同。如果这一点不成立，消费者将迁移到能够带给他们更高效用的地方，因此要抬高房价或降低收入，直到所有人的效用水平相同。用 $\bar{u}$ 表示统一的效用水平，可以写成 $V(y, p, a) = \bar{u}$。

为了阐明引言部分的补偿性差异，我们假设所有地方的收入均相等，那么房价 p 需平衡宜居度不同的地区，以实现消费者在各区位上的效用都相同。由于更高的 a 会增加效用（由 V 函数可得），而更高的 p 会降低效用，因此要略微增加价格使高宜居度和低宜居度地区间的 $V(y, p, a)$ 保持不变，确保这两个地区的效用都等于 $\bar{u}$。由于两个地区的收入不一定相同，所以需进一步分析。

在该项研究中，无差异曲线是一个有用的工具，即在给定的宜居度下，p 与 y 的不同组合能够产生相同的效用。图 11-1 描绘了两条这样的无差异曲线。

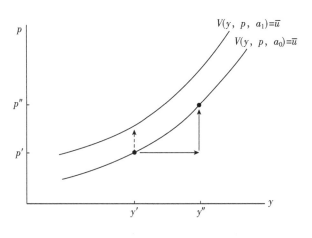

图 11-1 无差异曲线

如图 11-1 下方的无差异曲线与宜居度 a_0 相对应，满足 $V(y, p, a_0) = \bar{u}$。为理解曲线为何向上倾斜，我们从 $p = p'$ 和 $y = y'$ 的点开始分析，并假设收入将增加到 $y'' > y'$，如图 11-1 中的水平实线箭头所示。由于这种变化将提高消费者的效用水平，此时房价需进行调整以抵消这种收益，以使效用恒定为 $\bar{u}$。由于效用与房价呈正相关关系，所以应提高房价，即从 p' 上升到 p''，以使效用水平保持为 $\bar{u}$，如图 11-1 中的垂直实线箭头所示。由于较高的 y 必然伴随着较高的 p，因此无差异曲线是向上倾斜的。

图 11-1 中第二条较高的无差异曲线与宜居度 a_1 相对应，高于 a_0。为了理解这条曲线为何在 $a = a_0$ 的曲线上方，我们再次从 $a = a_0$，$p = p'$ 和 $y = y'$ 的点开始分析，让宜居度从 a_0 提升到 a_1，由于这种变化会使效用水平提高到 $\bar{u}$ 以上，因此需要对 p 或 y 进行调整。如果单独调整 p，则 p 需要同向变化，p 的上升抵消了较高的 a 所带来的效用增量。这种调整用图 11-1 中的垂直虚线箭头表示。由于调整的过程适用于曲线中的任何一个点，因此 $a = a_1$ 的无差异曲线位于 $a = a_0$ 的无差异曲线的上方。

二、厂商分析

如上文所述，补偿性差异也必须确保企业利润在不同区位上均相同。假设一个经济体中的企业生产面包，即一种非住房性质的商品，且这些企业将劳动力和房地产作为投入要素，与工厂和办公室的建筑空间相对应。也可以使用其他投入要素，但需要投入要素的价格在所有地区相同，这样就可以忽略不计。

虽然模型中的消费者是在消费住房，但实际上将这种商品视为房地产更有利于下文分析，因为这与企业投入要素的性质相匹配。因此，以下分析假设企业和个人均消费房地产，为简化分析，忽略居民住宅和商业房地产之间的差异。因此，价格 p 为每平方英尺的住房价格。

由于企业将劳动力和房地产作为投入品，他们的成本取决于投入品的价格 p 和 y。如上所述，消费者收入 y 代表着企业的劳动力成本。如果生产面包是规模报酬不变的，那么无论一家企业生产多少面包，其单位产出的成本均相等，此处我们需要用到单位成本函数 $C(y, p, a)$。更高的投入品价格提高了成本，因此成本函数与 y 和 p 都呈正相关关系。

成本函数中的 a 表明成本也可能取决于宜居特征。为了解这种相关性是如何产生的，本节将犯罪（或与之相反的公共安全）视为一种宜居特征。消费者重视公共安全，且更安全的城市意味着企业可以减少其对安保人员和其他预防犯罪措施的支出，可以降低投入成本。在这种情况下，企业成本将随公共安全程度 a 的提升而降低。企业成本也可能取决于气候。例如，位于气候温和地区的公司可以减少办公室和工厂在供暖和降温的支出，因此成本将再次随着衡量气候适宜程度的指标 a 的提升而降低。虽然很难想象成本会随着宜居水平的提升而增加，但有些农产品的生产可能就是这样。例如，某些适宜在湿热环境下生长的作物在气候更温和的地方种植，其成本会更高（或无法生长）。另一种可能性是成本完全独立于宜居特征。例如，如果唯一的宜居特征是海洋通道，那么只要公司不依赖海运，其成本就不取决于是否距海洋较近。

为了使所有地方的企业利润相同（等于零），单位成本 $C(y, p, a)$ 必须等于每单位面包的价格。与城市模型一致，此时价格被标准化为 1，因此零利润条件可以写成 $C(y, p, a) = 1$。由零利润条件产生的等利润曲线类似于图 11-1 中的消费者无差异曲线。在等利润曲线上，对于给定的宜居水平，y 和 p 的不同组合所产生的利润均为零。

图 11-2 有三条等利润曲线，都是向下倾斜的。要了解曲线的斜率为何为负，可以从中间的曲线入手，其 $a = a_0$，从 $y = y'$ 和 $p = p'$ 的点开始分析。如果 y 增加，企业的成本就会增加，利润将低于零。为提高利润并恢复到零利润水平，房地产价格 p 将会下降。因为较高的 y 必然伴随着较低的 p，所以等利润曲线向下倾斜。

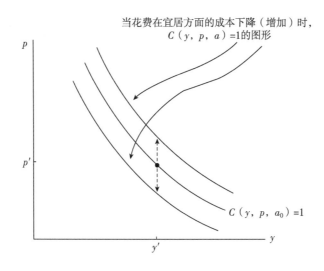

图 11-2　等利润曲线

现在考虑宜居水平的变化如何影响等利润曲线的位置。假设与上述的两个例子一样，成本随着宜居水平的提高而下降。那么从 $a=a_0$，$p=p'$，$y=y'$ 的点出发，让宜居度提升到 $a_1>a_0$。由于成本随着 a 的提升而减少，公司的利润水平将大于零。参考分析消费者的情形，为了将利润恢复为零，此时需要调整 p 或 y。若仅调整房地产价格，那么应该增加 p 以减少利润，因为成本随 p 的增加而增加，如图 11-2 中向上的虚线箭头所示。调整的过程适用于曲线上的任一点，因此 $a=a_1$ 的等利润曲线位于 $a=a_0$ 的等利润曲线上方。

然而，当成本与宜居度同方向变化时，曲线移动的方向是相反的。从 $a=a_0$，$p=p'$，$y=y'$ 的点出发，a 提升到 a_1 会导致成本上升，利润低于零。为了使利润恢复为零，p 必须下降，如图 11-2 中向下的虚线箭头所示。因此，当成本与宜居水平同方向变化时，$a=a_1$ 的等利润曲线位于 $a=a_0$ 的等利润曲线下方。

假设企业成本与宜居程度无关。由于 a 的提升对利润没有影响，因此 p 不需要做出任何补偿。此时，较高宜居水平的等利润曲线与较低宜居水平的等利润曲线重合。换句话说，无论宜居程度如何，等利润曲线都是同一条。

三、宜居度不同的地区间的比较

利用无差异曲线和等利润曲线可以回答我们感兴趣的主要问题：宜居度不同的地区间的房地产价格和收入有何不同？

首先分析宜居特征对企业没有任何影响的情况。图 11-3 描绘了一条等利润曲线（适用于任一宜居水平）和两条无差异曲线：一条对应于低宜居度地区（$a=a_0$），另一条对应于高宜居度地区（$a=a_1$）。

在低宜居度地区，$a=a_0$ 的无差异曲线与等利润线的交点决定了房地产价格和收入水平。在交点处，$p=p_0$，$y=y_0$，其应该同时满足两个要求：第一，当收入水平为 y_0 以及为购置住房而支付单价 p_0 时，由于点（p_0，y_0）位于 $a=a_0$ 的无差异曲线上，此时消费者的效用水平为 $\bar{u}$；第二，由于交点位于等利润曲线上，所以企业的利润为零。

相似地，等利润曲线与 $a=a_1$ 的无差异曲线的交点代表了高宜居度地区的住房价格和收入水平。交点（p_1，y_1）位于等利润曲线与 $a=a_0$ 的低宜居度无差异曲线交点的上方。据此可得出：高宜居度地区的住房价格高于低宜居度地区（$p_1>p_0$），而收入水平相反（$y_1<y_0$）。因此，当企业成本与宜居度无关时，更为优越的宜居环境会导致更高的房价和较低的收入。

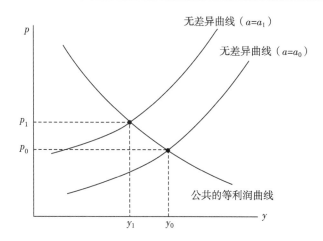

图 11-3 成本与便利条件相互独立时的情况

上述结论表明，不同区域间的消费者若要获得相同的效用，则需要调整房价与收入进行补偿性差异。换句话说，如果完全由住房价格来解释为何不同地区消费者的效用最终会达到同一水平，那么 p_1 必须大于 p_0；如果完全由收入来解释的话，则 y_1 必须小于 y_0。当企业成本与宜居度无关时，上述两种调整将会同时发生。

现在假设企业成本与宜居度相关，有两条等利润曲线，如图 11-4 所示，其中较高的曲线对应于高宜居度地区（见图 11-2）。虽然低宜居度的无差异曲线和等利润曲线的交点与高宜居度的无差异曲线和等利润曲线的交点是不同的，但这两个交点之间是相关的。如图 11-4 所示，高宜居度对应的交点 (p_1, y_1) 位于低宜居度对应交点 (p_0, y_0) 的左上方。因此，p_1 大于 p_0，即宜居度更高的区域房价更高。然而，y_1 大于 y_0 表明高宜居度地区的收入也较高，这与图 11-3 中的结果相反。

由图 11-4 可以看出，无差异曲线和等利润曲线的形状不同，因此所得结论可能有所不同。如果我们假设高宜居度地区的等利润曲线并没有那么高，即更接近于低宜居度地区的等利润线。交点 (p_1, y_1) 将会从 $a=a_1$ 的无差异曲线向下移动，最终可能位于交点 (p_0, y_0) 的左侧，但仍在其上方。该情形将与图 11-3 保持一致：高宜居度地区的房价更高，收入更低。在这种情况下，等利润曲线的移动幅度较小，这表明宜居水平的提升只带来了成本的小幅度下降（只需要稍微增加 p，就可以抵消宜居条件变化带来的影响）。

图 11-4 得出的结论如下：当企业成本随着宜居水平的提升而下降时，更优

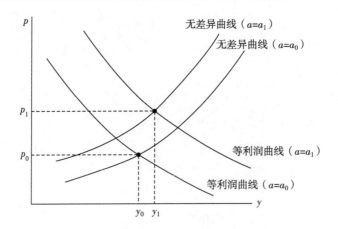

图 11-4　成本随宜居度的提升而下降的情况

越的宜居环境会导致房价上涨，但对收入的影响是不确定的。但是，如果与宜居度相关的成本下降幅度很小，那么更优越的宜居环境将会导致收入减少。

如图 11-5 所示，我们分析企业成本随宜居水平的提升而增加的情况。此时，高宜居地区对应于较低的等利润曲线，和较高的无差异曲线与较低的等利润曲线的交点相对应。交点$(p_1，y_1)$位于低宜居度区域交点$(p_0，y_0)$的左侧，同时位于其下方。此时，y_1小于y_0。因此，高宜居度地区的收入更低，房价也更低。这与图 11-3 所描绘的情形并不匹配。

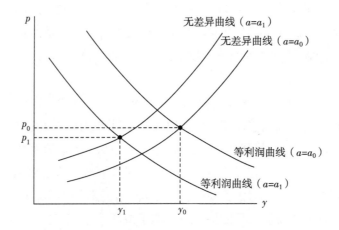

图 11-5　便利设施的增加导致成本上升的情况

和图 11-4 的情况类似，如果宜居水平的提升只会引起企业成本的小幅度增加，即等利润曲线的位置变动较小，那么此时的结论将会有所不同。在这种情况下，高宜居度的等利润曲线将与低宜居度的等利润曲线十分接近，交点(p_1, y_1)将沿 $a=a_1$ 的无差异曲线向上移动，并最终高于(p_0, y_0)。此时的结论再次与图 11-3 中的结果一样：高宜居度地区相较于低宜居度地区而言，其房价更高，收入更少。

总之，我们从图 11-5 得出的结论如下：当企业成本随着宜居水平的提升而增加时，更优越的宜居环境会导致收入降低，但对房价的影响是不确定的。但是，如果与宜居性相关的成本增幅很小，结论就是确定的，即更优越的宜居环境会导致房地产价格上升。

结合上述三种情形，我们可以得到：如果宜居特征对企业成本的影响（可能是负，可能是正，也可能是零）程度足够小，那么高宜居度地区的房价将会增加，收入将会减少。因此，宜居特征对企业成本影响较小的情况与图 11-3 相似，此时成本效应完全不存在，即更优越的宜居环境会导致更高的 p 和更低的 y[①]。

第三节　测度城市生活质量

当宜居度对企业成本的影响很小，甚至没有影响时，从消费者的视角来看，房价以及收入可以作为衡量生活质量的指标。高房价和低收入都意味着该区域更宜居。但当企业成本与宜居度有较强的相关关系时，我们无法明确知晓生活质量与房价、收入之间的关系。既然房价、收入均无法作为衡量生活质量的明确指标，那么如何从消费者的角度通过市场数据来确定最理想的居住区域呢？

Roback（1982）给出了一种衡量方法，Blomquist 等（1988）和其他研究者都采用了 Roback 的方法来衡量城市生活质量。该方法首次注意到：消费者会关心区域内各个维度的宜居特征。本部分正是基于此建立的上述模型，但将多种宜居特征结合起来并不能影响前面的分析过程。Roback 用简单的线性方式将宜居特征纳入消费者效用函数。效用函数中包括了表达式 $\sum\limits_{i=1}^{m} \beta_i a_i$，其中 a_i 代表宜居

---

① 习题 11-1 提供了图 11-3 至图 11-5 分析的数值型案例。

水平，i 表示宜居特征的维度，β_i 是宜居水平的边际价值，m 是不同维度下宜居特征的数量。加权求和公式表示宜居特征对消费者效用的影响，并构成了衡量生活质量的指标。

如果可以实证估计宜居水平的边际价值，那么我们就能直接计算不同地区的生活质量。区域 k 的生活质量将由 $\sum_{i=1}^{m} \hat{\beta}_i a_i^k$ 表示，其中 $\hat{\beta}_i$ 表示宜居特征 i 的边际价值，a_i^k 表示区域 k 在宜居维度 i 的宜居水平。上述表达式为区域 k 实际宜居水平的加权之和，其权重等于宜居水平的边际价值。

估计宜居特征边际价值的过程较为复杂，我们需要进行两次回归。第一次回归是将不同地区的房价与地区的宜居水平及住房特征进行回归，如同第六章讨论的特征价格回归①。第二次回归被称为特征工资回归方程，包括工人的个人收入、工人的个体特征（年龄、受教育水平、工作经验等）和所居住地区的宜居水平。第一个回归表示房价和宜居特征之间的关系，第二个回归表示收入和宜居特征之间的关系，两个回归均能体现图 11-3 至图 11-5 中的各种模式。在特征工资回归中纳入个体特征比较符合现实，因为现实生活中不存在两个完全相同的工人，如此一来，工人的收入也不同，这与模型中所有人的 y 都相同的假设不同。接下来，将估计出的两个宜居系数代入一个特定的公式中，然后给出 $\hat{\beta}_i$ 的值。

Blomquist 等（1988）的实证分析采用了 1980 年数据，并使用了 16 个宜居特征的变量，包括降水量、温度、日照、是否靠海、犯罪情况、空气和水污染情况，以及其他变量。在有关房价的回归中，几乎所有与宜居度相关变量的影响都与图 11-3 保持一致，即宜居度更高的地区房价更高。然而，相反的是，公共安全系数更高（犯罪率更低）的地区房价反而更低。

特征工资的回归结果与图 11-3 存在一些矛盾，即宜居环境更差的地区收入反而更低。例如，更多的降水非但没有增加收入，反而减少了收入，极端温度和严重的颗粒物污染也是如此。根据图 11-4 所示的模式，这在理论上是可以实现的。

Blomquist 等（1988）利用以上回归结果计算了 1980 年城市及都市区的生活质量排名。表 11-1 中的第一列是排名前十的大都市区。第二列参考了 Boyer 和 Savageau（1981）的研究，列出了《地方公共年鉴》（*Places Rated Almanac*，一

---

① 回归中的因变量是住房总价值而非每平方英尺的住房价格。

个提供生活质量信息的非学术来源）的同期排名[1]。Boyer 和 Savageau 仅通过任意选择来确定宜居水平的边际价值（$\hat{\beta}_i$ 的值），并非基于经济理论进行实证，以确定 $\hat{\beta}_i$ 值，这一点与 Blomquist 等（1988）有所不同。换句话说，他们借鉴了《地方公共年鉴》（*Places Rated Almanac*）工作人员在衡量宜居水平方面的经验，从而得出了这些估值。表 11-1 的第三列是 Gabriel 和 Rosenthal（2004）根据生活质量排名得出的前十大都市区。Gabriel 和 Rosenthal 的方法与 Blomquist 等（1988）在概念上是一样的。在该方法中，城市的宜居水平由不同城市的虚拟变量决定（大都市区固定效应），而非计算确定值。同时，他们使用了 1977 年到 1995 年的数据，并依次生成每年的排名，然后对这些排名取平均数，最终生成表 11-1 第三列的内容。

表 11-1　大都市区的生活质量排名

排名	1980 年 （Blomquist 等，1988）	1980 年 （Places Rated Almanac，1981）	1977~1995 年 （Gabriel and Rosenthal，2004）
1	科罗拉多州，普韦布洛	佐治亚州，亚特兰大	佛罗里达州，迈阿密
2	弗吉尼亚州，诺福克	华盛顿特区	加利福尼亚州，圣地亚哥
3	科罗拉多州，丹佛	北卡罗来纳州，格林斯伯勒	加利福尼亚州，洛杉矶
4	乔治亚州，梅肯	宾夕法尼亚州，匹兹堡	加利福尼亚州，旧金山
5	内华达州，里诺	华盛顿，西雅图	佛罗里达州，坦帕
6	纽约州，宾厄姆顿	宾夕法尼亚州，费城	纽约州，纽约
7	弗吉尼亚州，纽波特纽斯	纽约州，锡拉丘兹	纽约州，奥尔巴尼
8	佛罗里达州，萨拉索塔	俄勒冈州，波特兰	北卡罗来纳州，格林斯伯勒
9	佛罗里达州，西棕榈滩	北卡罗来纳州，罗利—达勒姆	加利福尼亚州，萨克拉门托
10	亚利桑那州，图森	得克萨斯州，达拉斯—沃思堡	弗吉尼亚州，诺福克

从表 11-1 可以看出，《地方公共年鉴》（*Places Rated Almanac*）与 Blomquist 等列出的名单没有相同的城市。此外，只有两个西海岸城市西雅图和波特兰出现在排名中（来自 Places Rated Almanac），这与人们普遍认为西海岸会更加宜居的想法相反。Gabriel 和 Rosenthal 所列的排名使用了更多年份的数据，其排名包括那些"众望所归"的城市，而排名中剩下的城市与前两种排名所列出的城市也

---

① Berger、Blomquist 和 Waldner（1987）汇报了具体的排名情况。

有不同之处①。这些差异表明，城市生活质量排名不一定一致，也不必总是与人们的普遍看法相同，但计算排名所用到的经济方法是一个重要的理论贡献。

第四节　其他问题

一、企业对宜居特征的估值

上述实证研究主要探索了消费者如何对宜居水平进行估值，并对城市生活质量进行排名。但是宜居特征也可能会影响到企业的利润，企业也可基于此对大都市区进行类似排名。

从企业的角度与从消费者的角度出发的不同之处在于前文所述的第二步。第一步同样包括特征工资回归和住房价格回归，只不过现在的因变量是商业房地产的价格。之后，将回归估计出的宜居系数再次代入到一个特定公式中，该公式与消费者视角下的公式不同，最终得出企业视角下宜居水平的边际估值（即宜居特征对利润的影响效应）。将宜居水平与边际估值相结合，我们可以得到企业视角下大都市区的排名。

除了基于生活质量进行排名外，Gabriel 和 Rosenthal（2004）还进行了一项与上述回归相同的实证研究，他们发现企业视角下的大都市区排名与消费者视角下的排名有很大的不同（见表11-1），也就是说，宜居水平对消费者效用和企业利润的影响并非是同向的。

二、宜居水平与迁移

到目前为止我们分析的都是均衡模型，该模型假设所有地方的消费者效用和企业利润均相同，而在现实中该假设可能不成立。现实生活中某些地方的效用或利润比其他地方高，即处于不均衡状态。在这种情况下，随着经济主体向那些前景更好的地方迁移，经济将趋于均衡。消费者的迁移可能导致人群总体向高宜居

---

① 除了控制宜居度变量以外，Gabriel 和 Rosenthal 的固定效应还控制了其他不可观测的城市特征，这些特征有助于解释他们得出的排名与 Blomquist 等的排名存在差异的原因。

度的地区流动，房价和收入可能尚未来得及调整，就抵消了其在宜居方面的优势。Rappaport（2007）通过研究 1970 年至 2000 年区域人口的增长情况，发现人口的确迁移至了气候宜人的地区。

第五节 小结

房价通常被视为衡量地区生活质量的重要指标，但收入也可以发挥地区间的补偿性差异，即房价与收入共同作用以使所有地方的消费者效用相同。接下来，我们需要引入一个额外的均衡条件（企业利润相同），以确定在不同宜居环境的地区其房价与收入的组合情况。当宜居特征对企业成本的影响较小时，具备较高宜居水平的地区房价更高，收入更少。从宜居条件、房价和收入之间的实证关系可得出消费者视角下宜居水平的估值，并据此得出城市生活质量的排名。本书也可以从企业的视角出发，参照类似的方法进行排名。

习 题

第一章

习题 1-1

假设某化学药品 X 由原材料 B 制成，而原材料 B 从某矿场获得。生产一吨 X 耗费 1/3 吨 B。一家企业签订了一份合同——向某市场交付 30 吨 X，该企业正在考虑将工厂设在何处。矿场和市场相距 50 英里，X 和 B 的陆路运输费用均为 2 美元/英里/吨。然而，矿场和市场之间有一条河。该河距矿场 16 英里，且河上没有桥，因此货物必须装上驳船通过水运才能过河，从而产生额外的费用。对于化学药品 X，驳船运营商向企业收取的运费为每吨 1 美元。由于原材料 B 遇水将产生很强的毒性，驳船运营商会向企业收取极高的费用来运送原材料 B。该费用具体为每吨 195 美元，包括了驳船运营商的保险费，这意味着如果他们不小心污染河流和货物，保险能满足责任索赔。

（a）根据上述信息，确定企业运输成本最低的工厂选址。可以通过计算四个地点的运输成本得到答案：矿场、市场、靠近矿场的河岸和靠近市场的河岸，并假设河流的宽度可忽略不计。

（b）类似于图 1-6，绘制出详细的图表以阐述结果。分别画出题目（a）中四个选址的原材料运输成本的点，将这些点连接起来，形成原材料运输成本曲线。同样地，分别画出表示四个选址的产品运输成本的点，将这些点连接起来，

习 题

形成产品运输成本曲线。将四个选址的原材料运输成本和产品运输成本加总，画出总运输成本曲线。根据所绘制的图，确定企业工厂的最佳区位，该结果应与题目（a）中的答案相同。注意，此问题中的运输成本曲线在河流处应是跳跃的直线。

（c）请更直观地解释结果。

（d）假设在河上建一座桥，能够省去过河的费用。在此假设下重新回答题目（a）、（b）和（c）。

习题 1-2

假设有 A、B、C 和 D 四个城市，它们的位置如下：

A

D

B　　　C

假设这些城市的居民消费某类小配件，每个城市的消费量均为 100 个。小配件厂商有两种生产策略：第一，在每个城市各建立一家工厂，每家工厂生产 100 个小配件，在这种情况下，不会产生小配件的运输成本；第二，公司在中心城市 D 设立一家工厂，由该工厂生产 400 个小配件，其中 300 件运往 A、B 和 C 三个城市，每个小配件的运输成本为 2 美元。最后，假设小配件的生产过程是规模经济的，即小配件的单位成本随着产量的增加而下降。

（a）假设小配件的单位成本随产量的变化如下：如果产量为 100，则每个小配件的成本为 4 美元；如果产量为 400，则每个小部件的成本为 1 美元。在这种情况下，请为小配件厂商找到最优的生产方式（集中式设立单个中心工厂还是分散式设立四个独立工厂）。最优的生产方式将使小配件厂商的总成本最低，其中总成本是生产成本和运输成本之和。

（b）假设小配件的单位成本随产量的变化变为：如果产量为 100，则每个小配件的成本为 4 美元；如果产量为 400，则每个小配件的成本为 3 美元。重新回答题目（a）。

（c）请解释答案（a）和答案（b）的不同之处。

（d）当生产成本与（a）中所设相同，并假设每个小配件的运输成本为 t，如（a）中的 $t=2$。试问当 t 值为多少时会使这两种生产方式（集中式设立单个中心工厂还是分散式设立四个独立工厂）的总成本相同？

习题 1-3

假设开发商正在为某购物中心选择租户。现有四家可能的租户，分别为百货店、玩具店、鞋店和五金店。当每家商铺各自独立于该购物中心之外时，他们在每期都能获得一定的总利润（扣除租金之前的利润）。此外，每家商铺均需占用一定面积的场地，且无论是否位于购物中心，其占地面积都是相同的。此时，每个商铺的相关值如下表所示：

租户类型	独立布局时的总利润（美元）	所需的占地面积（平方英尺）
百货店	100000	9000
玩具店	11200	1000
鞋店	7800	800
五金店	7000	1100

当这些商铺相邻时，每家商铺都能从附近其他商铺中获得额外的客流量，从而取得更高的总利润。根据附近其他商铺的类型（新增门店类型），每种商铺（受影响门店类型）的总利润增长情况如下：

单位：美元

受影响门店类型	新增门店类型			
	百货店	玩具店	鞋店	五金店
百货店	—	6000	8000	1000
玩具店	2000	—	600	300
鞋店	2000	500	—	200
五金店	1000	400	200	—

假设购物中心开发商收取的租金等于每家商铺的利润之和，以使每家商铺的净利润正好为零。由于购物中心开发商收取的总租金等于所有商铺的总利润，所以开发商的利润等于购物中心所有商铺的总利润减去为商铺提供场地的成本（即总租金减去场地费）。由于购物中心的环境较好，同时需要在商铺周围提供一定的公共空间，因此其建设成本很高。在此做出如下假设：针对每平方英尺的场地，购物中心开发商的每期成本为 10 美元。

（a）请解释第二个表格中，某一商铺受附近其他商铺影响时的利润增长模式。

（b）假设开发商要建造只有一个商铺的购物中心。此类购物中心有四种类型（购物中心里仅有百货公司，或仅有玩具店等）。利用上述信息，计算开发商从这四种类型的购物中心中获得的利润。

（c）计算开发商从不同类型的双店集群式购物中心（即百货店+鞋店、百货店+玩具店等模式，存在较多可能性）中获得的利润？

（d）计算不同类型的三店集群式购物中心和四店集群式购物中心的利润。

（e）比较题目（b）、（c）和（d）中的答案，找出设立购物中心的最优模式（能够为开发商带来最大利润），并解释为什么该模式是最优的。

第二章

习题 2-1

在本习题中，将在简化后的假设下分析城市土地利用的供需均衡。做出如下假设：第一，不论住房区位如何，所有住房的面积均为 1500 平方英尺；第二，每个街区都有 15000 平方英尺的住房面积。这些土地的使用限制是由管理部门制定的，这意味着住宅大小和建筑高度不会像第二章的模型那样随着距 CBD 的距离发生变化。距离以街区为单位。

假设每个家庭的年收入为 25000 美元，以千美元为单位来衡量，则收入 $y = 25$；假设通勤成本 t 等于 0.01，那么居住在距 CBD 十个街区的居民每年的通勤成本为 $0.01 \times 10 = 0.1$（即 100 美元）。

消费者的预算约束为 $c + pq = y - tx$。在上述假设下，预算约束变为 $c + 1500p = 25 - 0.01x$。由于住房面积固定为 1500 平方英尺，要使所有居民的效用相同，唯一的方法是让居住在不同区位的居民消费相同的面包 c。这时所有区位的消费组合（面包和住房的组合）都一样，从而产生相同的效用。

要使不同区位的 c 保持不变，每平方英尺住房的价格 p 须随 x 发生变化，这样消费者在支付租金和通勤费用后就可以消费固定数量的面包。设 c^* 为每个居民消费面包的固定金额。此时，c^* 是给定的，然而，在下面的例子中，c^* 必须是某个特定的值，这样才能使城市达到均衡。

（a）在预算约束 $c+1500p=25-0.01x$ 中，用 c^* 代替 c，根据 c^* 和 x 求解 p。该公式表示，在给定的区位，每平方英尺的住房价格为多少时，才能使每个家庭可消费 c^* 的面包。此时，p 将如何随区位发生变化？

分区法规定，每个开发街区必须保证 15000 平方英尺的住房面积。假设每年每个街区建造这些住房所需的建筑材料成本为 90（即 9 万美元）。

（b）房产开发商开发一个街区的利润为 $15000p-90-r$，其中 r 是每个街区的土地租金。在均衡状态下，会调整地租以使利润为零。当利润为零时，根据 p 求解地租。然后将（a）中的 p 值代入，此时地租 r 是 x 和 c^* 的函数。这时地租将如何随区位而变化？

由于每一个街区都有 15000 平方英尺的住房，每一套住房为 1500 平方英尺，所以这个城市的每个街区都有 10 户家庭。因此，街区半径为 x 的城市可以容纳 $10\pi \overline{x}^2$ 户家庭（$\pi \overline{x}^2$ 是城市的街区面积）。

（c）假设城市内的家庭人口数量为 20 万，那么半径 x 为多大时才能容纳这些人口？用计算器计算并四舍五入最接近的街区数。

（d）为了使城市达到均衡，房地产开发商必须从农民手中获得足够的土地来安置人口。假设 $c^*=15.5$，即该市每个家庭消费价值 15500 美元的面包。同时假设农民每年给每个街区的土地支付租金 2000 美元，因此 $r_A=2$。将 $c^*=15.5$ 代入（b）中的地租函数，计算出城市边界。根据你对（c）的回答，这座城市是否足够容纳所有人口？如果不能，请调整 c^* 使城市拥有合适的半径以容纳所有人口。

（e）使用（d）中均衡情况下的 c^* 以及题目（a）和（b）的答案，给出均衡地租的函数方程。在 CBD（$x=0$）和城市边缘，每个街区的租金是多少？请绘制出地租函数图，并为居于城市边缘的家庭计算其通勤费用。

（f）假设城市的人口数量增长到 255000。在这种情况下，再次对题目（c）、（d）和（e）进行作答。人口增长将如何影响城市居民的效用水平？此时，答案的重点是 c^* 的变化（因为住房消费已被固定在 1500 平方英尺，所以此时通过面包消费的变化就可以推断出效用的变化）。值得注意的是，就像第二章中的模型所述，住房消费不会随着人口的增加而下降，建筑高度也不会随着人口的增加而上升。此时，对 r 和 $\overline{x}$ 的影响是一样的吗？

（g）现在假设人口数量回落到 200000，如题目（c）中所述，但 r_A 增至 3（即农民每年需对每个街区的土地支付租金 3000 美元）。此时，$\bar{x}$ 值不会随着 r_A 的增加而改变（原因是什么？）。在这种情况下，再次回答（d）和（e），并将答案与题目（f）的答案进行比较。

（h）现在假设 CBD 不是位于平原上，而是位于沿海地区（海岸是笔直的）。这意味着 CBD 周围只有半圆状的土地可供居住。这个半圆的半径为多大时才能容纳 20 万人口？假设将所有参数都设置为初始水平，再次回答题目（d）和（e）。这个沿海城市的居民比内陆城市的居民过得更好还是更差？（做出如下不切实际的假设：相比于内陆地区，居民并不偏好居住在海边。）

（i）最后，回到内陆城市的情况，假设管理部门对建筑高度实施了限制，从而使每个街区的住房面积都只有之前面积的一半：7500 平方英尺。每个街区住房的建造成本从 90 降至 43（注意，由于边际报酬递减，成本的变化量小于一半）。计算出新的 $\bar{x}$ 值，并与题目（h）中的答案相比较，然后再次回答题目（d）和（e））。高度限制如何影响城市居民的效用？请解释为什么会出现这种影响。此外，这项限制建筑物高度的政策是一项好政策吗？

第三章

习题 3-1

在本习题中，城市中建筑物的建造时间不同，试分析这些建筑物高度的变化。与第三章中的案例一样，假设城市每年向外扩展一个街区。0 号街区建于第 0 年，1 号街区建于第 1 年，2 号街区建于第 2 年，以此类推。再假设建筑物在建成 4 年后将被拆除并新建。第 0 年建造的建筑在第 4 年被替换，第 1 年建造的建筑在第 5 年被替换，以此类推。

（a）当城市半径为 12 个街区（0~11）时，请推导出第 11 年城市建筑的年龄模式。得出年龄模式后，请给出每个街区建筑的建造年份。

（b）假设建筑的高度取决于其区位和建造时间。对于给定的建造时间，距 CBD 较远的建筑物高度较低。对于给定的建筑区位，新建造的建筑物高度更高。

假设 $S = 5T - 2x$，其中 T 是建造时间（建造年份的序号），x 是建筑物所在街区的编号。利用这个公式和题目（a）的结果，计算出该市第 11 年每个街区的建筑高度，并作图说明。

（c）现在假设建筑的高度由另一个公式 $S = 5T - 5x + 10$ 确定，请再次对题目（b）进行作答。

（d）将所作之图显示的模式与第二章模型中所预测的建筑高度模式进行对比，在第二章中，建筑高度会根据条件的变化而不断调整。

习题 3-2

在本习题中，将根据第三章中扩展的 Harris-Todaro 模型，求解城乡迁移后理想城市的均衡人口。城市和农村居民的收入分别为 y 和 y_A，t 为每英里的通勤成本。J 是城市工作岗位的数量。

（a）假设这座城市位于一个岛上，其形状为 10 个街区宽的矩形，城市的一端是就业中心。这座城市沿着岛的长边发展，以容纳其人口，而城市边缘距离就业中心 $\bar{x}$ 个街区。以街区为单位计算该城市的面积，并将面积表示为 $\bar{x}$ 的函数。假设每个城市居民消费 0.001 平方街区的土地，计算容纳城市人口 L 所需的土地面积。将计算出的结果作为城市的土地面积，并根据 L 求解 $\bar{x}$。

（b）城市共有 J 个工作岗位，居民获得一份工作的概率为 J/L，城市居民的预期收入为 $y\,(J/L)$。居住在城市边缘的居民，减去通勤成本后其预期可支配收入为 $y\,(J/L) - t\bar{x}$。如第三章所述，当城市边缘居民的可支配收入等于农村居民收入时，就实现了城乡间的均衡。请写出此均衡方程，用题目（a）中的 L 来表示 $\bar{x}$，让其与 L 相乘得到关于 L 的一个二次方程。

（c）假设 $y = 10000$，$y_A = 2000$，$t = 100$，$J = 30000$。将这些值代入题目（b）中的方程，用二次函数求根公式解出 L（它是正根），这个解是该城市的均衡人口。

（d）在均衡状态下，在城市找到工作的概率是多少？这个城市的隐含失业率是多少？

（e）就业中心距城市边缘有多远？住在城市边缘的居民在通勤上会花费多少钱？

（f）假设 y 增至 12000。再次回答题目（c）、（d）和（e）。请解释一下题目（c）和（d）的答案会发生什么变化。

第四章

习题 4-1

假设土地所有者为赚取更高的土地租金，将城市边缘到 CBD 的距离限制为 $\bar{x}$。假设在没有限制的情况下，城市地租函数为 $r=100-x$，其中 x 是到 CBD 的距离，距离以街区为单位。假设农业土地租金 r_A 等于 20。

（a）在土地所有者没有任何限制的情况下，计算 $\bar{x}$，并作图说明。

现在假设土地所有者将 $\bar{x}$ 限制为 65 个街区。实施这一限制后，城市土地租金曲线将上移，新的租金函数为 $r=105-x$。

（b）画出新的地租曲线，并指出由该限制导致的地租损失相对应的面积，以及地租收益相对应的面积。

（c）计算这些面积的大小，并计算当限制为 $\bar{x}$ 时的净收益或净损失。限制对土地所有者有利吗？会被强制执行吗？（注意：与地租收益相对应的图形面积是一个平行四边形，但不要使用面积公式去计算该面积大小，而是通过将平行四边形的水平长度（65 个街区）乘以其高度，这可以更容易计算出面积。）

现在假设土地所有者进一步将 $\bar{x}$ 限制为 50 个街区。实施这一限制后，城市地租曲线将上移更多，此时新的地租函数为 $r=110-x$。

（d）再次回答题目（b）和题目（c）。相对于原来 $\bar{x}$ 为 65 个街区的限制，更加严格的限制对土地所有者有利吗？会被强制执行吗？

（e）如果你的答案与之前不同，请说明出现这些差异的原因。

第五章

习题 5-1

假设高速公路有三个潜在用户：1 号先生、2 号先生和 3 号先生。对于每位通勤者而言，如果他们不选择高速公路出行，其最佳替代路线的所需费用如下：

通勤者	替代费用（美元）
1 号先生	7
2 号先生	5
3 号先生	3

选择高速公路出行的平均成本 AC（即每辆车的成本）是交通量 T 的函数：

T	AC（美元）
1	2
2	5
3	9

请利用上述信息，回答以下问题：

（a）求解在高速公路和最佳替代路线之间的交通均衡分配。

（b）分别计算以下四种分配方案中所有通勤者的总成本。这里的总成本是指使用高速公路的通勤者所产生的成本与使用最佳替代路线的通勤者所产生的成本之和。

使用高速公路	使用最佳替代路线
无	1 号先生，2 号先生，3 号先生
1 号先生	1 号先生，2 号先生
1 号先生，2 号先生	1 号先生
1 号先生，2 号先生，3 号先生	无

请注意 AC 的定义。

（c）高速公路和最佳替代路线之间的社会交通最优分配将使所有通勤者的总通勤成本最小。根据对题目（b）的回答，哪一个分配方案是最优的？最优总成本与均衡总成本相比如何？（注意：无须使用 MC 曲线来回答这个问题。）

习题 5-2

周末有两个活动可供 Adam 和他的朋友 Brigit、Cheryl、David、Emily、Frank、

Gail、Henry、Ivan 和 Juliet 选择。第一个活动方案是去当地的公园玩，第二个活动方案是参加 Adam 家的室外游泳池聚会。由于在公园玩不太有趣，去公园玩时大家的收益都很低，每个人都只能从中得到 3 个单位的效用。这一效用对于每个人而言是固定不变的，和一共有多少人去公园无关。

去 Adam 家的室外游泳池聚会可能更有趣一些，但此时的收益取决于有多少人参加聚会。当游泳池不太拥挤时，大家玩得很开心。然而，当人越来越多后，参加游泳池聚会就不那么开心了。人均收益（利用效用来衡量）与参加游泳池聚会的人数（用 T 表示）之间的关系为 $AB=2+8T-T^2$，其中 AB 为平均收益。

（a）利用上述公式，分别计算当 $T=1$，2，3，$\cdots$，10 时 AB 的值。之后分别计算当 $T=0$，1，2，3，$\cdots$，10 时总收益的值，此时总收益为 T 乘以 AB。最后，计算边际收益（MB），它等于多一个人加入室外游泳池聚会后总收益的变化量。为此，请使用以下定义：将 $T=T'$ 处的 MB 定义为当 T 从 $T'-1$ 增加到 T' 时总收益的变化（换句话说，MB 为最后一个人加入室外游泳池聚会后总收益的变化量）。如果不使用这一定义，将难以回答该问题。例如，使用微积分计算边际收益是不合适的，因为这是离散型变量，而不是连续型变量。

（b）回想一下，去公园玩给每个人都带来了 3 个单位的效用，试计算出参加室外游泳池聚会的均衡人数，并证明除了主人 Adam 外，到底是哪些人参加了室外游泳池聚会。（注意：与高速公路的例子相反，在均衡状态下，参与者的收益并不正好等于 3，下面其他例子中也会出现类似的结果。）

（c）当室外游泳池容纳多少人时是最优状态？解释为什么最优状态容纳的人数与均衡状态容纳的人数不同。接下来分别计算最优状态和均衡状态下所有人的总收益，此时总收益是所有参加室外游泳聚会的人的总收益和去公园玩的人的总收益之和。

现在假设当地新开了一家电子游戏厅。相比于去公园玩，所有人都更喜欢玩电子游戏，但有些人比其他人更加偏好玩电子游戏。每个人玩电子游戏的收益如下：

Adam	8
Brigit	13
Cheryl	18
David	20

续表

Emily	27
Frank	30
Gail	31
Henry	34
Ivan	36
Juliet	37

（d）利用上述信息，确定在均衡状态下哪些人会去室外游泳池聚会，而在最优状态下又有哪些人去室外游泳池聚会，为什么会有不同？计算参加室外游泳池聚会的人和去玩电子游戏的人分别在均衡状态和最优状态下的总收益。

（e）计算实行最优方案所需的补贴或费用。回想一下，在高速公路的例子中，T 处的通行费等于该处的 MC 与 AC 之差。那么在本题中，补贴（或费用）将等于 AB 减去 MB 的值。请证明使用此补贴计划后，均衡状态与最优状态是一致的。在公园和电子游戏的例子里，计算达到新的均衡时的收费情况（或支付的补贴）。

第六章

习题 6-1

假设住房产权选择模型中的参数值为：$i = 0.03$（房贷利率），$h = 0.02$（房产税率），$d = 0.02$（折旧率），$g = 0.04$（住房增值率），$e = 0.02$（超额折旧率），$\lambda = 0.35$（房东税率）。

（a）利用以上信息，计算消费者所得税税率$\hat{\tau}$，这是区分租房者和自住者的关键参数。请注意，在此计算中，需确定水平租金曲线和向下倾斜的业主自住成本曲线的交点。

（b）假设 λ 增至 0.40，请计算新的$\hat{\tau}$。此时，租房者和自住者的相对规模将如何变化？请作图说明。

（c）假设 λ 回落到 0.35，但 h 增至 0.03，请计算新的 $\hat{\tau}$。此时，租房者和自住者的相对规模又是如何变化的呢？请作图说明［请注意，这个图表并不像题目（b）中那样简单］。

习题 6-2

在存在首付要求和抵押贷款违约的情况下，本题采用两期模型，研究了消费者的租期选择。消费者效用取决于每期的非住房消费，它等于支付住房成本后的剩余部分。c_1 和 c_2 分别表示第一期和第二期的消费，效用等于 $c_1 + \delta c_2$。其中 δ 是贴现率，δ 值越高，表示消费者越有耐心，即相对于第一期消费，第二期消费的价值更高。

在第一期，每个人都是租房者。要成为自住者（发生在第二期内），消费者必须在租房期积累首付 D。在第一期结束时，消费者可以使用首付 D 和 $M = V - D$ 的抵押贷款，购买一套价格为 V 的住房。消费者在第二期开始时入住，在该期内支付费用，在第二期结束时出售该房屋。当房屋出售后，抵押贷款被还清，消费者得到首付款。如果消费者在第二期仍然是租房者，那么就没有必要在第一期积累首付，同时第二期的住房成本就等于租金。

根据之前的信息，自住者的非住房消费水平如下：

$c_1 = $ 收入$-$租金$-$首付 $c_2 = $ 收入$-$自住者的使用成本$+$首付

对于租客来说，$c_1 = $ 收入$-$租金，并且 $c_2 = $ 收入$-$租金。

假设本题适用于第三节中（$e = 0$）的简单模型，且房产税率、折旧率和资本收益均为 0（$h = d = g = 0$），抵押贷款利率等于 5%，即 $i = 0.05$，消费者的所得税税率为 $\tau = 0.3$。此外，$V = 200$，收入 $= 40$（以千美元计，因此房屋价格为 200000 美元）。所需的首付款等于房屋价值的 10%，因此 $D = 0.1V$。为简化分析，将房屋大小固定为 $q = 1$，使 $V = v$（房屋价格和单位价格相同）。根据这些假设，在第三节的用户成本和租金公式中，可以使用 v 来表示 V。

（a）利用这些信息，计算 D 以及租金 R 和自住者的使用成本。值得注意的是，即使有首付款，使用成本也由一般公式给出。

你的回答应表明自住者的使用成本低于租金。请注意，为了能够从第二期较低的住房成本中获益，消费者必须在第一期积累首付。如下所示，较低的住房成本是否值得消费者在第一期积累首付取决于消费者的耐心。

（b）利用上述公式计算自住者的 c_1 和 c_2。

（c）计算租房者的 c_1 和 c_2。

（d）将题目（b）和题目（c）的结果代入效用函数 $c_1 + \delta c_2$ 中，分别得到自住者和租房者的效用，即关于贴现率 δ 的函数。

（e）计算 δ 的值，使消费者在成为租客和自住者之间无差异，将这个值用 δ^* 表示。

（f）选择一个大于 δ^*（但小于 1）的 δ 值，并比较租房者和自住者的效用水平。选择一个小于 δ^*（但大于 0）的 δ 值，并比较租房者和自住者的效用水平。

（g）消费者的耐心将如何影响租购决定？δ 值越高，意味着消费者越有耐心。请对结论作出直观解释。

现在假设第二期一开始房子的价格出乎意料的下跌，V 从 200 跌至 190。这种下跌情况发生在自住者支付完抵押贷款利息后（已经支付过用户成本）。

（h）按照之前的假设，消费者的抵押贷款规模（M）是多少？出售房屋的收益足以偿还抵押贷款吗？消费者是否可以收回所有的首付款？

（i）假设 V 跌至 170。出售房屋的收益足以偿还抵押贷款吗？

如果题目（i）的答案是否定的，消费者将有两种选择。第一个选择是抵押贷款违约，这意味着房子被银行收回，也不需要偿还贷款。第二种选择是还清抵押贷款，这意味着向银行支付的金额将超过出售房屋所得的金额。

（j）假设违约成本 C 为 0。在题目（i）的假设条件下，哪种选择（违约或偿还抵押贷款）更好？换句话说，哪种选择会降低消费者的成本？

（k）相反，假设消费者需要承担 5000 美元的违约成本（信用受损成本、负罪感的心理成本等），那么 $C = 5$。题目（j）中的哪种选择最好？

（l）假设 $C = 12$。哪种选择最好？

第七章

习题 7-1

虽然在存量—流量住房模型中，均衡的调整过程可能耗时较长，但在某些情况下均衡调整很迅速，这使分析变得更容易。本题考虑了均衡调整较为迅速的情况，并说明了租金管制的效果。假设住房的初始需求曲线为 $p=3-H$，其中 p 是每平方英尺的住房租金，H 是以平方英尺为单位衡量的住房存量。值得注意的是，该方程式给出了任意 H 值下需求曲线的高度。住房的流量供给曲线由 $p=\Delta H+2$ 给出，其中 ΔH 是存的变化。同样，该方程式给出了任意 ΔH 值下流量供给曲线的高度。这两条曲线的斜率分别为 -1 和 1，利用这一点可以推导出更简单的答案。

（a）计算均衡价格 p_e。（$\Delta H=0$ 时的价格）。

（b）假设在需求冲击之前，住房市场处于均衡状态，存量规模 $H=1$。证明在该条件下，此时的市场价格等于均衡价格。

在需求冲击之后（如古巴难民的到来），需求增加到 $p=8-H$。

（c）更高的需求使市场价格飙升，用 p' 表示新的市场价格，并计算 p'。

（d）在开发商对新价格做出反应后，计算此时住房存量的变化（计算 ΔH）。然后，计算新的住房存量，其等于原始存量加上 ΔH。

（e）计算住房存量增加后的市场价格。是否需要进一步调整存量以达到均衡？市场需要多长时间才能达到新的均衡？

不再按照之前的顺序分析，现在假设在需求冲击后立即实施租金管制，将价格控制为 $p_c=3$。

（f）计算 H'，即租金管制不再产生影响后的存量（换句话说，均衡价格等于 p_c 时的存量）。存在租金管制时，住房存量需要多长时间才能达到 H'？

（g）市场需要多长时间才能达到新的均衡，即 $p=p_e$。

（h）请作图说明整个分析过程。

（i）根据你的分析，租金管制是应对需求冲击的良好措施吗？

习题 7-2

本题说明了在存在最低住房消费限制的情况下，消费者的住房选择，这种限制是由政府政策强制规定的。用 c 代表面包的消费，q 代表以平方英尺为单位的住宅消费。假设每单位面包的消费价格为 1 美元，而每平方英尺住宅的租金为 1 美元。消费者的预算约束是 $c+q=y$，其中 y 是收入，为每月 1000 美元。

（a）以 q 为纵轴，c 为横轴，绘制预算线。预算线的斜率是多少？

（b）假设最低住房消费限制规定 q 必须大于等于 500 平方英尺。在此限制下，试求消费者在预算线上无法达到的部分。假设消费者租用最小的住宅，即

$q=500$，那么此时面包的消费量是多少？

假设消费者的效用函数为 $u(c, q)=c+\alpha ln(q+1)$，其中 ln 是自然对数函数。使用微积分可以证明在消费组合中，在点 (c, q) 处无差异曲线的斜率等于 $-(q+1)/\alpha$。

（c）假设 $\alpha=101$。此时如果没有最低住房消费限制，消费者会租多大的住房？将无差异曲线的斜率值设置为题目（a）中预算线的斜率值，可以求解 q。值得注意的是，答案给出了无差异曲线和预算线之间的切点。q 值是否小于 500，请作图说明。根据预算约束计算 c 的值，并将 c 和 q 代入效用函数计算消费者的效用水平。

（d）现在重新引入住房消费约束，并分析消费者的选择。消费者可以选择成为无家可归者，此时 $q=0$；或者选择最小的住所，此时 $q=500$。请计算每种选择的效用水平，并指出消费者会选择哪个。请计算相对于无住房消费约束下的效用损失，并作图说明，同时画出穿过两个可能消费点的无差异曲线。

（e）现在假设 $\alpha=61$。在这种情况下，重新回答题目（c）。

（f）再回答题目（d）。

（g）请解释为什么这两种情况的结果不同。

第八章

习题 8-1

在本题目中，在需要多数投票者同意的规则下，比较三种不同情况下公共产品选择的社会最优水平。首先假设个人 i 对 z 的需求曲线为 α_i/z，其中 α_i 为正参数。该需求曲线不是线性的，而是一条双曲线。进一步假设 z 的生产成本为每单位 1 美元（$c=1$），生产成本由消费者平均分摊，每单位 z 的人均成本为 $1/n$，然后考虑下面列出的三种情况。在每种情况下都有不同数量的消费者，消费者的 α 值也不同。消费者的数量用 n 表示，α 值的向量用 $A=(\alpha_1, \alpha_2, \cdots, \alpha_{n-1}, \alpha_n)$ 表示。

情况 1：$n=7$，$A=(4, 2, 12, 4, 5, 13, 8)$。

情况 2：$n=5$，$A=$（10，6，11，14，8）。

情况 3：$n=9$，$A=$（6，9，10，4.5，12，7，13.5，8，11）。

请利用上述信息，回答以下问题：

（a）对于每种情况，计算每个投票者偏好的公共产品水平 z。确定中间水平的投票者，并得出在多数投票者同意的规则下的公共产品水平 z。

（b）对于每种情况，计算曲线 D_Σ，并找到 z 的社会最优规模。

（c）对于每种情况，将多数投票者同意的规则下 z 的规模与社会最优下 z 的规模进行比较。解释这两个 z 值之间的差异（如果有的话）。

习题 8-2

考虑两个同质性的辖区，其中一个辖区具有富裕的消费者（类型 1），他们对公共产品 z 的需求较高，而另一个辖区具有贫穷的消费者（类型 2），他们对公共产品 z 的需求较低。两种不同类型的需求曲线分别为 $D_1=6-z$ 和 $D_2=4-z$。公共产品所需的资金由每个辖区的财产税提供，但由于辖区是同质的，财产税相当于人头税，z 的水平需通过投票来决定。假设 c（n）$/n$ 为一单位 z 的人均成本，其数值在每个辖区均等于 3。

（a）计算每个辖区公共产品的水平，并作图说明。计算这两种类型的消费者剩余。

现在考虑一下，如果一个贫穷的消费者搬到富裕的辖区会发生什么。贫穷的消费者会买一栋小房子，所以他每单位 z 的成本低于 3。经过计算后，可以证明贫穷消费者 z 的单位成本等于 $3q_2/q_1$，其中 q_2 表示贫穷消费者房子的大小，q_1 表示富裕消费者房子的大小。由于 $q_2<q_1$，因此贫穷消费者一单位 z 的成本小于 3，相比之下，富裕消费者的成本仍为 3（这一结果要求只有一个穷人搬到富裕的辖区）。

（b）假设 $q_2/q_1=1/3$，即一个贫穷消费者的房子只有一个富裕消费者房子的 1/3 大。使用上面的公式计算贫穷消费者 z 的单位成本。在多数投票者同意的规则的情况下，如果贫穷的消费者进入富裕的辖区，他的消费者剩余会发生什么变化？请作图说明。根据你的回答，贫穷的消费者会选择迁移吗？

（c）假设 $q_2/q_1=2/3$，再次回答题目（a）。

（d）假设 $q_2/q_1=5/6$，再次回答题目（a）。

（e）请直观地解释你的结果。

习题 8-3

假设一个城市有三个消费者：1 号、2 号和 3 号，同时这座城市为其居民提供公园以供娱乐。公园是一种公共产品，公园所用的土地面积（以英亩为单位）用 z 表示。三个消费者对公园用地的需求分别为：

$D_1 = 40 - z$

$D_2 = 30 - z$

$D_3 = 20 - z$

这些公式给出了在任一公共产品水平下每个消费者需求曲线的高度。值得注意的是，每条需求曲线都与横轴相交，最终变为负值。为了正确回答以下问题，在推导 D_Σ 时请记住曲线的这一特征。换句话说，不要假设曲线一旦碰到横轴就变成水平的。

（a）给定 z，曲线 D_Σ 的高度就是该处各个消费者需求曲线的高度之和。利用这一定义，计算出每个 z 处曲线 D_Σ 的表达式。

（b）用 c 表示每英亩公园用地的成本，假设 $c = 9$（就像需求曲线的截距一样，你可以认为此成本是以千美元为单位衡量的）。在给定公园用地的成本下，计算公园用地的社会最优英亩数。

（c）计算公园最优英亩数时的社会福利水平。这一福利水平等于曲线 D_Σ 和成本线之间三角形的面积。

（d）假设还有另外两个辖区，每个辖区有三个消费者。假设另外两个辖区的公园英亩数与第一个辖区相同，计算这三个辖区的社会总福利。

（e）现在假设相同的人口被重组为三个同质的辖区。第一个辖区有三个 1 号消费者（即高需求者）。第二个辖区有三个 2 号消费者（即中等需求者）。第三个辖区有三个 3 号消费者（即低需求者）。针对这三个辖区，重新回答题目（a）、（b）和（c），并给出曲线 D_Σ 的表达式、公园最优面积和每个辖区的社会福利水平。

（f）将题目（e）中各辖区的社会福利相加，计算出总社会福利水平。与题目（d）中的社会总福利相比是怎样的？判断同质辖区是否优于最初的混合辖区？

习题 8-4

假设某一特定公共产品的成本函数为 $c(n)z = (40n - 12n^2 + n^3)z$。

（a）利用该公式，推导出公共产品 z 的人均单位成本，即 $c(n)/n$。

（b）最优的辖区规模将使 $c(n)/n$ 尽可能地小。依据项目（a）的结果，计算 n=1，2，3，…，10 时的人均成本。什么样的辖区规模将使人均单位成本最小？单位成本最终为多少？

（c）假设经济体中所有的消费者均相同，即每个消费者对 z 的需求均为 $D=20-z$。利用题目（b）中的结果，计算最优辖区规模［即题目（b）中的辖区规模］下的曲线 D_Σ。具体来说，就是将最优规模辖区内所有个人需求曲线 D 加总。

（d）依据题目（b）中的单位成本，确定最优辖区规模下公共产品 z 的最优水平。此外，计算最优规模辖区的社会福利水平。

（e）假设经济体由 18 人组成，那么可以构成多少个最优规模的辖区？根据题目（d）的结果，经济体的社会总福利是多少？

（f）现在假设所有人口不是被划分为最优规模的辖区，而是被划分为两个人口规模为 9 的辖区。利用前面的结果，计算这两个辖区中 z 的人均单位成本，每个辖区 z 的最优水平以及社会福利水平。

（g）当有两个 9 人辖区时，计算整个经济体的社会总福利，并将答案与题目（e）中的答案进行比较。同时计算非最优辖区造成的损失有多大？

第九章

习题 9-1

假设有两个排污工厂，其周围的两个社区相同。这两个社区的边际损害曲线也是相同的，分别为 $MD_1=P$ 和 $MD_2=P$，其中 P 为排污水平。然而，这两个工厂的边际收益曲线是不同的。第一家工厂的边际收益曲线为 $MB_1=8-P$，第二家工厂采用清洁型生产工艺，其边际收益曲线为 $MB_2=4-P$（两条曲线在横轴处均为零）。

（a）分别画出这两个社区的边际损害曲线和边际收益曲线，并确定在没有政府干预的情况下工厂的排污水平，计算出这种情况下社会福利水平的大小。

（b）计算出这两个社区的社会最优排污水平。为什么它们是不同的？计算每个社区的社会福利值，将两个社区的社会福利值相加得到总福利。这是两个社区分别独立实施排污标准后的福利水平。

（c）假设政府制定了一个适用于两个社区的共同排污标准。该标准将每家工厂的总排污水平限制在三个单位以内。在该标准下，每家工厂的排污水平是多少？计算每个社区的社会福利水平，并将这些值相加。

（d）综合题目（a）、（b）和（c）中的社会福利大小，对共同排污标准政策进行评价。该标准与分别独立实施排污标准以及政府完全不干预的情况相比又如何？

习题 9-2

假设某受污染社区的边际损害曲线和边际收益曲线分别为 $MD = P/3$ 和 $MB = 4-P$。此外，假设交易成本较低，社区居民和企业之间可以讨价还价。在这种情况下，社会将达到最优排污水平。先计算社会最优排污水平 P，然后对于以下每一种情况，计算通过议价转移的金额，并指出是谁支付给谁（即消费者是否支付费用，反之亦然）。此外，计算议价后各方收益的变化。

（a）居民拥有清洁空气的权利，企业在议价过程中占主导地位。

（b）居民拥有清洁空气的权利，居民在议价过程中占主导地位。

（c）企业拥有排污权，企业在议价过程中占主导地位。

（d）企业拥有排污权，居民在议价过程中占主导地位。

习题 9-3

假设社区内的污染来自两个工厂，这两个工厂的边际收益曲线分别为 $MB_1 = 12-P_1$ 和 $MB_2 = 8-P_2$。

该社区的总污染水平由 $P = P_1 + P_2$ 表示。政府希望通过建立排污权交易市场来限制污染水平，政府期望的污染水平 P 是 10，因此拟出售 10 份排污权证。

（a）计算排污权证的均衡单位售价，以及两个工厂对排污权的分配情况（即排污水平）。

（b）当政府期望的排污水平为 14 时，再次回答题目（a）的问题。

（c）评价排污权交易市场能否有效治理污染。

第十章

习题 10-1

假设一个城市有两所社区学校，一所位于富裕社区，另一所位于贫穷社区。这两所学校的规模相同，当前的预算也相同。该市获得 1000 万美元的联邦拨款，这可以增加这两所学校的预算。对于每所学校来说，标准化考试的平均分数决定了分配给学校的预算金额。S 表示考试的平均分数，X 表示以百万美元为单位的额外支出，两所学校的分数和额外支出之间的关系如下：$S_{poor} = 40 + X_{poor}$，$S_{rich} = 45 + 3X_{rich}$。

（a）请绘制出上述函数表达式的图形，并解释两者之间斜率和截距的差异。你认为在额外教育支出方面，上述公式反映的富人和穷人的"生产率"差异是否符合现实（要回答这个问题，建议关注不同群体在家庭生活方面的差异，以及课外活动方面的差异）。

（b）推导并绘制社区在 S_{poor} 和 S_{rich} 之间的转换曲线，值得注意的是，X_{poor} 和 X_{rich} 的和必须为 10。由于每组 S 和 X 之间存在线性关系，因此转换曲线是一条直线（提示：只需找到转换曲线的端点，就可以画出转换曲线）。

（c）如果把政府拨款平均分配给两所学校，计算并绘制此时的考试分数。

（d）如果政府拨款使各学校的分数相等，计算并绘制此时的考试分数。

（e）如果社区的目标是使其总体平均考试成绩最大化，即（$S_{poor} + S_{rich}$）/2，这时应该怎样分配拨款？可以利用图表延长本章的等犯罪率线得出答案（虽然通过尝试不同的数字仍不能完整地回答该问题，但是还是可以在图表中标注这些点的）。请利用题目（a）中的结果，对本题的答案作出解释。

（f）如果上述公式中 X_{poor} 的系数等于 2，X_{rich} 的系数等于 1.5，会怎么样？如果社区的目标是最大化平均考试成绩，在不绘制任何图表或不进行任何计算的情况下，社区将如何分配拨款？

（g）假设社区的社会福利函数为（1/5）$S_{poor} + \sqrt{Srich}$，如何分配拨款使该函数值最大（在此可以尝试代入一些数字，当然也可以使用微积分）。请作图说明，并将其与题目（c）中的方案进行对比。

第十一章

习题 11-1

在本题中，将使用一些代数运算来代替图表分析，研究宜居特征对居民收入和房地产价格的影响。消费者效用函数为 $q^{1/2}c^{1/2}a^{1/2}$，其中 c 是指面包（一种综合性商品）的消费量，q 是房地产（住房），a 是宜居特征。在 a 为正的情况下，消费者对其进行估价。y 表示收入，可以证明消费者对面包和住房的需求函数分别为 $c=y/2$ 和 $q=y/(2p)$，其中 p 是单位住房的价格。

（a）将上述需求函数代入到效用函数中，得到间接效用函数，此时效用是收入、价格和宜居特征的函数。

（b）利用题目（a）中的答案，当收入 y 增加时，效用将如何变化？房地产价格 p 何时上涨？当宜居水平提高时，效用如何变化？

在居民能自由流动的情况下，无论住在哪里，每个人都享有相同的效用水平，恒定的效用水平用 $\bar{u}$ 表示。

（c）当题目（a）中的间接效用等于 $\bar{u}$ 时，该等式表明了 y 和 p 如何随 a 变化才能使每个人都享有 $\bar{u}$ 的效用水平。要想知道该方程的含义，需要先将其求解，得到 p 关于其他变量的函数表达式。根据你的结果，当宜居水平提高时，p 如何变化才能使 y 保持不变？如果 y 上升，p 如何变化才能使宜居水平不变？

正如第十一章正文所述，只有当不同地点的企业生产成本都相同时，才能确定 y 和 p 如何随宜居水平的变化而变化。为了满足这个条件，假设面包的生产函数为 $Dq^{1/2}L^{1/2}a^{\theta}$，其中 q 表示企业的房地产投入，L 是劳动力投入，a 表示宜居特征，D 是常数。θ 可以是正的，也可以是负的，这表明 a 的增加可能会增加产量，也可能会降低产量。p 是房地产价格，y 是劳动力价格，可以证明单位面包产量的成本等于 $p^{1/2}y^{1/2}a^{-\theta}$。

（d）该函数表明，p 或 y 的上升将使单位成本增加，但 a 的上升可能会增加也可能会降低成本。对每一种可能的情况都举例说明，并确保消费者看重的宜居特征 a 可能会提高或降低特定产品的生产成本。

（e）确保成本在不同地点保持不变的条件可以写成 $p^{1/2}y^{1/2}a^{-\theta}=1$。假设 $\theta>0$，即更好的宜居环境可以降低成本。在 y 固定不变的情况下，当 a 增加时，p 会如何变化以保持成本不变？

（f）为了将 y 的表达式用宜居特征 a 来表示，用题目（e）中的成本恒定条件替换题目（c）中 p 的解。最终得到一个只包括 y 的方程，用这个方程解出 y，将其作为 a 的函数。

（g）假设 θ 为负，使用题目（f）中的解，当 a 增加时，y 将如何变化？相反，假设 θ 为正，但其大小未知，当 a 增加时，y 如何变化？如果 θ 为正且其值很小呢？如果 θ 为正且其值很大呢？如果 θ 为零呢？

（h）使用题目（f）中 y 的表达式，将其代入题目（c）中的 p，得到一个用 a 表示的关于 p 的方程。假设 θ 为正，那么当 a 增加时，p 将如何变化？

相反，假设 θ 为负，但其大小未知。当 a 增加时，p 有什么变化？如果 θ 为负，但接近于零呢？如果 θ 为负值，并且远小于零，情况会怎样呢？如果 θ 等于零呢？

（i）对宜居特征如何影响收入和房地产价格进行总结。虽然有些结论是不确定的，但当宜居特征对生产的影响很小时，无论这个影响是积极的还是消极的（θ 接近于零），其结论都是明确的。在这种情况下你的结论是什么？

（j）将题目（i）中的答案与本章的图表分析联系起来。

参考文献

［1］ Aaronson, Daniel. 1998. Using Sibling Data to Estimate the Impact of Neighborhoods on Children's Educational Outcomes. *Journal of Human Resources* 33: 915－946.

［2］ Alonso, William. 1964. *Location and Land Use*. Harvard University Press.

［3］ Anas, Alex, Richard Arnott, and Kenneth A. Small. 1994. Urban Spatial Structure. *Journal of Economic Literature* 36: 1426－1464.

［4］ Arnott, Richard. 1995. Time for Revisionism on Rent Control? *Journal of Economic Perspectives* 9: 99－120.

［5］ Artle, Roland, and Pravin Varaiya. 1978. Life Cycle Consumption and Home-ownership. *Journal of Economic Theory* 18: 38－58.

［6］ Ballester, Coralio, Antoni Calvó-Armengol, and Yves Zenou. 2006. *Who's Who in Networks*. Wanted: The Key Player. *Econometrica* 74: 1403－1417.

［7］ Baum-Snow, Nathaniel. 2007. Did Highways Cause Suburbanization? *Quarterly Journal of Economics* 122: 775－805.

［8］ Becker, Gary. 1968. Crime and Punishment: An Economic Approach. *Journal of Political Economy* 76: 169－217.

［9］ Behrman, Jere R., and Steven G. Craig. 1987. The Distribution of Public Services: An Exploration of Local Government Preferences. *American Economic Review* 77: 37－49.

［10］ Benabou, Roland. 1993. Workings of a City: Location, Education, and Production. *Quarterly Journal of Economics* 108: 619－652.

［11］ Berger, Mark C. , Glenn C. Blomquist, and Werner Waldner. 1987. A Revealed – Preference Ranking of Quality of Life for Metropolitan Areas. *Social Science Quarterly* 68: 761-778.

［12］ Bergstrom, Ted C. 1979. When Does Majority Rule Supply Public Goods Efficiently? *Scandinavian Journal of Economics* 81: 216-226.

［13］ Bertaud, Alain, and Jan K. Brueckner. 2005. Analyzing Building – Height Restrictions: Predicted Impacts and Welfare Costs. *Regional Science and Urban Economics* 35: 109-125.

［14］ Blomquist, Glenn C. 2006. Measuring Quality of Life. In *a Companion to Urban Economics*, ed. R. J. Arnott and D. L. McMillen. Blackwell.

［15］ Blomquist, Glenn C. , Mark C. Berger, and John P. Hoehn. 1988. New Estimates of the Quality of Life in Urban Areas. *American Economic Review* 78: 89-107.

［16］ Boyer, Richard, and David Savageau. 1981. *Places Rated Almanac: Your Guide to Finding the Best Places to Live in America*. Rand McNally.

［17］ Bradford, David F. , and Harry H. Kelejian. 1973. An Econometric Model of the Flight to the Suburbs. *Journal of Political Economy* 81: 566-589.

［18］ Brueckner, Jan K. 1981. Congested Public Goods: The Case of Fire Protection. *Journal of Public Economics* 15: 45-58.

［19］ Brueckner, Jan K. 1982. A Test for Allocative Efficiency in the Local Public Sector. *Journal of Public Economics* 19: 311-331.

［20］ Brueckner, Jan K. 1986. The Downpayment Constraint and Housing Tenure Choice: A Simplified Exposition. *Regional Science and Urban Economics* 16: 519-525.

［21］ Brueckner, Jan K. 1987. The Structure of Urban Equilibria: A Unified Treatment of the Muth – Mills Model. In *Handbook of Regional and Urban Economics*. Vol. II. , ed. E. S. Mills. North-Holland.

［22］ Brueckner, Jan K. 1993. Inter – Store Externalities and Space Allocation in Shopping Centers. *Journal of Real Estate Finance and Economics* 7: 5-16.

［23］ Brueckner, Jan K. 1999. Modeling Urban Growth Controls. In *Environmental and Public Economics: Essays in Honor of Wallace E. Oates*, ed. A. Panagariya, P. Portney, and R. M. Schwab. Edward Elgar.

［24］ Brueckner, Jan K. 2000a. Urban Growth Models with Durable Housing: An

Overview. In *Economics of Cities*, ed. J. −F. Thisse and J. −M. Huriot. Cambridge University Press.

[25] Brueckner, Jan K. 2000b. Urban Sprawl: Diagnosis and Remedies. *International Regional Science Review* 23: 160−171.

[26] Brueckner, Jan K. 2000c. Welfare Reform and the Race to the Bottom: Theory and Evidence. *Southern Economic Journal* 66: 505−525.

[27] Brueckner, Jan K. 2002. Internalization of Airport Congestion. *Journal of Air Transport Management* 8: 141−147.

[28] Brueckner, Jan K. 2004. Fiscal Decentralization with Distortionary Taxation: Tiebout vs. Tax Competition. *International Tax and Public Finance* 11: 133−153.

[29] Brueckner, Jan K. 2007. Urban Growth Boundaries: An Effective Second−Best Remedy for Unpriced Traffic Congestion? *Journal of Housing Economics* 16: 263−273.

[30] Brueckner, Jan K., and David Fansler. 1983. The Economics of Urban Sprawl: Theory and Evidence on the Spatial Sizes of Cities. *Review of Economics and Statistics* 55: 479−482.

[31] Brueckner, Jan K., and Robert W. Helsley. 2011. Sprawl and Blight. *Journal of Urban Economics* 69: 205−213.

[32] Brueckner, Jan K., and Hyun−A Kim. 2001. Land Markets in the Harris−Todaro Model: A New Factor Equilibrating Rural−Urban Migration. *Journal of Regional Science* 41: 507−520.

[33] Brueckner, Jan K., and Fu−Chuan Lai. 1996. Urban Growth Controls with Resident Landowners. *Regional Science and Urban Economics* 26: 125−144.

[34] Brueckner, Jan K., and Ann G. Largey. 2008. Social Interaction and Urban Sprawl. *Journal of Urban Economics* 65: 18−34.

[35] Brueckner, Jan K., and Stuart S. Rosenthal. 2009. Gentrification and Neighborhood Housing Cycles: Will America's Future Downtowns Be Rich? *Review of Economics and Statistics* 91: 725−743.

[36] Brueckner, Jan K., Jacques−François Thisse, and Yves Zenou. 1999. Why is Central Paris Rich and Downtown Detroit Poor? An Amenity−Based Theory. *European Economic Review* 43: 91−107.

〔37〕 Bruegmann, Robert. 2005. *Sprawl: A Compact History*. University of Chicago Press.

〔38〕 Burchfield, Marcy, Henry G. Overman, Diego Puga, and Matthew A. Turner. 2006. Causes of Sprawl: A Portrait from Space. *Quarterly Journal of Economics* 121: 587-633.

〔39〕 Carlino, Gerald A. , Satyajit Chatterjee, and Robert M. Hunt. 2007. Urban Density and the Rate of Invention. *Journal of Urban Economics* 61: 389-419.

〔40〕 Chay, Kenneth, and Michael Greenstone. 2005. Does Air Quality Matter? Evidence from the Housing Market. *Journal of Political Economy* 113: 376-424.

〔41〕 Ciccone, Antonio, and Robert E. Hall. 1996. Productivity and the Density of Economic Activity. *American Economic Review* 86: 54-70.

〔42〕 Coase, Ronald H. 1960. The Problem of Social Cost. *Journal of Law & Economics* 3: 1-44.

〔43〕 Colwell, Peter F. , and Joseph W. Trefzger, 1992. *Homelessness: A Fresh Look*. Office of Real Estate Research Letter, University of Illinois, 1992.

〔44〕 Conley, John P. , and Ping Wang. 2006. Crime and Ethics. *Journal of Urban Economics* 60: 107-123.

〔45〕 Coulson, Edward. 1991. Really Useful Tests of the Monocentric City Model. *Land Economics* 67: 299-307.

〔46〕 Crane, Randall. 1996. The Influence of Uncertain Job Location on Urban Form and the Journey to Work. *Journal of Urban Economics* 39: 342-356.

〔47〕 Davidoff, Thomas. 2006. Labor Income, Housing Prices, and Homeownership. *Journal of Urban Economics* 59: 209-235.

〔48〕 De Bartolome, Charles. 1990. Equilibrium and Inefficiency in a Community Model with Peer Group Effects. *Journal of Political Economy* 98: 110-133.

〔49〕 Dietz, Robert, and Donald R. Haurin. 2003. The Private and Social Micro-Level Consequences of Homeownership. *Journal of Urban Economics* 54: 401-450.

〔50〕 Downs, Anthony. 1988. *Residential Rent Controls: An Evaluation*. Urban Land Institute.

〔51〕 Eberts, Randall W. 1981. An Empirical Investigation of Intraurban Wage Gradients. *Journal of Urban Economics* 10: 50-60.

[52] Eid, Jean, Henry G. Overman, Diego Puga, and Matthew A. Turner. 2008. Fat City: Questioning the Relationship between Urban Sprawl and Obesity. *Journal of Urban Economics* 63: 385-404.

[53] Fischel, William A. 1985. *The Economics of Zoning Laws: A Property Rights Approach to American Land Use Controls*. Johns Hopkins University Press.

[54] Foote, Christopher L. , Kristopher Gerardi, and Paul S. Willen. 2008. Negative Equity and Foreclosure: Theory and Evidence. *Journal of Urban Economics* 64: 234-245.

[55] Freeman, Scott, Jeffrey Grogger, and Jon Sonstelie. 1996. The Spatial Concentration of Crime. *Journal of Urban Economics* 40: 216-231.

[56] Fujita, Masahisa. 1989. *Urban Economic Theory*. Cambridge University Press.

[57] Fujita, Masahisa, and H. Ogawa. 1982. Multiple Equilibria and Structural Transition of Non-Monocentric Urban Configurations. *Regional Science and Urban Economics* 18: 161-196.

[58] Fujita, Masahisa, and Jacques-François Thisse. 2002. *Economics of Agglomeration: Cities, Industrial Location and Regional Growth*. Cambridge University Press.

[59] Gabriel, Stuart A. , and Stuart S. Rosenthal. 2004. Quality of the Business Environment versus Quality of Life: Do Firms and Households Like the Same Cities? *Review of Economics and Statistics* 86: 438-444.

[60] Giuliano, Genevieve, and Kenneth A. Small. 1991. Subcenters in the Los Angeles Region. *Regional Science and Urban Economics* 21: 163-182.

[61] Glaeser, Edward L. 1999. *An Overview of Crime and Punishment*. Unpublished Paper, Harvard University.

[62] Glaeser, Edward L. 2008. *Cities, Agglomeration and Spatial Equilibrium*. Oxford University Press.

[63] Glaeser, Edward L. , Joseph Gyourko, and Raven Saks. 2005. Why is Manhattan so Expensive? Regulation and the Rise in Housing Prices. *Journal of Law & Economics* 48: 331-370.

[64] Glaeser, Edward L. , Hedi D. Kallal, José A. Scheinkman, and Andrei Shleifer. 1992. Growth in Cities. *Journal of Political Economy* 100: 1126-1152.

[65] Glaeser, Edward L. , and Matthew E. Kahn. 2004. Sprawl and Urban

Growth. In *Handbook of Regional and Urban Economics*, Volume Ⅳ, ed. J. V. Henderson and J. -F. Thisse. Elsevier.

[66] Glaeser, Edward L. , Matthew E. Kahn, and Jordan Rappaport. 2008. Why Do the Poor Live in Cities? *Journal of Urban Economics* 63: 1-24.

[67] Glaeser, Edward L. , Bruce Sacerdote, and José A. Scheinkman. 1996. Crime and Social Interactions. *Quarterly Journal of Economics* 111: 508-548.

[68] Gobillon, Laurent, Harris Selod, and Yves Zenou. 2007. The Mechanisms of Spatial Mismatch. *Urban Studies* 44: 2401-2427.

[69] Goodman, Allen C. 1988. An Econometric Model of Housing Price, Permanent Income, Tenure Choice and Housing Demand. *Journal of Urban Economics* 23: 327-353.

[70] Grether D. M. , Peter Mieszkowski. 1974. The Determinants of Real Estate Values. *Journal of Urban Economics* 1: 127-146.

[71] Gyourko, Joseph, and Peter Linneman. 1989. Equity and Efficiency Aspects of Rent Control: An Empirical Study of New York City. *Journal of Urban Economics* 26: 54-74.

[72] Gyourko, Joseph, and Peter Linneman. 1990. Rent Controls and Rental Housing Quality: A Note on the Effect of New York City's Old Controls. *Journal of Urban Economics* 27: 398-409.

[73] Hamilton, Bruce. 1982. Wasteful Commuting. *Journal of Political Economy* 90: 1035-1053.

[74] Hanushek, Eric A. , John F. Kain, Jacob M. Markman, and Steven G. Rivkin. 2003. Does Peer Ability Affect Student Achievement? *Journal of Applied Econometrics* 18: 527-544.

[75] Harris, John R. , and Michael P. Todaro. 1970. Migration, Unemployment and Development: A Two-Sector Analysis. *American Economic Review* 60: 126-142.

[76] Haurin, Donald R. , and H. Leroy Gill. 2002. The Impact of Transaction Costs and the Expected Length of Stay on Homeownership. *Journal of Urban Economics* 51: 563-584.

[77] Henderson, J. Vernon. 1986. Efficiency of Resource Usage and City Size. *Journal of Urban Economics* 18: 47-70.

［78］ Henderson, J. Vernon. 2003. Marshall's Scale Economies. *Journal of Urban Economics* 53: 1-28.

［79］ Hirsch, Werner Z. 1970. *The Economics of State and Local Government*. Mc Graw-Hill.

［80］ Honig, Majorie, and Randall Filer. 1993. Causes of Intercity Variation in Homelessness. *American Economic Review* 83: 248-255.

［81］ Hoxby, Caroline M. 2000. Does Competition among Public Schools Benefit Students and Taxpayers? *American Economic Review* 90: 1209-1238.

［82］ Ihlanfeldt, Keith R. 2007. The Effect of Land Use Regulation on Housing and Land Prices. *Journal of Urban Economics* 61: 420-435.

［83］ Ihlanfeldt, Keith R. , and David L. Sjoquist. 1998. The Spatial Mismatch Hypothesis: A Review of Recent Studies and their Implications for Welfare Reform. *Housing Policy Debate* 9: 849-892.

［84］ Jaffe, Adam, Manuel Trajtenberg, and Rebecca Henderson. 2003. Geographic Localization of Knowledge Spillovers as Evidenced by Patent Citations. *Quarterly Journal of Economics* 108: 577-598.

［85］ Kelley, Allen C. , and Jeffrey G. Williamson. 1984. *What Drives Third World City Growth?* Princeton University Press.

［86］ Kling, Jeffrey R. , Jeffrey B. Liebman, and Lawrence F. Katz. 2007. Experimental Analysis of Neighborhood Effects. *Econometrica* 75: 83-119.

［87］ Krol, Robert, and Shirley Svorny. 2005. The Effect of Rent Control on Commute Times. *Journal of Urban Economics* 58: 421-436.

［88］ Krugman, Paul. 1992. *Geography and Trade*. MIT Press.

［89］ Leape, Jonathan. 2006. The London Congestion Charge. *Journal of Economic Perspectives* 20: 157-176.

［90］ Lee, Kangoh, and Santiago Pinto. 2009. Crime in a Multi-Jurisdictional Model with Public and Private Crime Prevention. *Journal of Regional Science* 49: 977-996.

［91］ LeRoy, Stephen F. , and Jon Sonstelie. 1983. Paradise Lost and Regained: Transportation Innovation, Income, and Residential Location. *Journal of Urban Economics* 13: 67-89.

［92］ Levitt, Steven D. 1997. Using Electoral Cycles in Police Hiring to Estimate the Effect of Police on Crime. *American Economic Review* 87: 270–290.

［93］ Levitt, Steven D. 2004. Understanding Why Crime Fell in the 1990s: Four Factors that Explain the Decline and Six that Do Not. *Journal of Economic Perspectives* 18: 163–190.

［94］ Mayo, Stephen K. 1981. Theory and Estimation in the Economics of Housing Demand. *Journal of Urban Economics* 10: 95–116.

［95］ McDonald, John F. 1989. Econometric Studies of Urban Population Density: A Survey. *Journal of Urban Economics* 26: 361–385.

［96］ McGrath, Daniel T. 2005. More Evidence on the Spatial Scale of Cities. *Journal of Urban Economics* 58: 1–10.

［97］ McMillen, Daniel P. 1996. One Hundred Fifty Years of Land Values in Chicago: A Nonparametric Approach. *Journal of Urban Economics* 40: 100–124.

［98］ McMillen, Daniel P. 2006. Testing for Monocentricity. In *Companion to Urban Economics*, ed. R. Arnott and D. McMillen. Blackwell.

［99］ Mills, Edwin S. 1967. An Aggregative Model of Resource Allocation in a Metropolitan Area. *American Economic Review* 57: 197–210.

［100］ Muth, Richard F. 1969. *Cities and Housing*. University of Chicago Press.

［101］ Nechyba, Thomas J., and Randy Walsh. 2004. Urban Sprawl. *Journal of Economic Perspectives* 18: 177–200.

［102］ Ng, Chen Feng. 2008. Commuting Distances in a Household Location Choice Model with Amenities. *Journal of Urban Economics* 63: 116–129.

［103］ Oates, Wallace. 1969. The Effects of Property Taxes and Local Public Spending on Property Values: An Empirical Study of Tax Capitalization and the Tiebout Hypothesis. *Journal of Political Economy* 17: 957–971.

［104］ O'Flaherty, Brendan. 1996. *Making Room: The Economics of Homelessness*. Harvard University Press.

［105］ Oreopoulos, Philip. 2003. The Long–Run Consequences of Living in a Poor Neighborhood. *Quarterly Journal of Economics* 118: 1533–1575.

［106］ Pack, Janet R., and Howard Pack. 1978. Metropolitan Fragmentation and Local Public Expenditures. *National Tax Journal* 81: 349–362.

［107］ Papageorgiou, Yorgos, and David Pines. 1998. *An Essay on Urban Economic Theory*. Kluwer.

［108］ Quigley, John M. 1982. Nonlinear Budget Constraints and Consumer Demand: An Application to Public Programs for Residential Housing. *Journal of Urban Economics* 12: 177-201.

［109］ Quigley, John M. , Steven Raphael, and Eugene Smolensky. 2001. Homeless in America, Homeless in California. *Review of Economics and Statistics* 83: 37-51.

［110］ Rappaport, Jordan. 2007. Moving to Nice Weather. *Regional Science and Urban Economics* 37: 375-398.

［111］ Rhee, Hyok-Joo. 2008. Home-based Telecommuting and Commuting Behavior. *Journal of Urban Economics* 63: 198-216.

［112］ Ridker, Ronald G. , and John A. Henning. 1967. The Determinants of Residential Property Values with Special Reference to Air Pollution. *Review of Economics and Statistics* 49: 246-257.

［113］ Roback, Jennifer. 1982. Wages, Rents and the Quality of Life. *Journal of Political Economy* 90: 257-278.

［114］ Rosen, Sherwin. 1974. Hedonic Prices and Implicit Markets: Product Differentiation in Pure Competition. *Journal of Political Economy* 82: 34-55.

［115］ Rosenthal, Stuart S. , and William C. Strange. 2003. Geography, Industrial Organization, and Agglomeration. *Review of Economics and Statistics* 85: 377-393.

［116］ Rosenthal, Stuart S. , and William C. Strange. 2004. Evidence on the Nature and Sources of Agglomeration Economies. In *Handbook of Urban and Regional Economics*. Vol. 4, ed. J. V. Henderson and J. -F. Thisse. Elsevier.

［117］ Scotchmer, Suzanne. 1994. Public Goods and the Invisible Hand. In *Modern Public Finance*, ed. J. Quigley and E. Smolensky. Harvard University Press.

［118］ Shoup, Carl S. 1964. Standards for Distributing a Free Government Service: Crime Protection. *Public Finance* 19: 383-392.

［119］ Shoup, Donald. 2005. *The High Cost of Free Parking*. Planners Press.

［120］ Sinai, Todd, and Nichloas S. Souleles. 2005. Owner-Occupied Housing as a Hedge Against Rent Risk. *Quarterly Journal of Economics* 120: 763-789.

[121] Small, Kenneth A., and Erik T. Verhoef. 2007. *The Economics of Urban Transportation*. Routledge.

[122] Smith, V. Kerry, and Ju－Chin Huang. 1995. Can Markets Value Air Quality? A Meta Analysis of Hedonic Property Value Models. *Journal of Political Economy* 103: 209-227.

[123] Sonstelie, Jon, and Andrew Narwold. 1984. State Income Taxes and Home-ownership: A Test of the Tax Arbitrage Theory. *Journal of Urban Economics* 36: 249-277.

[124] Strumpf, Koleman, and Paul Rhode. 2003. Assessing the Importance of the Tiebout Hypothesis: Local Heterogeneity from 1850 to 1990. *American Economic Review* 93: 1648-1677.

[125] Ter-Minassian, T. 1997. *Fiscal Federalism in Theory and Practice*. International Monetary Fund.

[126] Tiebout, Charles M. 1956. A Pure Theory of Local Expenditures. *Journal of Political Economy* 64: 416-424.

[127] U. S. Environmental Protection Agency. 2009. *Acid Rain and Related Programs: 2007 Progress Report*. Government Printing Office.

[128] Weitzman, Martin L. 1974. Prices vs. Quantities. *Review of Economic Studies* 41: 477-491.

[129] Wheaton, William C. 1974. A Comparative Static Analysis of Urban Spatial Structure. *Journal of Economic Theory* 9: 223-237.

[130] Wheaton, William C. 1977. Income and Urban Residence: An Analysis of Consumer Demand for Location. *American Economic Review* 67: 620-631.

[131] Wheaton, William C. 1998. Land Use and Density in Cities with Congestion. *Journal of Urban Economics* 43: 258-272.

[132] Wheaton, William C. 1993. Land Capitalization, Tiebout Mobility, and the Role of Zoning Regulations. *Journal of Urban Economics* 34: 102-117.

[133] Wildasin, David E. 1986. *Urban Public Finance*. Harwood.

[134] Williams, Joseph T. 1993. Agency and Ownership of Housing. *Journal of Real Estate Finance and Economics* 7: 83-97.

［135］ Wilson, John D. 1999. Theories of Tax Competition. *National Tax Journal* 52: 269-304.

［136］ Zenou, Yves. 2003. The Spatial Aspects of Crime. *Journal of the European Economic Association* 1: 459-467.